职业技能培训教材

# 项目经理（三级）

人力资源社会保障部教材办公室　组织编写

中国劳动社会保障出版社

图书在版编目（CIP）数据

项目经理. 三级 / 人力资源社会保障部教材办公室组织编写. —— 北京：中国劳动社会保障出版社，2023

职业技能培训教材

ISBN 978-7-5167-5993-6

Ⅰ.①项… Ⅱ.①人… Ⅲ.①项目管理-职业培训-教材 Ⅳ.①F224.5

中国国家版本馆 CIP 数据核字（2023）第 158035 号

**中国劳动社会保障出版社出版发行**

（北京市惠新东街 1 号 邮政编码：100029）

\*

三河市华骏印务包装有限公司印刷装订　　新华书店经销

787 毫米 ×1092 毫米　16 开本　14.5 印张　256 千字
2023 年 10 月第 1 版　2023 年 10 月第 1 次印刷

**定价：40.00 元**

营销中心电话：400-606-6496

出版社网址：http://www.class.com.cn

**版权专有　　侵权必究**

如有印装差错，请与本社联系调换：（010）81211666

**我社将与版权执法机关配合，大力打击盗印、销售和使用盗版图书活动，敬请广大读者协助举报，经查实将给予举报者奖励。**

**举报电话：（010）64954652**

## 编审委员会

**主　任**　王守清　王淑敏
**副主任**　杨爱华　吴守荣　黄　敏　过剑寿　刘　俐
**委　员**　常淑茶　贾文翔　李　涛　高　杰　胡庆江
　　　　　赵丽坤　王丽珍　侯琳琳

## 本书编审人员

**主　编**　陈丽兰
**副主编**　王丽珍　李英侠
**审　稿**　吴守荣　王守清　杨爱华

# 序

  改革开放以来，项目管理作为一种通用的管理技术，已经被广泛应用到航空、航天、冶金、煤炭、水利、电力、建工、造船、石化、矿产、机电、兵器、IT、金融、保险、教育行业和公共部门，获得了令人瞩目的效率和效益。项目管理的理念和方法已得到政府部门、相关机构和众多企业的认可，各行各业对项目管理人才的需求急剧增加，杰出的项目管理人才已成为企业高端人才和社会的稀缺资源。国际上的项目管理理论、方法、工具，虽然对国内项目管理有促进作用，但不能根本解决我国社会和文化背景下的项目管理问题。由于我国各相关专业人士对国际项目管理的理论及能力标准的认识不尽一致，造成我国目前没有统一的标准，没有形成具有中国特色的项目管理理念和能力标准。

  为深入贯彻落实习近平新时代中国特色社会主义思想，积极应对国际市场的快速变化和发展，满足项目管理人才的职业素质和专业技术能力水平评价的需求，引导和激励项目管理的从业人员不断提高职业素质、规范职业行为，中国国际工程咨询协会在商务部的业务指导下，依托专家委员会专家们丰富的行业经验和相关专业学术水平，根据我国的相关法律法规和国际惯例，开发了一套基于国际项目管理知识体系、符合我国国情的项目管理职业经理国家级行业团体标准认证体系。

  为配合"项目经理专业技术能力水平评价认证标准"（编号为CAIEC0001-2021，自2021年4月1日实施）的推行，在中国国际工程咨询协会项目经理专业技术能力水平评价认证委员会的领导下，成立了项目经理专业技术能力水平评价认证培训教材

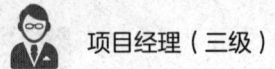

编委会（以下简称编委会）。编委会紧扣"项目经理专业技术能力水平评价认证标准"的要求，组织高校教师、企业项目管理专家和相关培训机构的知名讲师，编写了本套培训教材。

本套培训教材由五本书构成：

《项目经理（基础知识）》，主要内容为所有参加项目经理专业技术能力水平评价认证的人员需要掌握的公共基础知识。本书由侯琳琳任主编。

《项目经理（四级）》，主要内容为参加四级项目经理专业技术能力水平评价认证的人员须掌握的知识和技能，基于知识要素展开，专业能力要求以单项目为主。本书由侯琳琳任主编，张汉鹏、张佳书任副主编。

《项目经理（三级）》，主要内容为参加三级项目经理专业技术能力水平评价认证的人员须掌握的知识和技能，基于知识要素展开，专业能力要求以单项目为主。本书由陈丽兰任主编，王丽珍、李英侠任副主编。

《项目经理（二级）》，主要内容为参加二级项目经理专业技术能力水平评价认证的人员须掌握的知识和技能，以管理过程为主，专业能力要求以单项目为主，同时兼顾多项目。本书由赵丽坤任主编，李洁任副主编。

《项目经理（一级）》，主要内容为参加一级项目经理专业技术能力水平评价认证的人员须掌握的知识和技能，基于管理过程并站在战略管理的视角来构建项目管理的理论、方法与知识体系，专业能力要求以多项目、项目组合为主。本书由胡庆江任主编，靳朝阳任副主编。

本套教材的技术术语尽量与 ISO 10006—2017 相一致。

本套教材的最大特点是：

★为准备参加项目经理专业技术能力水平评价认证的人员提供学习参考。

★为开展各级项目经理专业技术能力水平评价认证的培训机构提供教材。

★与学历教育相结合，可通过不同等级教材的学习，与有关院校的相关课程互认。

★兼顾企业和各种社会组织的需要，为他们进行项目管理知识体系培训提供参考。

由于时间仓促，教材不足之处在所难免，恳请专家学者、广大读者提出宝贵意见和建议。

项目经理专业技术能力水平评价认证培训教材编委会

# 目 录

## 第1章 项目范围管理 ····················································································· 1
### 1.1 规划范围管理 ······················································································· 1
### 1.2 收集需求 ······························································································ 5
### 1.3 定义范围 ······························································································ 11
### 1.4 创建工作分解结构 ·············································································· 13
### 1.5 确认范围 ······························································································ 18
### 1.6 控制范围 ······························································································ 20

## 第2章 项目时间管理 ····················································································· 25
### 2.1 规划进度管理 ······················································································· 25
### 2.2 定义活动 ······························································································ 27
### 2.3 排列活动顺序 ······················································································· 32
### 2.4 估算活动持续时间 ·············································································· 40
### 2.5 制订进度计划 ······················································································· 46
### 2.6 进度控制 ······························································································ 54

## 第3章 项目成本管理 ····················································································· 61
### 3.1 规划成本管理 ······················································································· 61
### 3.2 估算成本 ······························································································ 64
### 3.3 制定预算 ······························································································ 68
### 3.4 核算成本 ······························································································ 71
### 3.5 控制成本 ······························································································ 73

项目经理(三级)

## 第 4 章  项目质量管理与安全管理 ······ 80
- 4.1  规划质量管理 ······ 80
- 4.2  管理质量 ······ 86
- 4.3  控制质量 ······ 89
- 4.4  安全管理 ······ 106

## 第 5 章  项目采购管理 ······ 112
- 5.1  规划采购管理 ······ 112
- 5.2  实施采购 ······ 122
- 5.3  控制采购 ······ 125

## 第 6 章  项目风险管理与应急管理 ······ 128
- 6.1  风险管理 ······ 128
- 6.2  应急管理 ······ 147

## 第 7 章  项目资源管理 ······ 154
- 7.1  规划人力资源管理 ······ 154
- 7.2  估算资源 ······ 163
- 7.3  获取资源 ······ 165
- 7.4  团队建设 ······ 167
- 7.5  管理团队 ······ 174
- 7.6  控制团队 ······ 176

## 第 8 章  项目沟通管理 ······ 178
- 8.1  规划沟通 ······ 178
- 8.2  管理沟通 ······ 186
- 8.3  监督沟通 ······ 192

## 第 9 章  项目相关方管理 ······ 195
- 9.1  识别相关方 ······ 195
- 9.2  管理相关方 ······ 203
- 9.3  监督相关方 ······ 207

# 第 10 章 职业健康安全管理与项目环境管理 ········· 210
## 10.1 职业健康安全管理 ········· 210
## 10.2 职业健康安全管理计划 ········· 214
## 10.3 项目环境管理 ········· 216

# 第1章 项目范围管理

项目范围管理是为了确保项目成功完成，对一个项目从立项到完结的全过程中所涉及的工作进行管理。这里的"项目范围"包括实现项目目标、获得项目产出物、完成该项目所必需的全部工作，不包括任何非必需的其他工作。项目范围管理主要在于定义和控制那些应该包括在项目内的全部工作，而排除那些不应该包括在项目内的工作。

项目范围管理工作直接影响整个项目的管理。一般情况下，在项目的各个阶段都需要开展项目范围管理。

项目范围管理的主要工作包括规划范围管理、收集需求、定义范围、创建工作分解结构、确认范围和控制范围等。

## 1.1 规划范围管理

规划范围管理仅开展一次或仅在项目的预定义点开展，是为记录如何定义、确认和控制项目范围及产品范围而创建范围管理计划的过程。规划范围管理以项目章程为基础，按照项目范围编制需求管理计划。本过程的主要作用是为在整个项目期间如何管理范围提供指南和方向。

### 1.1.1 项目章程

项目章程是正式批准项目成立，指派项目经理，并授权项目经理使用组织资源开展项目活动的文件。项目章程一般由项目启动者或发起人发布，是项目团队规划项目的起始点。项目章程所包含的信息种类、数量和内容因项目的复杂程度和已知的信息而异。

通常情况下，项目章程记录关于项目和项目预期交付的产品、服务或成果的高层级信息，例如，项目目的，项目描述、边界定义以及主要可交付成果，可测量的项目目标和相关的成功标准，关键相关方名单，总体里程碑进度计划，委派的项目经理及其职责和职权，整体项目风险，预先批准的财务资源，项目审批要求（例如，用什么标准评价项目成功，由谁对项目成功下结论，项目结束由谁签署），项目退出标准（例如，在何种条件下才能关闭或取消项目），发起人或其他批准项目章程人员的姓名和职权。另外，项目章程还应包含相关方在总体上就主要可交付成果、里程碑以及每个项目参与者的角色和职责达成共识的相关内容，以供将来在后续项目管理计划的各个组成部分中进一步细化。项目章程示例见表1-1。

● 表1-1 项目章程示例

| A. 基本信息 | | | |
|---|---|---|---|
| 项目名称： | | | |
| 经办人： | | | |
| 日期： | | | |
| 项目参与者基本信息 | | | |
| 职位 | 姓名（所属部门） | 电话 | 邮箱 |
| 项目发起人 | | | |
| 项目经理 | | | |
| 客户 | | | |
| 其他人 | | | |
| B. 项目目标 | | | |
| C. 假设 | | | |

续表

| D. 项目背景、范围及里程碑 |
| --- |
| 1. 客户 |
| 2. 客户需求 |
| 3. 客户要求 |
| 4. 可交付成果 |
| 5. 风险 |
| 6. 安全措施 |

E. 资源

| 资源名称 | 来源 |
| --- | --- |
| 资金 | |
| 项目团队成员 | |
| 客户支持 | |
| 厂房 | |
| 设备 | |
| 软件工具 | |
| 其他 | |

F. 签名

| 职位 | 签名 | 日期 |
| --- | --- | --- |
| 项目发起人 | | |
| 项目经理 | | |
| 其他相关方 | | |

### 1.1.2 项目范围

项目范围是指为了成功达到项目目标，必须完成具有某种具体特征和功能的可交付成果的生产，这种可交付成果可以是产品、服务或其他。项目利益相关方必须在项目产品方面以及如何完成这一项目上达成共识。项目范围管理用于确保项目团队和利

益相关者对作为项目结果的项目产品以及生产这些产品所经历的过程有达成一致的意见。简而言之，项目范围定义了项目管理的工作边界，划定哪些方面是应该包括在项目之内的，哪些方面是不应该包括在项目之内的。

确定了项目范围也就定义了项目的目标和主要的项目可交付成果，明确了项目的工作范畴。项目的可交付成果通常又被划分为较小的、更易管理的，且易于分配至各项目小组承担的不同组成部分。确定项目范围对项目管理来说至关重要，其主要作用如下。

**1. 提高费用、时间和资源估算的准确性**

通过明确定义项目的工作边界和具体工作内容，为估算项目所需的费用、时间、资源奠定了基础。

**2. 有助于划分责任**

确定项目范围也就确定了项目的具体工作任务，为进一步分派任务奠定了基础。

**3. 确定进度计划和控制的基准**

项目范围是项目计划的基础，项目范围的确定为项目进度计划和控制确定了基准。

正确地确定项目范围将直接影响项目的成败，如果项目的范围确定不当，会导致工作内容的增加或减少，从而打乱项目的实施节奏，造成窝工、返工、延长项目完成时间，降低劳动生产率，进而影响项目目标的实现。

### 1.1.3 需求管理计划

有些组织将需求管理计划称为商业分析计划，它是项目管理计划的组成部分，用来描述如何分析、记录并管理项目和产品需求。通常情况下，需求管理计划的主要内容包括：

（1）如何规划、跟踪和报告各种需求活动。

（2）配置各项管理活动。例如，如何启动、变更，如何分析其影响，如何进行追溯、跟踪和报告以及变更审批权限。

（3）项目需求优先级排序过程。

（4）测量指标及使用这些指标的理由。

（5）反映哪些需求属性将被列入跟踪矩阵的跟踪结构。

## 1.2 收集需求

收集需求是为实现目标而确定、记录并管理相关方的需求的过程，通过一定的方法收集项目需求，然后用需求跟踪矩阵将项目或产品需求关联到项目可交付的要求中。本过程仅开展一次或仅在项目的预定义点开展，其主要作用是为定义产品范围和项目范围奠定基础。

### 1.2.1 需求的分类

需求是指根据特定协议或其他强制性规范，产品、服务或成果必须具备的条件或能力。它包括发起人、客户和其他相关方的已量化且书面记录的需要和期望。需求是工作分解结构（work breakdown structure，WBS）的基础，也是项目进度、成本、质量、人力资源和采购规划的基础。项目管理人员应该在确定项目范围基准中详细地阐明、分析和记录这些需求，并在项目执行开始后对其进行测量。

为了进行进一步完善和细化，按照需求的来源，可将其分成以下几种不同的类别。

1. 业务需求

业务需求是整个组织的高层级需要，例如，解决业务问题或抓住业务机会，以及实施项目的原因。

2. 相关方需求

相关方需求是指相关方或相关方群体的需要。

3. 解决方案需求

解决方案需求是指为满足业务需求和相关方需求，产品、服务或成果必须具备的特性、功能和特征。该需求又可进一步分为功能需求和非功能需求。功能需求描述产品应具备的功能，如产品应该执行的行动、流程、数据和交互。非功能需求是对功能需求的补充，是产品正常运行所需的环境条件或质量要求，如可靠性、经济性、环保性、保密性、性能、安全性、服务水平、可支持性等。

4. 过渡和就绪需求

过渡和就绪需求描述了从"当前状态"过渡到"将来状态"所需的临时能力，如数据转换和培训需求。

### 5. 项目需求

项目需求是指项目需要满足的行动、过程或其他条件，如里程碑日期、合同责任、制约因素等。

### 6. 质量需求

质量需求是用于确认项目可交付成果的成功完成或其他项目需求实现的任何条件或标准，如测试、认证、确认等。

有些组织把需求分为业务解决方案和技术解决方案。前者是指相关方的需要，后者是指如何实现这些需要。

## 1.2.2 收集需求的方法

常见的收集需求的方法有下列 8 种。

### 1. 专家判断

专家判断是指以某应用领域、知识领域、学科和行业等的专业知识为基础，对当前活动做出的合理判断。本过程应该就以下内容考虑具备相关专业知识或接受过相关培训的个人或小组的意见。

（1）商业分析。

（2）需求获取。

（3）需求分析。

（4）需求文件。

（5）以往类似项目的项目需求。

（6）图解技术。

（7）引导。

（8）冲突管理。

### 2. 数据收集

可用于本过程的数据收集技术包括：

（1）头脑风暴。头脑风暴是指团队在没有约束规则的前提下进行讨论，通过自由地思考进入思想的新区域，从而产生很多的新观点和问题解决方法。头脑风暴可以用来产生和收集对项目需求与产品需求的多种创意。

（2）访谈。访谈是通过与相关方直接交谈来获取信息的方法。访谈的典型做法是向被访者提出预设和即兴的问题，并记录他们的回答。访谈经常是一个访谈者和一个被访者之间的"一对一"谈话，但也可以是多个访谈者和多个被访者之间的谈话。与有经验的项目参与者、发起人、其他高管以及主题专家进行访谈，有助于识别和定义所需产品可交付成果的特征和功能。

（3）焦点小组。焦点小组是指召集预定的相关方和主题专家，由一位受过训练的主持人引导大家进行互动式讨论，从而了解他们对所讨论的产品、服务或成果的期望和态度。焦点小组往往比"一对一"的访谈更热烈。

（4）问卷调查。问卷调查是指设计一系列书面问题，通过受访者填写的问卷，快速收集信息的方法。问卷调查适用于以下情况：受众多样化，需要快速完成调查，受访者地理位置分散且适合开展统计分析。

（5）标杆对照。标杆对照是将实际或计划的产品、流程与其他可比组织的做法进行比较，以便识别最佳实践、形成改进意见，并为绩效考核提供依据。标杆对照所采用的可比组织可以是内部的，也可以是外部的。

3. 数据分析

可用于本过程的数据分析技术主要是文件分析。文件分析包括审核和评估所有相关的文件信息。在此过程中，通过分析现有文件，识别与需求相关的信息来获取需求。有助于获取相关需求的文件有很多，可供分析的文件包括以下几类。

（1）协议。

（2）商业计划。

（3）业务流程或接口文档。

（4）业务规则库。

（5）现行流程。

（6）市场文献。

（7）问题日志。

（8）政策和程序。

（9）法规文件。

（10）建议邀请书。

4. 决策

适用于收集需求过程的决策技术包括：

（1）投票。投票是一种为达成某种期望结果，而对多个未来行动方案进行评估的集体决策技术和过程，主要用于生成、归类产品需求和对产品需求进行排序。

（2）独裁型决策制定。采用这种方法，将由一个人负责为整个集体制定决策。

（3）多标准决策分析。该技术借助决策矩阵，用系统分析方法建立诸如风险水平、

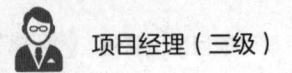

不确定性和价值收益等多种标准,以对众多创意进行评估和排序。

### 5. 数据表现

可用于本过程的数据表现技术包括:

(1)亲和图。用来对大量创意进行分组,以便进一步进行审查和分析。

(2)思维导图。把从头脑风暴中获得的创意整合成一张图,用来反映创意之间的共性与差异,以激发新创意。

### 6. 人际关系与团队技能

可用于本过程的人际关系与团队技能包括:

(1)名义小组技术。名义小组技术是用于促进头脑风暴的一种技术,通过投票排列出最有用的创意,以便进一步开展头脑风暴或优先排序。名义小组技术是一种结构化的头脑风暴形式,通常由四个步骤组成:第一步,向集体提出一个问题或难题,每个人在深思后写出自己的想法。第二步,主持人在活动挂图上记录所有人的想法。第三步,集体讨论每种想法,直到全体成员达成一个明确的共识。第四步,个人私下投票决出各种想法的优先排序,通常采用5分制,1分最低,5分最高。为减少想法数量并集中关注某种想法,可进行数轮投票。每轮投票后都将清点选票,得分最高者被选出。

(2)观察。观察是指直接察看个人在各自的环境中执行工作(或任务)和实施流程的全过程。当产品使用者难以或不愿清晰说明他们的需求时,就特别需要通过观察来了解其工作细节。观察也称为"工作跟随",通常由"旁站观察者"观察业务专家如何执行工作,但也可以由"参与观察者"来观察,通过实际执行一个流程或程序,来体验该流程或程序是如何实施的,以便挖掘隐藏的需求。

(3)引导。引导可与主题研讨会结合使用,是指把主要相关方召集在一起,通过研讨定义产品需求。主题研讨会可用于快速定义跨职能需求并协调相关方的需求差异。由于具有群体互动的特点,有效引导的研讨会有助于参与者之间建立信任、改进关系、改善沟通,从而有利于相关方达成一致意见。此外,与分别召开会议相比,研讨会能够更早发现并解决问题。适合采用引导技能的情境包括:

1)联合应用设计或开发。联合应用设计或开发会议适用于软件开发行业。这种研讨会注重把业务主题专家和开发团队集中在一起,以收集需求和改进软件开发过程。

2)质量功能展开。制造行业采用质量功能展开这种引导技能来帮助确定新产品的关键特征。质量功能展开从收集客户需要开始,客观地对这些需要进行分类和排序,并为实现这些需要而设定目标。

3)用户故事。用户故事是对所需功能进行的简短文字描述,经常产生于需求研讨会中。用户故事描述哪个相关方将从功能中受益(角色),其需要实现什么(目标),

以及期望获得什么利益（动机）。

**7. 系统交互图**

系统交互图是范围模型的一个例子，它是对产品范围的可视化描绘，显示业务系统（过程、设备、计算机系统等）及其与人、其他系统（行动者）之间的交互方式，如图1-1所示。系统交互图显示了业务系统的输入和输入提供者、业务系统的输出和输出接收者，是收集项目需求计划的一种非常好的方法。

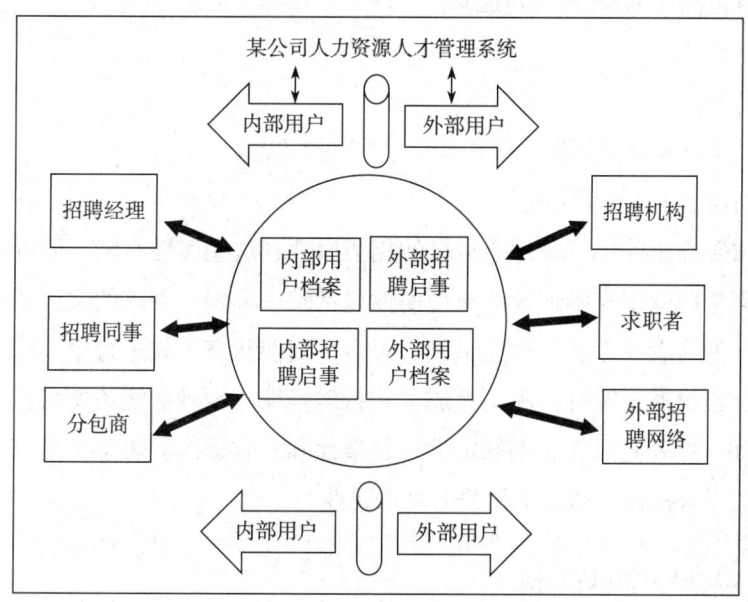

图1-1 系统交互图

**8. 原型法**

原型法是指在实际制造产品之前，先造出该产品的模型，并据此征求对需求的早期反馈。原型包括微缩产品、计算机生成的二维和三维模型、实体模型。因为原型是有形的实物，所以它能使相关方体验到最终产品的模型，而不是仅限于抽象的需求描述。原型法支持渐进明细的理念，需要经历从模型创建、用户体验、反馈收集到原型修改的反复循环过程。在经过足够的反馈循环之后，就可以通过原型获得足够的需求信息，从而进入设计或制造阶段。

### 1.2.3 需求跟踪矩阵

需求跟踪矩阵是把项目或产品需求从其来源处通过一系列关联连接到能满足需求

的可交付成果的表格。需求跟踪矩阵可将每个需求与业务目标或项目目标联系起来，有助于确保每个需求都具有商业价值。需求跟踪矩阵提供了一种在整个项目生命周期中跟踪需求的方法，有助于确保需求文件中被批准的每项需求在项目结束的时候都能交付。需求跟踪矩阵还为管理项目范围变更提供了框架。跟踪需求包括：

（1）业务需要、机会、目的和目标。

（2）项目目标。

（3）项目范围和WBS可交付成果。

（4）产品设计。

（5）产品开发。

（6）测试策略和测试场景。

（7）从高层级需求到详细需求。

应在需求跟踪矩阵中记录每个需求的相关属性，这些属性有助于明确每个需求的关键信息。需求跟踪矩阵中记录的典型属性包括唯一标识、需求的文字描述、收录该需求的理由、所有者、来源、优先级别、版本、当前状态（如进行中、已取消、已推迟、新增加、已批准、被分配和已完成）和状态日期。为确保相关方满意，还可根据具体需要增加一些补充属性，如稳定性、复杂性和验收标准。表1-2是需求跟踪矩阵示例，其中"需求描述"列出了相关的需求属性。

● 表1-2 需求跟踪矩阵示例

| 需求跟踪矩阵 | | | | | | | | |
|---|---|---|---|---|---|---|---|---|
| 项目名称 | | | | | | | | |
| 成本中心 | | | | | | | | |
| 项目描述 | | | | | | | | |
| 标识 | 关联标识 | 需求描述 | 业务需要、机会、目的和目标 | 项目目标 | WBS可交付成果 | 产品设计 | 产品开发 | 测试说明 |
| 001 | 1.0 | | | | | | | |
| | 1.1 | | | | | | | |
| | 1.2 | | | | | | | |
| | 1.2.1 | | | | | | | |
| 002 | 2.0 | | | | | | | |
| | 2.1 | | | | | | | |
| | 2.1.1 | | | | | | | |

续表

| 标识 | 关联标识 | 需求描述 | 业务需要、机会、目的和目标 | 项目目标 | WBS可交付成果 | 产品设计 | 产品开发 | 测试说明 |
|---|---|---|---|---|---|---|---|---|
| 003 | 3.0 | | | | | | | |
| | 3.1 | | | | | | | |
| | 3.2 | | | | | | | |
| 004 | 4.0 | | | | | | | |
| 005 | 5.0 | | | | | | | |

## 1.3 定义范围

定义范围是通过范围定义的方法，制定出项目及其产品、服务或成果的详细描述的过程。本过程的主要作用是描述产品、服务或成果的边界和验收标准。

由于在收集需求过程中识别出的所有需求未必都包含在项目中，所以定义范围的过程就是要从需求文件（收集需求过程的输出）中选取最终的项目需求，然后制定出关于项目及其产品、服务或成果的详细描述。项目范围说明书的好坏对项目的成功与否至关重要。应根据项目启动过程中记载的主要可交付成果、假设条件和制约因素来编制详细的项目范围说明书。在项目规划过程中，随着对项目信息的深入了解，应该更加详细具体地定义和描述项目范围。此外，还需要分析现有风险、假设条件和制约因素的完整性，并做出必要的增补或更新。定义范围过程需要多次、反复地修改和调整。在迭代型生命周期的项目中，要先为整个项目确定一个高层级的愿景，再通过逐步迭代，使得详细范围越来越明确。通常，会随着当前迭代期的项目范围和可交付成果的进展，详细规划下一个迭代期的工作。

### 1.3.1 定义范围的方法

定义范围的常用方法有以下5种。

**1. 专家判断**

在制订项目范围计划的过程中，常常需要使用专家判断法。因为有许多项目范围界定问题涉及项目所属专业领域的专门知识，不管是对项目产出物的描述，还是对项目目标的确定，都会涉及许多专业知识。专家判断是指基于某应用领域、知识领域、学科和行业等的专业知识而做出的关于当前活动的合理判断，这些专业知识可来自具有专业学历、知识、技能、经验或培训经历的任何小组或个人。在制订项目范围计划时，还需要项目管理专家提供项目管理方面的专业知识。专家判断法是项目范围计划制订中经常使用的一种方法，使用该方法时应征求具备类似项目知识或经验的个人或小组的意见。

2. 数据分析

可用于本过程的数据分析技术主要是备选方案分析。备选方案分析可用于评估实现项目章程中所述的需求和目标的各种方法。

3. 决策

可用于本过程的决策技术主要是多标准决策分析。多标准决策分析是一种借助于决策矩阵来使用系统分析方法的技术，其目的是建立需求、进度、预算和资源等多种标准来完善项目和产品范围。

4. 人际关系与团队技能

人际关系与团队技能的一个示例是引导。在研讨会和座谈会中使用引导技能来协调具有不同期望或不同专业知识的关键相关方，使他们就项目可交付成果以及项目和产品边界达成跨职能的共识。

5. 产品分析

通过对项目产出物的分析，可以使项目业主/客户与项目组织形成对项目产出物的准确理解，从而指导项目范围计划的编制。产品分析可用于定义产品或服务，包括针对产品或服务提问并回答，以描述要交付产品的用途、特征及其他方面。每个应用领域都有一种或几种普遍公认的方法，用以把高层级的产品或服务描述转变为有意义的可交付成果，即首先获取高层级的需求，然后将其细化到最终产品设计所需的详细程度。产品分析技术包括：

（1）产品分解。

（2）需求分析。

（3）系统分析。

（4）系统工程。

（5）价值分析。

（6）价值工程。

### 1.3.2　详细范围说明

项目范围说明书是对项目范围、主要可交付成果、假设条件和制约因素的详细描述。它记录了整个范围，包括项目和产品范围，详细描述了项目的可交付成果，还代表项目相关方之间就项目范围所达成的共识。为便于管理相关方的期望，项目范围说明书可明确指出哪些工作属于项目范围，哪些不属于项目范围。项目范围说明书使项目团队能进行更详细的规划，在执行过程中能指导项目团队的工作，并为评价变更请求或额外工作是否超过项目边界提供基准。

项目范围说明书描述要做和不要做的工作的详细程度，决定项目管理团队控制整个项目范围的有效程度。详细的项目范围说明书包括以下内容。

（1）产品范围描述。产品范围描述是指逐步细化在项目章程和需求文件中所述的产品、服务或成果特征。

（2）可交付成果。可交付成果是指为完成某一过程、阶段或项目而必须产出的任何独特并可核实的产品、成果或服务能力。可交付成果也包括各种辅助成果，如项目管理报告和文件。对可交付成果描述的详细程度应根据实际需求进行调整。

（3）验收标准。验收标准是指可交付成果通过验收前必须达到的一系列条件要求。

（4）项目的除外责任。项目的除外责任明确说明哪些内容不属于项目范围，有助于降低管理相关方的期望及减少范围蔓延。

虽然项目章程和项目范围说明书的内容存在一定程度的重叠，但它们的详细程度完全不同。项目章程包含高层级的信息，而项目范围说明书则是对范围组成部分的详细描述，这些组成部分需要在项目过程中渐进明细。

## 1.4　创建工作分解结构

创建工作分解结构（WBS）采用一定的编制方法，遵循编制的原则，把项目可交付成果和项目工作分解成较小的、更易于管理的、可以被项目团队成员承担的组件。WBS组织和定义了项目的所有范围，是项目范围管理的基准。本过程主要为所要交付的内容提供架构，它仅开展一次或仅在项目的预定义点开展。

### 1.4.1　WBS 的概念

WBS 是对项目团队为实现项目目标、创建所需可交付成果而实施的全部工作范围的层级分解。WBS 组织并定义了项目的总范围，代表着经批准的当前项目范围说明书中所规定的工作。WBS 最低层的组成部分称为工作包，其中包括计划的工作。工作包对相关活动进行归类，以便对工作安排进度进行估算，开展监督与控制。在"工作分解结构"这个词语中，"工作"是指作为活动结果的工作产品或可交付的成果，而非活动本身。

### 1.4.2　WBS 的编制方法

**1. 专家判断**

专家判断法是一种编制项目 WBS 的常用方法。通过调查或会议的方式征求具备类似项目知识或经验的个人或小组的意见，编制项目的 WBS。

**2. 工作分解结构模板**

工作分解结构模板是指根据历史项目信息编制的结构化的工作分解结构。虽然每个项目都是独一无二的，但是绝大多数同一专业应用领域中的项目都在一定程度上有相似的地方，根据工作结构分解模板，考虑新项目的各种情况和条件，通过增删项目的工作就可以对新项目的范围做出定义，不仅可以得出适用的工作分解结构，还可以节约编制 WBS 的时间和精力。由于一个组织的绝大多数项目都是属于相同专业应用领域的，并且其管理模式和政策是相对稳定的，所以同一个组织的大多数项目都有相同或类似的项目生命周期，而且在每个项目阶段上会有相同或类似的项目产出物。

在很多专业应用领域中均有标准或半标准的项目工作分解结构可用作新项目的工作分解结构模板。例如，某国曾为国防装备项目制定了标准的工作分解结构。图 1–2 就是这些模板中的一个示例。

**3. 分解**

分解技术是指将项目产出物逐层细分为更小、更易管理的子项目或项目要素，直到将项目产出物分解到详尽程度能够支持下一步的项目活动分析和定义工作为止。工作包是 WBS 最低层的工作，工作包的详细程度因项目规模和复杂程度而异。工作包分解的程度取决于项目所需的控制程度，一般分解至可对其成本和持续时间进行估算和管理并能够对其进行控制，以实现对项目的高效管理为止。项目工作分解为工作包的

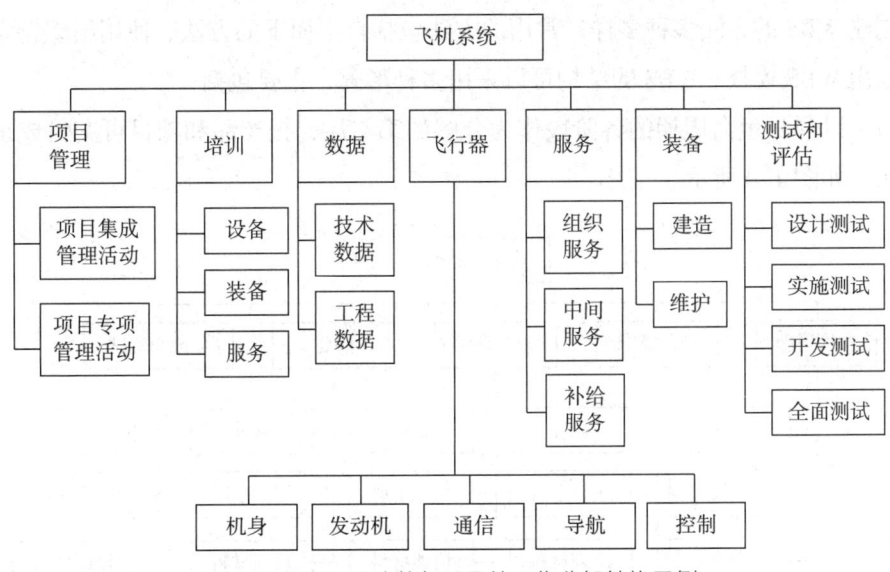

图 1-2 用于国防装备项目的工作分解结构示例

步骤包括：

（1）识别和分析可交付成果及相关工作。

（2）确定 WBS 的结构和编排方法。

（3）自上而下逐层细化分解。

（4）为 WBS 组成部分制定和分配标识编码。

（5）核实可交付成果分解的程度是否恰当。

WBS 仅用于说明，它不代表任何特定项目的整体项目范围，也不意味着这是对此类项目组织工作分解结构的唯一方法。图 1-3 显示了某工作分解结构的一部分，其中若干分支已经向下分解到工作包层次。

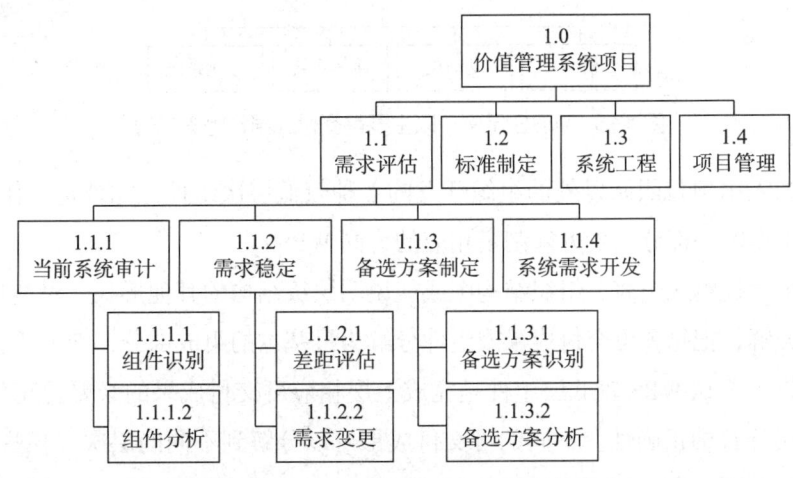

图 1-3 分解到工作包的 WBS 示例

创建 WBS 的方法多种多样，常用的方法包括自上而下的方法、使用组织特定的指南和使用 WBS 模板。WBS 的结构可以采用多种形式，主要包括：

（1）以项目生命周期的各阶段作为分解的第二层，把产品和项目可交付成果放在第三层，如图 1-4 所示。

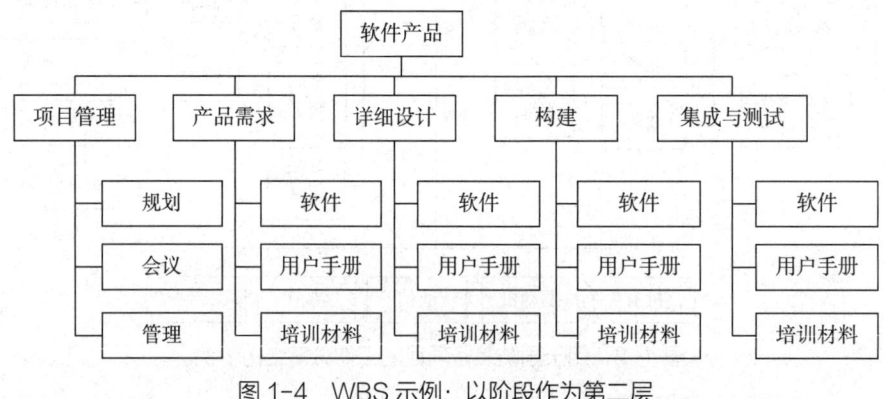

图 1-4　WBS 示例：以阶段作为第二层

（2）以主要可交付成果作为分解的第二层，如图 1-5 所示。

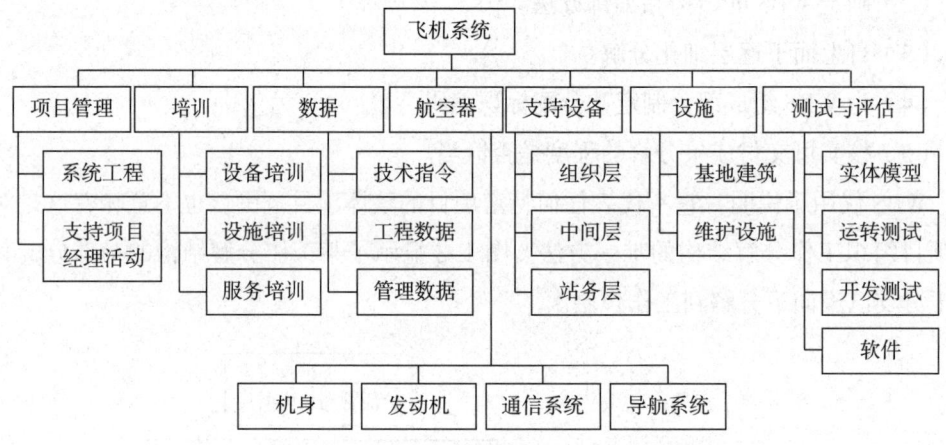

图 1-5　WBS 示例：以主要可交付成果作为第二层

（3）纳入由项目团队以外的组织开发的各种较低层次组件（如外包工作）。随后，作为外包工作的一部分，卖方须制定相应的合同 WBS。

可以采用提纲式图表、组织结构图或能说明层级结构的其他形式，对 WBS 较高层组件进行分解，把每个可交付成果或组件分解为最基本的组成部分，即可核实的产品、服务或成果。确认 WBS 较低层组件是完成上层相应可交付成果的必要且充分的工作，并以此核实分解的正确性。不同的可交付成果可以分解到不同的层次。某些可交付成果只需分解到下一层，即可到达工作包的层次，而另一些则须分解更多层。工作分解得越细致，对工作的规划、管理和控制就越有力。但是，分解过细会造成 WBS 各层级的数据汇总困难，同时会造成管理精力的无效耗费、资源使用效率低下、工作实施效率降低。项目管理团队通常需要等待对该可交付成果或组成部分达成一致意见，才能够制定出 WBS 中的相应细节，这种技术也称作滚动式规划。有些要在未来远期才完成的项目可交付成果或组件，由于信息缺乏，当前可能无法分解。

WBS 编制完成之后，要采用 100% 规则对工作范围进行核实，即通过把 WBS 底层的所有工作逐层向上汇总，以确保既没有遗漏的工作，也没有多余的工作。

### 1.4.3　WBS 的编制原则

WBS 的编制应按照实际工作经验、系统工作的方法、工程的特点、项目管理者的要求进行，其基本原则是：

（1）在各层次上保证项目内容的完整性，不能遗漏任何必要的组成部分。

（2）一个项目单元只能从属于某一个上层单元，不能同时从属于两个上层单元。

（3）项目单元应能区分不同的责任者和不同的工作内容，应有较高的整体性和独立性。

（4）应考虑项目承包方式、合同结构的影响。

（5）能够符合项目目标管理的要求，能方便地应用工期、质量、成本、合同、信息等手段。

项目最终确定的 WBS 不能有太多层次，以四至六层为宜。最低层次工作包的单元成本不宜过大，工期不要太长。

### 1.4.4　范围基准

范围基准是用作比较的基础，一般只是经过批准的范围说明书、WBS 和相应的 WBS 词典。范围基准不得随意变更，只有通过正式的变更控制程序才能进行变更。范围基准是项目管理计划的组成部分，它包括：

**1. 项目范围说明书**

项目范围说明书包括对项目范围、主要可交付成果、假设条件和制约因素的描述。

**2. WBS**

WBS 是对项目团队为实现项目目标、创建可交付成果而需要实施的全部工作范围的层级分解。工作分解结构每向下一层，对项目工作的定义就更详细一些。

### 3. 工作包

WBS 的最低层级是带有独特标识号的工作包。这些标识号为进行成本、进度和资源信息的逐层汇总提供了层级结构，构成账户编码，账户编码是唯一用于识别工作分解结构每个组件的编号系统。每个工作包都是控制账户的一部分，而控制账户则是一个管理控制点。在该控制点上，把范围、预算和进度加以整合，并与挣值相比较，以测量绩效。控制账户拥有两个或更多工作包，但每个工作包只与一个控制账户相关联。

### 4. 规划包

一个控制账户可以包含一个或多个规划包。规划包是一种低于控制账户而高于工作包的工作分解结构组件，工作内容已知，但详细的进度活动未知。

### 5. WBS 词典

WBS 词典是针对 WBS 中的每个组件，详细描述可交付成果、活动和进度信息的逐条说明。项目工作分解结构词典通常是按照项目工作包划分词条并进行描述。通常一个项目工作分解结构中的所有工作包都应该被收集在项目工作分解结构词典里。典型项目工作分解结构词典的内容包括对于项目"工作包"的描述和其他一些项目的工期、成本预算、人员安排等计划安排信息。WBS 词典对 WBS 提供支持，其中大部分信息由其他过程创建，然后在后期添加到词典中。WBS 词典中的内容可能包括账户编码标识、工作描述、假设条件和制约因素、负责的组织、进度里程碑、相关的进度活动、所需资源、成本估算、质量要求、验收标准、技术参考文献和协议信息等。

## 1.5 确认范围

项目范围确认是指项目相关利益者（项目业主/客户、项目发起人、项目经理、项目委托人、项目组织等）对于项目范围的正式认可和接受的工作和过程。在项目范围确认工作中要审核项目范围定义工作的结果，以确保所有必需的项目工作均已包括在项目范围之中，而与实现项目目标无关的工作均未包括在项目范围之中。项目范围确认既可以是对一个项目整体的范围确认，也可以是对一个项目阶段的任务范围确认。如果项目提前中止，则在项目确认过程中应将项目完成的程度及项目的整体范围以文件的形式记录下来。确认范围是正式验收已完成的项目可交付成果的过程。本过程的主要作用为：使验收过程具有客观性，同时通过确认每个可交付成果，来提高最终产品、服务或成果获得验收的可能性。本过程应根据需要在整个项目期间定期开展。

### 1.5.1 确认范围与质量控制

由客户或发起人审查从质量控制过程输出的可交付成果，确认这些可交付成果已经圆满完成并通过正式验收。本过程对可交付成果的确认和最终验收，需要依据从项目范围管理知识领域的各规划过程获得的输出（如需求文件或范围基准）以及从其他知识领域的各执行过程获得的工作绩效数据。项目范围确认不同于质量控制，前者关注可交付成果的验收，关心工作任务的正式认可与接受；而后者关注可交付成果的正确性及是否满足质量要求，关心的是工作结果的正确性。质量控制过程通常先于范围确认过程，但二者也可同时进行。

### 1.5.2 检查与决策技术

检查可称为审查、同行审查、审计或巡检等，是指检验工作产品，通过开展测量、审查与确认等活动，来判断工作和可交付成果是否符合需求和产品验收标准，以确定是否符合书面标准。检查的结果通常包括相关的测量数据，可在任何层面上进行。可以检查单个活动的成果，也可以检查项目的最终产品，还可用于确认缺陷补救。

决策指决定的策略或办法。常见的决策技术有：

**1. 投票**

投票是一种为达成某种期望结果，而对多个未来行动方案进行评估的集体决策技术和过程。本技术用于生成、归类和排序产品需求。投票技术包括：

（1）一致同意。每个人都同意某个行动方案。

（2）大多数同意。只要获得群体中超过 50% 人员的支持，就能做出决策。把参与决策的小组人数定为奇数，可防止因平局而无法达成决策。

（3）相对多数同意。根据群体中相对多数人的意见做出决策，即便未能获得大多数人的支持也能得到通过。这种方式通常在候选项超过两个时使用。

**2. 独裁型决策制定**

采用这种方法，将由一个人负责为整个集体制定决策。

**3. 多标准决策分析**

该技术借助决策矩阵，用系统分析方法建立诸如风险水平、不确定性和价值收益等多种标准，以对众多创意进行评估和排序。

# 1.6 控制范围

控制范围是监督项目和产品的范围状态、管理范围基准变更的过程，并对偏差和趋势进行分析，以保证变更是通过一个被许可的过程进行管理的。本过程的主要作用是在整个项目期间持续对范围基准进行维护。

## 1.6.1 范围变更控制流程

控制项目范围以确保所有变更请求、所推荐的纠正或预防措施都能通过实施整体变更控制过程进行处理。在变更实际发生时，也要采用控制范围过程来管理这些变更。控制范围过程应该与其他控制过程协调开展。由于项目变更不可避免，因此每个项目都必须强制实施某种形式的变更控制。

**1. 项目范围变更控制的依据**

项目范围变更控制的依据主要包括下列文件或信息：

（1）项目工作分解结构。项目工作分解结构定义了项目范围的内容和底线。当实际项目实施工作超出或达不到项目工作分解结构的范围要求时，就表明发生了项目范围的变更。项目范围变更发生后，必须要对项目工作分解结构进行调整和更新。

（2）项目的实施情况报告。项目实施情况报告一般包括两类信息或资料：一类是项目的实际进程资料，包括项目工作的实际开始/完成时间以及实际发生的费用等情况；另一类是有关项目范围、工期计划和成本预算的变更信息。例如，项目的哪些中间产品已完成，哪些还没有完成；项目的工期和预算是否超过了项目计划等。它还提醒项目组织注意那些会在未来引发问题和项目范围变更的因素和环节。

一般而言，项目实施都有确定的绩效报告期。项目实施情况报告的频率视整个项目长短及其复杂性而定，项目报告期可以是一天、一周、一个月等。如果要对项目实行更为严密的范围管理和控制，那么缩短项目实施情况报告期就是行之有效的措施之一。

（3）项目范围变更的请求。项目范围变更的请求会以多种形式出现，可以是口头或书面的，可以是直接或间接的，可以是由内部提出的，也可以是外部要求的，甚至是法律强制的。项目范围变更要求可能是扩大项目的范围，也可能是缩小项目的范围。绝大多数项目范围变更要求是由于以下原因引起的：

1）某个外部事件。例如，政府有关法规的变更。

2）在定义项目范围时的某个错误或疏漏。例如，在设计一个电信系统时疏忽了一个必备的特殊构件。

3）增加项目价值的变更。例如，在一个环保项目中发现通过采用某种新技术可以降低项目成本，但在最初定义项目范围时这一新技术尚未出现，所以需要变更项目范围。

（4）项目范围管理计划。项目范围管理计划是有关项目范围总体管理与控制的计划文件。这一文件的具体内容前面已进行了详细的论述。

**2．项目范围变更控制方法和技术**

项目范围变更控制的方法和技术主要包括如下几个方面：

（1）项目范围变更控制系统。项目范围变更控制系统给出了项目范围变更的基本控制程序、控制方法和控制责任。它包括文档化工作系统、变更跟踪监督系统，以及项目变更请求的审批授权系统。在项目的实施过程中，项目经理或项目实施组织利用所建立的项目实施跟踪系统，定期收集有关项目范围实施情况的报告，然后将实际情况与计划的工作范围相比较，如果发现差异，则需要决定是否采取纠偏措施。如果决定采取纠偏措施，那么必须将纠偏措施及其原因写成相应的文件，作为项目范围管理文档的一部分。同时，要将项目范围的变更情况及时通知项目所有相关利益者，在获得他们一致的认可之后，才可以采取项目范围变更的行动。

项目范围变更控制系统是整个项目变更控制系统的一部分。当项目范围发生变更时，项目的其他方面必然也会受到影响，因此项目范围变更系统应该被集成到整个项目的变更控制系统之中。尤其是应该在适当的地方与项目控制的其他系统相结合，以便协调和控制项目的范围。当项目按照承发包的方式进行时，项目范围变更控制系统中的程序必须与相关合同条款保持一致。

（2）项目实施情况的分析。项目实施情况的分析也是项目范围变更控制的一种有效的技术和方法。这一方法有助于评估已经发生项目范围变更偏差的大小。项目范围变更控制的一个重要内容就是识别已发生变更的原因，以及决定是否要对这种变更或差异采取纠偏行动，而这些都需要依赖项目实施情况的分析技术和方法。

（3）追加计划法。几乎没有哪一个项目能够完全按照项目的计划实施和完成，项目范围的变更可能要求对项目工作分解结构进行修改和更新，甚至会要求重新分析和制定替代的项目实施方案。项目范围的变更会引起项目计划的变更，即项目范围的变更会要求项目组织针对变更后的情况制订新的项目计划,并将这部分计划追加到原来的项目计划中去。

(4)项目三角形法。项目三角形法是一种项目集成控制的技术方法,这种方法可用于对项目范围进行有效的控制。所谓的项目三角形是指由项目的时间、项目成本预算和项目范围所构成的三角形。大多数项目都会有明确的完成日期、项目预算和项目范围的限制。项目时间、项目预算和项目范围被称为项目成功的三大要素。如果调整了这三个要素中的任何一个,另外两个就会受到影响。虽然这三个要素都很重要,但总会有一个要素对项目的影响最大。例如,如果决定对项目工期计划做出调整以缩短工期,从而提前完成项目,就会面临增加项目成本或缩小项目范围的选择。如果需要调整项目计划以将项目成本控制在项目预算之内,其结果可能就会延长项目工期或缩小项目范围。同样,如果希望扩大项目范围,项目就会耗费更多的时间和成本。

### 3. 项目范围变更控制的结果

项目范围变更控制的结果,一方面会促进项目工作绩效的提高,另一方面会生成一系列项目范围变更控制文件。这些文件包括更新调整后的项目工期、项目成本、项目质量、项目资源和项目范围文件,以及各种项目变更行动方案和计划文件。

(1)项目范围变更控制文件。项目范围变更控制文件是在项目范围的全面修订和更新中所生成的各种文件的总称。项目范围通常是由项目业主/客户与项目组织双方认可的,所以项目范围的变更同样需要双方认可,并要有正式文件予以记录。项目范围变更通常还要求对项目成本、工期、质量以及其他一些项目目标进行全面的调整和更新。项目范围变更还需要在项目计划中得到及时反映,而且相关的项目技术文件也需要进行相应的更新。另外,应该将项目范围变更的信息及时告知项目的相关利益者。所有这些更新后的文件都属于项目范围变更控制文件的范畴。

(2)项目变更控制中的行动。项目变更控制中的行动包括:根据批准后的项目变更要求而采取的行动和根据项目实际情况的变化所采取的纠偏行动。这两种行动都属于项目变更控制的范畴,因为它们的结果都是使实际的项目范围与计划规定的项目范围保持一致,或者是与更新后的项目范围相一致。

(3)从项目变更中学到的经验与教训。不管是由于何种原因,项目的变更都属于项目计划管理中的问题。所以,在项目范围变更控制中可以发现问题,学到经验和教训。这些经验和教训都需要形成文件,以使这部分信息成为项目历史数据的一部分。这既可用作本项目后续工作的指导,也可为组织今后开展其他项目提供指南和方向。这相当于项目的一种跟踪评估和后评估工作,一般在项目或项目阶段结束以后都需要召开经验总结或项目评估会议。这种会议应在项目团队内部以及与项目业主/客户之间分别召开。其目的都是评估项目绩效，确认项目收益是否已经达到，以及总结本项目的经验和教训。

分析项目绩效后，可能会就范围基准、进度基准或项目管理计划的其他组成部分提出变更请求。

### 1.6.2 范围蔓延

未经控制的项目范围的扩大被称为范围蔓延。范围蔓延一般发生在一个项目团队或项目经理试图超越客户的期望时，由此不得不附加很多没有被正式包括在项目范围内的工作。

范围蔓延是项目失败的重要原因，避免范围蔓延的主要方法有：

**1. 范围要符合实际**

不要使项目大到不能完成，可将项目分解为一系列小的项目。

**2. 使用户参与项目范围管理**

将关键用户安排到项目团队中并给予他们需求定义和范围核实的权利。

**3. 满足业务需要**

如有可能，要使用现有的硬件和软件。许多具有信息技术背景的人员喜欢使用最新及功能最强大的技术，但应该优先考虑业务需要而非技术发展趋势。

**4. 加强项目过程管理**

遵守良好的项目管理过程，管理项目范围及项目的其他方面都需要有良好的定义过程。

### 1.6.3 偏差分析与趋势分析

偏差分析和趋势分析都属于控制范围过程的数据分析技术。

**1. 偏差分析**

偏差分析审查目标绩效与实际绩效之间的差异（或偏差），可涉及持续时间估算、成本估算、资源使用、资源费率、技术绩效和其他测量指标，以确定偏差是否处于临界值区间内或是否有必要采取预防或纠正措施。可以在每个知识领域，针对特定变量开展偏差分析。在监控项目工作过程中，通过偏差分析对成本、时间、技术和资源偏差进行综合分析，以了解项目的总体偏差情况，从而便于采取合适的预防或纠正措施。

## 2. 趋势分析

趋势分析是根据以往结果预测未来绩效,它可以预测项目的进度,提前让项目经理意识到按照既定趋势发展导致后期进度可能出现的问题,旨在审查项目绩效随时间变化的情况,以判断绩效是正在改善还是正在恶化。应该在足够早的项目时间进行趋势分析,以使项目团队有足够时间分析和纠正任何异常。趋势分析能够确定偏离范围基准的原因和程度,可以根据趋势分析的结果,决定是否需要采取纠正或预防措施,是项目范围控制的重要工作。

# 第 2 章 项目时间管理

项目时间管理（project schedule management），又称项目工期管理或项目进度管理，是为确保项目能够按时完成而对所需要的各个过程活动进行的管理。作为项目管理中不可或缺的重要环节，项目时间管理与项目成本管理、项目质量管理和项目范围管理相互联系、互相影响、彼此制约，共同对项目能否按时、低耗、高质量地完成起着至关重要的作用。合理高效的项目时间管理，在充分发挥其他因素管理作用的同时，可确保项目在受限条件下顺利完成。

项目时间管理的主要工作包括规划进度管理、定义活动、排列活动顺序、估算活动持续时间、制订进度计划和进度控制等内容。

## 2.1 规划进度管理

### 2.1.1 规划进度管理的基本概念

规划进度管理是指为编制、管理、执行和控制项目进度而制定政策、程序和文档的过程。本过程的主要作用是为如何在整个项目期间管理项目进度提供指南和方向。本过程仅开展一次或仅在项目的预定义点开展。

规划进度管理通常以项目章程、项目管理计划（如范围管理计划等）、组织过程资产和事业环境因素为基础，运用专家分析和数据分析技术，生成进度管理计划。

### 2.1.2 进度管理计划

进度管理计划是项目管理计划的组成部分,为编制、监督和控制项目进度建立准则并明确活动。根据项目需要,进度管理计划可以是正式或非正式的、非常详细或高度概括的,其中应包括合适的控制临界值。进度管理计划通常包括:

1. **项目进度模型制定**

需要规定用于制定项目进度模型的进度规划方法论和工具。

2. **进度计划的发布和迭代长度**

通常情况下,项目的迭代长度会受到项目类型和规模大小的影响。

预测型生命周期的特点是尽早确定项目范围及所需的时间、成本。可以采用这种生命周期的项目应该具备如下特点:项目成熟,项目的规模较大(甚至很大),项目的可交付成果描述清晰,团队有较为丰富的类似项目经验,或者整批一次性交付产品有利于项目干系人。瀑布模型是预测型生命周期模型的典型代表,预测型生命周期模型是目前大型复杂项目较为成熟的项目生命周期模型。

迭代和增量型生命周期的特点是,随着项目团队对产品的理解程度逐渐提高,项目阶段有目的地重复一个或多个项目活动。采用迭代和增量型生命周期的项目特点是:项目复杂,目标和范围不断变化,干系人的需求需要经过与团队的多次互动、修改、补充、完善后才能满足。新产品研发项目经常使用迭代和增量型生命周期。

适应型生命周期的特点是,应对大量变更、获取干系人的持续参与。与迭代和增量型生命周期不同的是,适应型生命周期迭代较快、所需的时间和资源固定。采用适应型生命周期的项目特点是:项目需求和范围难以实现及确定,项目过程中会有大量来自干系人的变更请求,最终的产品、服务或成果将经历多次较小增量的改进才能满足要求。例如看重客户体验和感受的软件开发项目。

3. **准确度**

准确度定义了需要规定活动持续时间估算的可接受区间,以及允许的应急储备数量。

4. **计量单位**

需要规定每种资源的计量单位,例如,用于测量时间的人时数、人天数或人周数,用于计量数量的米、升、吨、千米或立方米。

5. **组织程序链接**

工作分解结构为进度管理计划提供了框架,保证了与估算及相应进度计划的协调性。

#### 6. 项目进度模型维护

需要规定在项目执行期间，将如何在进度模型中更新项目状态，记录项目进展。

#### 7. 控制临界值

可能需要规定偏差临界值，用于监督进度绩效。它是在需要采取某种措施前，允许出现的最大差异。临界值通常用偏离基准计划中的参数的某个百分数来表示。

#### 8. 绩效测量规则

需要规定用于绩效测量的挣值管理（earned value management，EVM）规则或其他测量规则。例如，进度管理计划可能规定：

（1）确定完成百分比的规则。

（2）EVM 技术，如基准法、固定公式法、完成百分比法等。

（3）进度绩效测量指标，如进度偏差和进度绩效指数，用来评价偏离原始进度基准的程度。

#### 9. 报告格式

需要规定各种进度报告的格式和编制频率。

## 2.2 定义活动

### 2.2.1 活动的概念

活动是由共同目的联合起来并完成一定社会职能的动作的总和。

与动作相比，活动有一定的行为和目的，活动和动作都是以实现预定目的为特征的，但是动作受单一目的的制约，而活动则受一种完整的目的和动机系统的制约。活动是由一系列动作构成的系统。

项目活动定义是确认和描述项目的特定活动，它把项目的组成要素细分为可管理的更小部分，以便更好地进行管理和控制。活动定义过程处于工作分解结构（WBS）的最下层，称为工作包的可交付成果。

### 2.2.2 定义活动的依据和原则

定义活动的依据有进度管理计划、范围基准、事业环境因素、组织过程资产。

定义活动可以遵循以下一些原则。

（1）0.5%～2% 原则。每项活动的时间长度应该为整个项目长度的 0.5%～2%。如果一个项目的时长为 1 年，那么每个活动的时长最好为 1 天到 1 周。

（2）80 小时原则。每个活动的时长不宜超过 80 个小时（折合为每天 8 小时，共 2 周），超过 80 小时的计划安排是不可控的。

（3）250 个活动原则。如果活动数目太多（超过 250 个），就应该将项目划分为几个子项目，并为每个子项目开发各自的进度计划。包含太多活动的进度计划很快会变得难以控制。

（4）关键活动原则。应包含持续时间虽短，但处于这个范围的关键活动。例如，在一个 3 年期的项目中，一个时长为 2 天的关键设计检查活动是极其重要的，也应包含在活动清单中。

### 2.2.3 定义活动的方法

定义活动的方法包括分解、滚动式规划和专家判断。

#### 1. 分解

就活动定义过程而言，分解技术是指把项目工作组合进一步分解为更小、更易于管理的计划活动的组成部分。活动定义确定的最终成果是计划活动，而不是制作工作分解结构过程的可交付成果。定义活动过程的最终输出是活动而不是可交付成果，可交付成果是创建 WBS 过程的输出。

活动清单、WBS 与 WBS 词典既可以分先后完成，也可以同时制定，它们均为确定编制活动清单的基础。WBS 中的每一个工作组合都可分解为提交工作组合所必需的计划活动。活动定义通常由负责这一工作组合的项目团队成员完成。

#### 2. 滚动式规划

WBS 与 WBS 词典反映了随着项目范围一直具体到工作组合的程度而变得越来越详细的演变过程。滚动式规划是一种迭代式规划技术，它是规划逐步完善的一种表现形式，近期要完成的工作在 WBS 最下层详细规划，而计划在远期完成的工作在 WBS 较高层规划。最近一两个报告期要进行的工作应在本期工作接近完成时详细规划。所以，项目计划活动在项目生命周期内可以处于不同的详细水平。在信息不够确定的早期战略规划期间，活动的详细程度可能仅达到里程碑的水平。滚动式规划是一种渐进明细的规划方式。

### 3. 专家判断

擅长制定详细项目范围说明书、WBS 和项目进度表并富有经验的项目团队成员或专家，可以提供活动定义方面的专业知识。

这里所说的专家可以是项目团队成员或者项目外的任何人，只要他能提供活动定义方面的专业知识。常见的三种专家判断形式如下。

（1）专家个人意见集合法。先征求专家个人意见，然后将这些意见加以综合，再确定预测值。

（2）专家小组法。将专家分成小组，运用专家的集体智慧进行判断预测。这种方法的特点是：采取专家会议模式，有利于取长补短、相互启发，具有易感性、非全面性。

（3）德尔菲法。通过函询方式向若干专家分别征求意见，各专家在互不知情的情况下，根据自己的观点和方法进行预测，然后把各专家的意见汇集到一起，采用不记名方式反馈给各位专家，请他们参考别人的意见修正自己原来的判断，反复数次，最终确定预测结果。这种方法的优点在于其具有弱干扰性、全面性，旨在达成一致意见。缺点在于过程复杂，比较消耗时间，不适合用于快速解决问题的情况。

采用专家判断法应注意以下事项。

- 专家判断是否费用较高。聘请专家的单价高，但用时短。如果培训团队成员，则耗时长。
- 专家的选择也会面临风险。专家的经验和技能有可能过时，也有可能与实际不匹配，最好的专家、最好的技术不一定能最好地解决问题。
- 专家不需要什么都知道，因此要避免被"专家"这个称呼限定住。
- 项目经理不一定是技术专家，但必须是沟通专家、整合专家。

### 2.2.4 定义活动的成果

定义活动的成果包括活动清单、活动属性和里程碑清单。

#### 1. 活动清单

活动清单内容全面，包括项目将要进行的所有计划活动，不包括任何不必成为项目范围一部分的计划活动。活动清单应当有活动标志，并对每一计划活动工作范围给予详细的说明，以保证项目团队成员能够理解如何完成该项工作。计划活动的工作范围可有实体数量，如应安装的管道长度、在指定部位浇筑的混凝土、图纸张数、电脑程序语句行数或书籍的章数。活动清单在进度模型中使用，属于项目管理计划的一部分。计划活动是项目进度表的单个组成部分，而不是WBS的组成部分。

### 2. 活动属性

活动属性是活动清单中活动描述的扩展，它指出了每一计划活动具有的多个属性。每一计划活动的属性包括活动标志、活动编号、活动名称、先行活动、后续活动、逻辑关系、提前与滞后时间量、资源要求、强制性日期、制约因素和假设。活动属性还可以包括工作执行负责人、实施工作的地区或地点，以及计划活动的类型，如投入的水平、可分投入与分摊的投入。这些属性用于制定项目进度表，在报告中能以各种各样的方式选择列入计划的活动，确定其顺序并将其进行分类。属性的数目因应用领域而异，活动属性用于进度模型。

### 3. 里程碑清单

里程碑清单列出了所有的里程碑，并指明里程碑属于强制性（合同要求）还是选择性（根据项目要求或历史信息）。里程碑清单是项目管理计划的一部分，也用于进度模型。里程碑的持续时间为零。

（1）项目里程碑计划的概念。里程碑是项目执行过程中的检测点，用于项目进度的监控，以确保项目按计划进行。建立里程碑的前提是要有一个项目计划，关键要设立一个合理的检测标准（要检测哪些点，什么是成功，什么是失败）。意义在于收集项目执行数据，分析影响项目执行的因素，及时调控项目执行进度，确保项目按计划进行。在多项目（工作）环境下，还意味着和其他项目（工作）的交接点。

里程碑本质上是约束关系的一种特殊表现形式。所以，确定里程碑应该是在计划阶段，根据活动之间的约束关系以及项目环境等因素来综合确定，它的功能是在项目进行到一定程度时对内部及外部进行监测和交接。里程碑计划是一个项目的框架，以中间产品或可实现的结果为依据。它显示了项目为达到最终目标而必须经过的条件或状态序列，表述了在每一阶段要达到什么状态，而不是如何达到。

（2）项目里程碑计划的编制依据

1）可交付成果清单。

2）企业战略。

3）项目的审核点。

4）项目的监控点。

5）项目技术路线。

（3）项目里程碑计划的编制方式。里程碑计划的编制方式主要有两种：一是编制进度计划以前，根据项目特点编制里程碑计划，并以该里程碑计划作为编制项目进度计划的依据；二是编制进度计划以后，根据项目特点及进度计划编制里程碑计划，并以此作为项目进度控制的主要依据之一。

（4）项目里程碑计划的编制步骤。里程碑是项目管理不可忽视的一部分，是项目中的重大事件，在项目过程中不占资源，是一个时间点，通常指一个可交付成果的完成。编制里程碑计划对项目目标和范围的管理很重要，它能够协助范围的审核，给项目执行提供指导，好的里程碑计划就像一张地图一样可以指导项目如何进行。

里程碑计划最好由项目的关键管理者和关键项目利益相关者召开项目启动专题会议共同讨论和制订，里程碑目标一定要明确。通过这种集体参与方式编制里程碑计划，相比项目经理独自制订并强行要求项目组执行要好得多，它可以使里程碑计划获得更大范围的支持。启动专题会议参会人数一般不应超过 6 人，人员过多不利于意见的统一。编制里程碑计划的具体步骤一般如下：

1）认可最终的里程碑。要求参会人员一致认可最终的里程碑，并取得共识。这项工作应在准备项目定义报告时就完成。

2）集体讨论所有可能的里程碑。与会成员通过头脑风暴法，把这些观点一一记录在活动挂图上，以便选择最终的里程碑。

3）审核备选里程碑。在得到的所有备选里程碑中，有的是另一个里程碑的一部分，有的则是活动而不是里程碑，但这些活动可以帮助明确认识一些里程碑。当整理它们之间的关系时，应该记录自己的判断，尤其在判定那些具有包含关系的里程碑时更应如此。

4）对各结果路径进行实验。把结果路径写在白板上，把每个里程碑分别写在一张纸上，按照它们的发生顺序进行适当的调整和改变。

5）用连线表示里程碑之间的逻辑关系。用连线表示里程碑之间的逻辑关系是从项目最终产品开始，用倒推法画出它们的逻辑关系。这个步骤有可能会促使与会成员重新考虑里程碑的定义，也有可能是添加新的里程碑、合并里程碑，甚至会改变结果路径的定义。

6）确定最终的里程碑计划，提供给关键的项目利益相关者审核和批准，然后把确定的里程碑用图表的方式张贴在项目管理办公室，以便大家能时时把握。

经过以上六个步骤，就可以确定最终的里程碑了。将里程碑挑选出来并纳入计划，里程碑计划编制工作就完成了。

以上是编制里程碑计划的常用步骤，但是由于项目的唯一性和独特性，在实践中不要拘泥于形式，灵活运用即可。

## 2.3 排列活动顺序

### 2.3.1 排列活动顺序的基本概念

项目活动排序是指识别项目活动清单中各项活动的相互关联与依赖关系，并据此对项目各项活动的先后顺序进行安排和确定的工作。

项目活动排序通常以进度管理计划、活动清单、活动属性、里程碑清单、项目范围说明书、事业环境因素、组织过程资产等为依据，采用单代号网络图、双代号网络图、确定依赖关系、提前量与滞后量等工具，生成项目进度网络图。

### 2.3.2 网络图

项目进度网络图是表示项目进度活动之间逻辑关系的图形。项目进度网络图可手工或借助项目管理软件来绘制。项目进度网络图可包括项目的全部细节，也可只列出一项或多项概括性活动。项目进度网络图应附有简要的文字描述，用来说明活动排序所使用的基本方法。在文字描述中，还应该对任何异常的活动序列做详细说明。

网络图是网络计划技术的基础，在实际应用中，是把某项任务中许多具体的工作及各工作间的逻辑关系，即工艺性、组织性的相互联系、相互制约的关系，依流程的方向，按先后顺序进行排列，并用图形直观地表达出来。

网络图是用来表示工作流程的有向、有序的网状图形，由箭线和节点组成。网络图有多种表示方式，最常见的有双代号网络图（activity on arrow，AOA）和单代号网络图（activity on node，AON）。

**1. 基本定义**

（1）节点。节点是指网络图中箭线端部的圆圈或其他形式的封闭图形。在双代号网络图中，它表示一个事件；在单代号网络图中，它表示一项工作。

（2）线路。线路是指网络图中从起点开始，沿箭线方向连续通过一系列箭线与节点，最后到达终点所经过的通路。

(3)网络图的图形符号基本形式见表 2-1。

● 表 2-1　图形符号基本形式

| 图形名称 | 图形符号的基本形式 | 备注 |
| --- | --- | --- |
| 节点 | ○　□ | 优先选用圆形 |
| 箭线 | ⎯⎯⎯→ | 优先选用水平走向 |
| 虚箭线 | ------→ | 优先选用水平走向 |

（4）单代号网络图又称节点式网络图，是以节点或该节点编号表示工作的网络图，如图 2-1 所示。

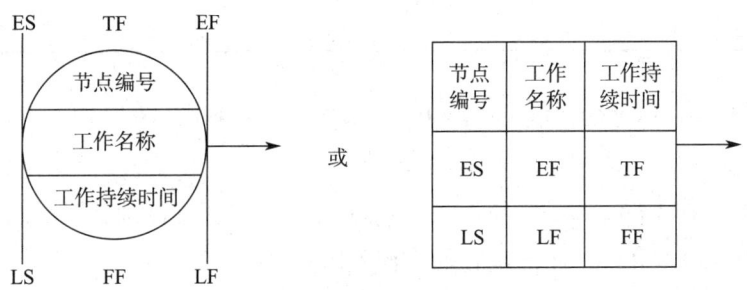

图 2-1　单代号网络图图例

（5）双代号网络图又称箭线式网络图，是以箭线或其两端节点的编号表示工作的网络图，如图 2-2 所示。

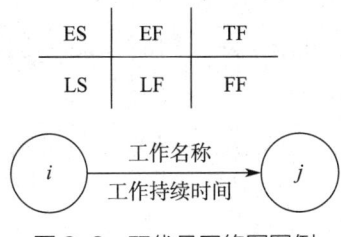

图 2-2　双代号网络图图例

## 2. 项目工作间的逻辑关系

通过工作分解结构可以知道完成项目需要执行哪些具体的工作，显然这些工作之间必然存在一个先后顺序关系，即逻辑关系，或时序关系。项目工作之间先后顺序的确定涉及对组成项目各工作之间逻辑关系的识别和说明。

（1）紧前工作（front closely activity）：紧排在本工作之前的工作。表 2-2 所示的输入关系中，$A_1$、$A_2$、$A_3$ 都是 B 的紧前工作。

（2）紧后工作（back closely activity）：紧排在本工作之后的工作。表 2-2 所示的输出关系中，$B_1$、$B_2$、$B_3$ 都是 A 的紧后工作。

● 表 2-2　工作关系图示方法

| 工作关系 | | 图示方法 |
| --- | --- | --- |
| 输入关系 | $A_1$、$A_2$ 与 $A_3$ 完成后，B 执行 | $A_1$、$A_2$、$A_3$ → ○ → B |
| 输出关系 | A 完成后，$B_1$、$B_2$ 与 $B_3$ 皆执行 | A → ○ → $B_1$、$B_2$、$B_3$ |

（3）平行工作（concurrent activity）：可与本工作同时进行的工作，如表 2-3 序号 2 中的 B 和 C。

（4）先行工作（preceding activity）：自起点节点至本工作之前各条线路上的所有工作。表 2-3 序号 1 中的 A、B 都是 C 的先行工作。

（5）后续工作（succeeding activity）：本工作之后至终点节点各条线路上的所有工作。表 2-3 序号 1 中的 B 和 C 都是 A 的后续工作。

（6）虚工作：虚拟的、实际并不存在的工作，它既不占用时间，也不消耗资源，是双代号网络图中为了正确表示各工作间逻辑关系的需要而人为设置的，以虚箭线表示。表 2-3 序号 5 中用虚线表示的工作说明只有 A 和 B 都完成，D 才可以开始。

（7）完成到开始关系（finish to start，FTS）：某一工作完成后或完成一定时间后，其紧后工作才开始的顺序关系。

（8）开始到开始关系（start to start，STS）：某一工作开始一定时间后，其紧后工作才开始的顺序关系。

（9）完成到完成关系（finish to finish，FTF）：某一工作完成一定时间后，其紧后工作才完成的顺序关系。

（10）开始到完成关系（start to finish，STF）：某一工作开始一定时间后，其紧后工作才完成的顺序关系。

网络图逻辑关系见表 2-3。

● 表2-3 网络图逻辑关系

| 序号 | 逻辑关系 | 双代号表示方法 | 单代号表示方法 |
|---|---|---|---|
| 1 | A完成后进行B，B完成后进行C | | |
| 2 | A完成后同时进行B和C | | |
| 3 | A和B都完成后进行C | | |
| 4 | A和B都完成后同时进行C和D | | |
| 5 | A完成后进行C，A和B都完成后进行D | | |
| 6 | A和B都完成后进行C，B和D都完成后进行E | | |
| 7 | A完成后进行C，A和B都完成后进行D，B完成后进行E | | |
| 8 | A和B两项先后进行的工作，各分为三段进行：$A_1$完成后进行$A_2$和$B_1$，$A_2$完成后进行$A_3$和$B_2$，$B_1$完成后进行$B_2$，$A_3$和$B_2$完成后进行$B_3$ | | |
| 9 | A和B两项工作，只有A完成，B才能开始 | — | A FTS B |
| 10 | A和B两项工作，只有A开始，B才能开始 | — | A B STS |
| 11 | A和B两项工作，只有A完成，B才能完成 | — | A B FTF |

续表

| 序号 | 逻辑关系 | 双代号表示方法 | 单代号表示方法 |
|---|---|---|---|
| 12 | A和B两项工作，只有A开始，B才能完成 | — | A　B　STF |

### 3. 网络图绘制

（1）网络图绘制的基本规则

1）必须按工作的逻辑关系画图。要求既简易又便于进行阅读和技术处理。

2）网络图必须含有能够表明基本信息的明确标识。标识可用字母或数字编号。对标识允许另建一张表做详尽说明。

3）工作或事件的字母代号或数字编号，在同一项任务的网络图中，不允许重复使用。

4）网络图一般只允许有一个起点节点和一个终点节点。单代号网络图中有多项开始和多项结束工作时，应在网络图的两端分别设置一项虚工作，作为网络图的起点节点和终点节点。

5）网络图是有方向的。在肯定型网络计划的网络图中，不允许出现封闭循环回路。

6）网络图的主方向是从起点节点到终点节点的方向，在绘制网络图时应优先选择由左至右的水平走向。

7）箭线方向必须优先选择与主方向相应的走向，或者选择与主方向垂直的走向。

8）绘制网络图时，应尽量避免箭线的交叉。当箭线的交叉不可避免时，只允许选用过桥画法或指向画法表示，如图2-3所示。

9）除起点节点和终点节点外，其他所有节点前后都要用箭线或虚箭线连接起来。

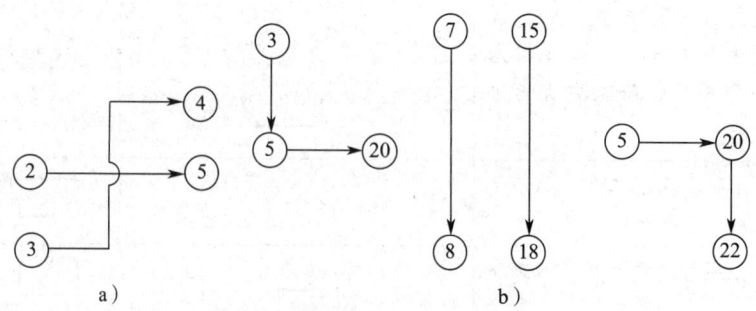

图2-3　过桥画法与指向画法

a）过桥画法　b）指向画法

10）代表工作的箭线，其首尾必须都有事件节点。也就是说，在两个事件节点之间只能有一项工作。

11）同一网络图若需要用两张以上图纸表示，应在断开部分的连接点加以提示或说明。

（2）网络图绘制的基本步骤

1）按选定的网络图类型和已确定的排列方式，决定网络图的合理布局。

2）从起始工作开始，自左至右依次绘制，只有当先行工作全部绘制完成后，才可绘制本工作，直至结束工作全部绘完为止。

3）检查工作和逻辑关系有无错漏，并进行修改。

4）按绘图规则完善网络图。

5）按网络图的编号要求将节点编号。

（3）网络图绘制示例。根据表2-4绘制单代号网络图和双代号网络图。

◆ 表2-4　工作之间的逻辑关系

| 工作 | 紧后工作 |
| --- | --- |
| A | D |
| B | E |
| C | E |
| D | F |
| E | G |
| F | — |
| G | — |

1）单代号网络图的绘制

①根据逻辑关系分析可以得出，最先开始的工作应该有三项：A、B、C。网络图一般只允许有一个起点节点，如图2-4所示。

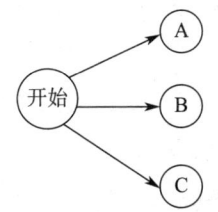

图2-4　单代号网络图（一）

②根据逻辑关系从左至右依次绘制，如图2-5所示。

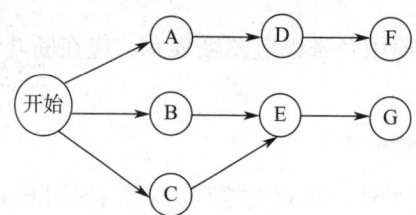

图2-5 单代号网络图（二）

③网络图一般只允许有一个终点节点，如图2-6所示。

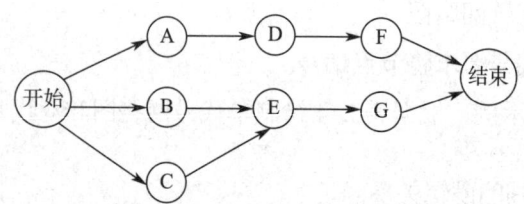

图2-6 单代号网络图（三）

2）双代号网络图的绘制

①根据逻辑关系分析可以得出，最先开始的工作应该有三项：A、B、C。因此第一个节点后应该有三条线，代表三项工作，如图2-7所示。

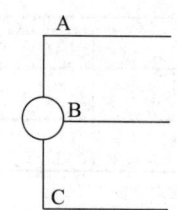

图2-7 双代号网络图（一）

②根据逻辑关系从左至右依次绘制，如图2-8所示。

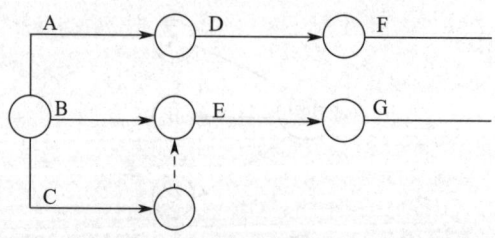

图2-8 双代号网络图（二）

③完成网络图,并对网络图的节点进行编号,如图2-9所示。

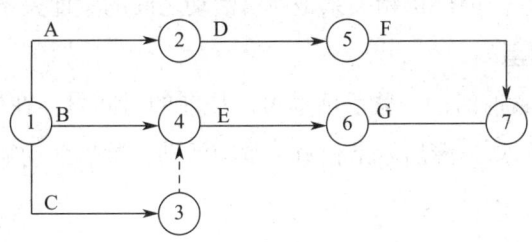

图2-9 双代号网络图(三)

### 2.3.3 活动排序的方法

项目活动排序的工具与技术包括单代号网络图、双代号网络图、确定依赖关系、提前量与滞后量。

#### 1. 单代号网络图

单代号网络图又称顺序图法,是创建进度模型的一种技术,用节点表示活动,用一种或多种逻辑关系连接活动,以显示活动的实施顺序,是大多数项目管理软件包所使用的方法。详见前文。

#### 2. 双代号网络图

双代号网络图又称箭线图法,是一种描述项目活动顺序的网络图方法。这一方法用箭线代表活动,而用节点代表活动之间的联系和相互依赖关系。详见前文。

#### 3. 确定依赖关系

依赖关系可能是强制或选择的、内部或外部的。这四种依赖关系可以组合成强制性外部依赖关系、强制性内部依赖关系、选择性外部依赖关系和选择性内部依赖关系。

(1)强制性依赖关系。强制性依赖关系又称硬逻辑关系或硬依赖关系,是法律或合同要求的或工作的内在性质决定的依赖关系。例如,在搭屋顶之前,必须先将墙体建好。强制性依赖关系往往与客观限制有关。

(2)选择性依赖关系。选择性依赖关系有时又称首选逻辑关系、优先逻辑关系或软逻辑关系,是基于具体应用领域的最佳实践或项目的某些特殊性质而创建的依赖关系。应该对选择性依赖关系进行全面记录,因为它们会影响总浮动时间,并限制后续的进度安排。如果打算进行快速跟进,则应当审查相应的选择性依赖关系,并考虑是否需要将其调整或去除。

(3)外部依赖关系。外部依赖关系是项目活动与非项目活动之间的依赖关系,如使承包商遵循关键路径实施项目。这些依赖关系往往不在项目团队的控制范围内。

（4）内部依赖关系。内部依赖关系是项目活动之间的紧前关系。

### 4. 提前量与滞后量

提前量是相对于紧前活动，紧后活动可以提前的时间量。在进度规划软件中，提前量往往表示为负滞后量。滞后量是相对于紧前活动，紧后活动需要推迟的时间量。

## 2.4 估算活动持续时间

### 2.4.1 活动持续时间估算的依据

活动持续时间估算的依据有进度管理计划、活动清单、活动属性、活动资源需求、项目范围说明书、风险登记册、资源分解结构、事业环境因素以及组织过程资产等。

### 2.4.2 活动持续时间影响因素

项目活动时间是一个随机变量，项目实际进行时将处于何种环境在事前是不清楚的，所以无法事前准确地知道活动实际进行所需要的时间，而只能进行近似的估算。估算的任务也就是尽可能地接近现实，尽量确保项目将来的正常实施。同时在计划和实施阶段也要随着时间的推移和经验的增多而不断地进行估算更新，以便随时掌握项目的进度和以后工作需要的时间，避免项目在时间上失去控制，造成延期和迟滞。

活动持续时间估算是根据资源估算的结果，估算完成单项活动所需工作时段数的过程。本过程的主要作用是确定完成每个活动所需花费的时间，为制订进度计划过程提供主要输入。应该由项目团队中最熟悉具体活动的个人或小组来提供活动持续时间估算所需的各种输入。活动持续时间的估算应该渐进明细，且取决于输入数据的数量和质量。例如，在工程与设计项目中，随着数据越来越详细、越来越准确，持续时间估算的准确性也会越来越高。所以，可以认为，持续时间估算的准确性和质量会逐步提高。

值得注意的是，无论采用何种估算方法，实际所花费的时间和事前估算的结果总会有所不同，总会存在一系列因素对项目实际完成时间产生影响。

### 1. 参与人员的熟练程度

一般进行的估算均以典型工人或工作人员的熟练程度为基础，而在实际工作中情况不会恰好如此，参与相关活动人员的熟练程度可能高于平均水平，也可能低于平均水平，这就使得活动进行的实际时间可能会比计划的时间长或短。

就项目组成员的工作效率而言，参与项目工作的人员不可能永远保持同样的工作效率。一般情况下，如果一个人的工作被打断，继续进行时就需要一定时间才能达到原来的工作速度，而干扰无时不在，且无法预知，也无法完全消除，它的影响也是因人而异、事前无法确定的。这对项目活动所需的时间就造成了一定的影响。

### 2. 突发事件

在项目的实际进行过程中，总会遇到一些意料之外的突发事件，在生命周期较长的项目中更是如此。大到地震，小到工作人员缺席，这些突发事件均会对活动的实际需要时间产生影响。在计划和估算阶段考虑所有可能的突发事件是不现实的，也是不必要的，但是在项目实际进行时，需要对此有心理准备，并且做好相应的应急计划，以便发生突发事件时能够及时进行相应的调整。

### 3. 人员沟通情况

对于项目而言，人是最重要的资源。但是如何协调好人的关系，使得项目组成员尽量一直保持旺盛的斗志，是项目经理应负起的一个重大职责。人们都知道合力的作用，两个分力在恰当的方向上可以获得比原先大几倍的合力，在不恰当的方向上则可能会内耗为零。尽管在制订计划时要求其尽可能详尽，但总是无法避免实施过程中的误解和失误，这样就会降低工作的效率。

当多个人共同完成一项工作时，就需要彼此交流工作细节以使工作得到更快的进展。如果只有两个人，那么就仅有一条沟通渠道，所以他们工作的进度就几乎是一个人的两倍；如果有三个人，就有三条渠道，依此类推，随着人数的增加，沟通渠道数目会呈指数增长。因此，按照边际效用递减规律，总会出现一个点，使得再增加一个人，便会降低工作的效率。

### 4. 有效工作时间

由于以上因素的影响，在进行估算时需要考虑真正有效的工作时间和自然流逝时间之间的差异。例如，一项任务需要一个人 10 个小时不间断地有效工作才能完成，但是，完成这一任务实际需要多长时间呢？如果被指派的人能够完全有效地连续工作，当然 10 个小时就可以完成，但客观上人是不可能长时间地保持高效率的，人总有疲惫的时候，也总是要花一些时间在学习、返工等事情上，所以进行估算时需要加以宽限。

**相关链接**

有学者对工作人员的工作效率进行过多种研究，结果表明，典型的工作效率为66%~75%，也就是说，一个人连续为一个目标而工作，他真正用在该目标上使其获得进展的时间一般是所流逝时间的66%~75%。一般而言，时间短的工作平均效率要高一些，而时间长的工作平均效率则要低一些，进行估算时应考虑这一点。需要指出的是，这是在没有打断工作的情况发生时所做的估算，而工作中断的情况在现实中很常见，所以在此基础上要进一步修正估算。

### 2.4.3 活动持续时间估算方法

能用于活动持续时间估算的工具与技术有专家判断、群体决策技术、类比估算、自下而上估算、参数估算、三点估算、储备分析、仿真技术等。

**1. 专家判断**

通过借鉴历史信息，专家判断能提供持续时间估算所需的信息，或根据以往类似项目的经验，给出活动持续时间的上限。专家判断也可用于决定是否需要联合使用多种估算方法，以及如何协调各种估算方法之间的差异。

**2. 群体决策技术**

群体决策就是为达成某种期望结果而对多个未来行动方案进行评估。群体决策技术可以调动团队成员的参与度，以提高估算的准确度，并提高成员对估算结果的责任感。选择一组与技术工作密切相关的人员参与估算过程，可以获取额外的信息，得到更准确的估算结果。另外，让成员亲自参与估算，能够提高他们对实现估算的责任感。达成群体决策的方法有很多，如一致同意、大多数原则、相对多数原则等。表2-5介绍了个人决策和群体决策的不同。

● 表2-5 个人决策和群体决策的不同

| 方式 | 个人决策 | 群体决策 |
|---|---|---|
| 速度 | 快 | 慢 |
| 准确性 | 较差 | 较好 |
| 创造性 | 较高。适于工作不明确、需要创新的工作 | 较低。适于工作结构明确、有固定程序的工作 |

续表

| 效率 | 由任务复杂程度决定。通常费时少，但代价高 | 从长远看，费时多，但代价低。效率高于个人决策 |
|---|---|---|
| 风险性 | 视个人气质、经历而定 | 视群体性格（尤其是领导性格）而定 |
| 优缺点 | 执行快，但抗外部风险能力小 | 可有效避免错误发生，但执行需要时间 |

### 3. 类比估算

类比估算是一种使用相似活动或项目的历史数据来估算当前活动或项目持续时间或成本的技术。类比估算以过去类似项目的参数值（如持续时间、预算、规模、重量和复杂性等）为基础，来估算未来项目的同类参数或指标，这是一种粗略的估算方法，有时需要根据项目复杂性方面的已知差异进行调整。在项目详细信息不足时，就经常使用这种技术来估算项目持续时间。相对于其他估算技术，类比估算通常成本较低、耗时较少，但准确性也较低。可以针对整个项目或项目中的某个部分进行类比估算。类比估算可以与其他估算方法联合使用。

需要注意的是，使用类比估算不可能仅用一个类似的系统与所要求的系统进行比较。其关键在于估算人员要对所估算的每一个系统或分系统做一个独立的双向比较，这样才可能得到一个比较接近实际的结果。

类比估算适用于项目早期，此时还没有系统的实际数据，也没有相似系统的大型数据库，因此只有此种方法的估算较为准确。

### 4. 自下而上估算

自下而上估算是一种估算项目持续时间或成本的方法，通过从下到上逐层汇总WBS各个组成部分的估算而得到项目估算。如果无法以合理的可信度对活动持续时间进行估算，则应将活动中的工作进一步细化，然后估算具体的持续时间，再汇总这些资源需求估算，从而得到每个活动的持续时间。

活动之间可能存在或不存在会影响资源利用的依赖关系；如果存在，就应该对相应的资源使用方式加以说明，并记录在活动资源需求中。

该估算方法的准确性取决于较低层次上的工作规模和复杂程度。

### 5. 参数估算

参数估算是指利用历史数据之间的统计关系和其他变量，来估算诸如成本、预算和持续时间等活动参数，是一种基于历史数据和项目参数，使用某种算法计算成本或持续时间的估算技术。把需要实施的工作量乘以完成单位工作量所需的工时，即可计算出活动持续时间。参数估算的准确性取决于参数模型的成熟度和基础数据的可靠性。

参数估算可以针对整个项目或项目中的某个部分,并可与其他估算方法联合使用。

参数模型利用项目特性计算项目费用,模型的简单或复杂视实际情况而定。由于参数估算可以产生许多特性和质量的定量化度量(即成功概率、风险水平),因此该方法的应用最为广泛。另外,参数估算可以很容易地适应设计、性能和计划特性等方面的变化。

参数估算使用相似单元的数据库,在某些选定的系统性能或设计特性的基础上产生估算。参数估算中最重要的要求是有一个良好的数据库,这个数据库必须符合特定的准则,能反映所估算系统的相似技术(用设计、制造、组装器材等表示)。在数据库中没有反映而又在所估算系统中使用的技术进步将会导致错误的估算。另外,数据库必须是同类的,数据库中的每一个相似元素都必须由相同组件构成,且必须统一归纳,若缺乏相似性,则可能引起估算的巨大偏差,导致估算的可信性消失。

### 6. 三点估算

对于一些具有高度不确定性的活动,如果采用前面的估算方法将会产生较大的误差,从而失去时间估算的意义。而三点估算可以尽可能地降低单一估算所产生的误差。三点估算是借助数学方法来进行的估算。将项目活动时间看作一个随机变量,在活动重复进行时,其实际完成时间一般会表现为一种随机分布的形式。对此可以使用三种可能的持续时间来估算,具体方法如下:

(1)最乐观时间。这个时间是假定一切行动按计划进行,且只遇到最少困难。这种情况的发生概率大约为1%。

(2)最悲观时间。这个时间是假定一切行动全都不按计划进行,且最大量的潜在困难都将发生。这种情况的发生概率大约也为1%。

(3)最可能时间。这个时间是最常发生的情况,这种成果应被一遍又一遍地公布。

将这三种时间合并为单个时间期望值的表达式之前,必须做两个假设。第一个假设是,标准偏差$\delta$是时间需求范围的1/6,这个假设源于概率论,曲线终点离平均值3个标准方差。第二个假设要求活动所需时间的概率分布可用贝塔分布表示。

事件之间的时间期望值可用下式表示:

$$t_e = \frac{a+b+4m}{6} \quad (2-1)$$

式中 $t_e$——时间期望值;

$a$——最乐观时间;

$b$——最悲观时间;

$m$——最可能时间。

例如,如果 $a$ 是 3 周,$b$ 是 7 周,$m$ 是 5 周,那么,时间期望值就是 5 周。在构建计划评审技术图时,$t_e$ 的值用作两个事件之间的活动时间,用这种方法获取最佳估算时间有很大的不确定性。如果将变量值改为 $a$ 是 2 周,$b$ 是 12 周,$m$ 是 4 周,而 $t_e$ 的值仍为 5 周。因为最乐观时间与最悲观时间之间的范围更宽,后一种情况具有更大的不确定性,因而必须注意时间期望值的风险评估。

**7. 储备分析**

在进行持续时间估算时,需考虑应急储备(有时称为时间储备或缓冲时间),并将其纳入项目进度计划中,用来应对进度方面的不确定性。应急储备是包含在进度基准中的一段持续时间,用来应对已经接受的已识别风险,以及已经制定应急或减轻措施的已识别风险。应急储备与"已知—未知"风险相关,需要加以合理估算,用于完成未知的工作量。应急储备可取活动持续时间估算值的某一百分比、某一固定的时间段,或者通过定量分析来确定,如蒙特卡洛模拟法。

管理储备是为管理控制的目的而特别留出的项目时段,用来应对项目范围中不可预见的工作。管理储备用来应对会影响项目的"未知—未知"风险。管理储备不包括在进度基准中,但它属于项目总持续时间的一部分。依据合同条款,使用管理储备可能需要变更进度基准。随着项目信息越来越明确,可以动用、减少或取消应急储备。应该在项目进度文件中清楚地列出应急储备。

**8. 仿真技术**

仿真是以系统理论为基础,以计算机为工具,抽取待研究系统中基本要素的关键参数,建立与现实系统相对应的模型,以模仿真实系统的运行过程,得到系统的统计特性,并据此推断和估计系统的真实参数。仿真技术包括三个要素,即系统、计算机和模型。这三者之间的关系如图 2-10 所示。

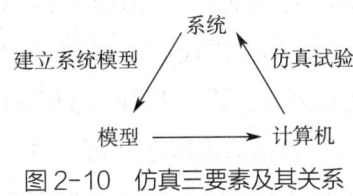

图 2-10 仿真三要素及其关系

仿真的建模求解和其他方法的不同点主要在于其建模的不唯一性和求解过程的试验性。鉴于此,系统仿真必须遵循一定的步骤,才能保证建模的有效性和运行结果的正确性。

### 2.4.4 活动持续时间估算的成果

活动持续时间估算的成果包括活动持续时间估算以及项目文件更新。

#### 1. 活动持续时间估算

活动持续时间估算是对完成某项活动所需工作时段数的定量评估。估算出的活动持续时间都应以某种指标表明可能结果的变动范围，例如：

（1）活动持续时间为1周零1天，表明该活动至少需要4天，最多不超过6天（假定1周5天工作制）。

（2）活动持续时间超过2周的概率为10%，表明该活动在2周内完成的概率高达90%。估算出的活动持续时间或活动工期可以反映在项目网络图中。

#### 2. 项目文件更新

可能需要更新的项目文件包括活动属性、为估算活动持续时间而制定的假设条件，如技能水平、可用性以及估算依据。

## 2.5 制订进度计划

### 2.5.1 制订进度计划的依据、技术与方法、成果

制订进度计划的依据包括进度管理计划、活动清单、活动属性、项目进度网络图、活动资源需求、资源日历、活动持续时间估算、项目范围说明书、风险登记册、项目人员配置、资源分解结构、事业环境因素以及组织过程资产。

制订进度计划的技术与方法包括进度网络分析、关键链法、资源优化技术、建模技术、进度压缩、进度计划编制计算机软件以及编码结构。

制订进度计划的成果包括进度基准、项目进度计划、进度数据、项目日历、项目管理计划更新、项目文件更新。

### 2.5.2 进度网络分析

进度网络分析是创建项目进度模型的一种技术。它通过多种分析技术（如关键路径法、关键链法、假设情景分析和资源优化技术等）计算项目活动未完成部分的最早和最晚开始日期，以及最早和最晚完成日期。某些网络路径可能含有路径汇聚或分支点，在进行进度压缩分析或其他分析时应该加以识别和利用。

进度网络分析就是在不考虑资源约束条件的情况下，计算所有项目工作的最早和最迟开始和完成时间。但据此计算出来的结果还不是进度计划，而仅表明在给定的资源限制和其他已知约束条件下该工作可能安排的时段。最常用的数学分析技术有以下几种。

（1）关键路径法（critical path method，CPM）。关键路径法是指根据指定的网络顺序逻辑关系和单一的持续时间进行估算，计算每一个工作单一的、确定的最早和最迟开始和完成时间。CPM 的核心是计算时差，以确定哪些工作的进度安排灵活性最小。基本的 CPM 算法经常应用在其他类型的数学分析中。

CPM 计算和分析的前提是每项工作的持续时间都是明确的，因此这种网络计划又称为肯定型网络计划；而项目工作的持续时间不确定的网络计划，则称为非肯定型网络计划，可采用计划评审技术或图示评审技术进行网络计划分析。

（2）计划评审技术（program evaluation and review technique，PERT）。当工作的持续时间不肯定，需要进行时间参数估算并对按期完成任务的可能性做出评价时，应用 PERT。PERT 利用网络顺序逻辑关系和加权持续时间估算来计算项目持续时间，它同 CPM 的主要差别在于其使用分布平均（期望值），而不像 CPM 那样使用最大可能估算，如图 2-11 所示。

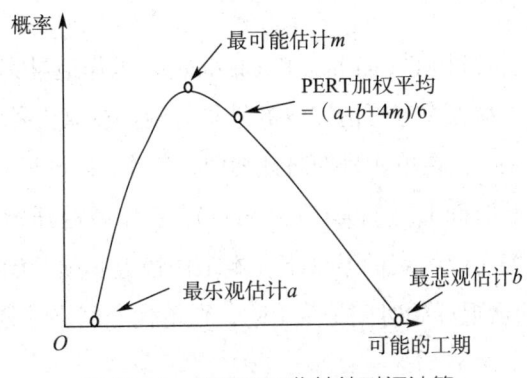

图 2-11 PERT 工作持续时间计算

（3）图示评审技术（graphical evaluation and review technique，GERT）。图示评审技术可以对网络逻辑关系和持续时间估算进行概率处理（即某些工作可能根本就不实施，某些工作可能只有部分实施，而另一些工作则可能实施多次）。GERT 适用于工作之间的逻辑关系具有不肯定性质，且工作持续时间也不肯定的情况，是按随机变量进行分析的网络计划技术。

（4）风险评审技术（venture evaluation and review technique，VERT）。该网络计划用于对工作、工作之间的逻辑关系和工作持续时间都不肯定的情况，可同时就费用、时间、效能三方面做综合分析并对可能发生的风险做概率估计。

### 2.5.3 网络计划的时间参数与图例

#### 1. 网络计划的时间参数

（1）工作持续时间 $D$（duration）。工作持续时间是指对一项工作规定的从开始到完成的时间。在双代号网络计划中，工作 $i–j$ 的持续时间记为 $D_{i-j}$；在单代号网络计划中，工作 $i$ 的持续时间记为 $D_i$。

（2）工期 $T$（project duration）。工期泛指完成任务所需的时间。

（3）节点最早时间 ET（earliest time）。节点最早时间是指双代号网络计划中，该节点后各工作的最早开始时间，节点 $i$ 的最早时间记为 $ET_i$。

（4）节点最迟时间 LT（latest time）。节点最迟时间是指在双代号网络计划中，该节点前各工作的最迟完成时间，节点 $j$ 的最迟时间记为 $LT_j$。

（5）工作最早开始时间 ES（earliest start time）。工作最早开始时间是指在紧前工作和有关时限约束下，本工作有可能开始的最早时刻。在双代号网络计划中，工作 $i–j$ 的最早开始时间记为 $ES_{i-j}$，显然 $ES_{i-j}=ET_i$；在单代号网络计划中，工作 $i$ 的最早开始时间记为 $ES_i$。

（6）工作最早完成时间 EF（earliest finish time）。工作最早完成时间是指在紧前工作和有关时限约束下，本工作有可能完成的最早时刻。在双代号网络计划中，工作 $i–j$ 的最早完成时间记为 $EF_{i-j}$；在单代号网络计划中，工作 $i$ 的最早完成时间记为 $EF_i$。

（7）工作最迟开始时间 LS（latest start time）。工作最迟开始时间是指在不影响整个项目按期完成和有关时限约束的条件下，本工作最迟必须开始的时刻。在双代号网络计划中，工作 $i–j$ 的最迟开始时间记为 $LS_{i-j}$；在单代号网络计划中，工作 $i$ 的最迟开始时间记为 $LS_i$。

（8）工作最迟完成时间 LF（latest finish time）。工作最迟完成时间是指在不影响整个项目按期完成和有关时限约束的条件下，本工作最迟必须完成的时刻。在双代号网络计划中，工作 $i$–$j$ 的最迟完成时间记为 $LF_{i-j}$，显然 $LF_{i-j}=LT_j$；在单代号网络计划中，工作 $i$ 的最迟完成时间记为 $LF_i$。

（9）工作总时差 TF（total float）。工作总时差是指在不影响整个项目完成总工期和有关时限的前提下，一项工作可以利用的机动时间。在双代号网络计划中，工作 $i$–$j$ 的总时差用 $TF_{i-j}$ 表示；在单代号网络计划中，工作 $i$ 的总时差用 $TF_i$ 表示。

（10）工作自由时差 FF（free float）。工作自由时差是指在不影响紧后工作最早开始时间和有关时限的前提下，一项工作可以利用的机动时间，也称单时差。在双代号网络计划中，工作 $i$–$j$ 的自由时差用 $FF_{i-j}$ 表示；在单代号网络计划中，工作 $i$ 的自由时差用 $FF_i$ 表示。

### 2. 图例

主要时间参数的计算结果应按规定标注在网络图上，双代号网络计划和单代号网络计划的时间参数标注方法如图 2-12、图 2-13 所示。

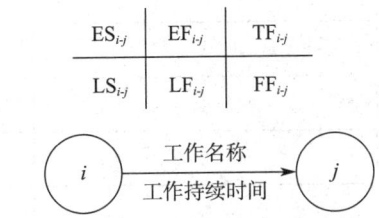

图 2-12　双代号网络计划的时间参数标注方法

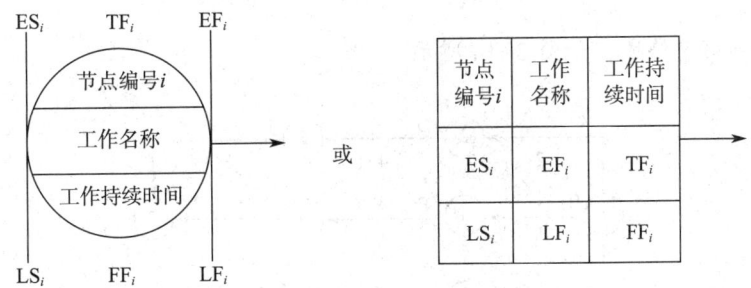

图 2-13　单代号网络计划的时间参数标注方法

### 3. 双代号网络计划时间参数计算的一般步骤

（1）以网络计划起点节点为开始节点的工作，其最早开始时间为 0，再顺着箭线方向，依次计算各项工作的最早开始时间 $ES_{i-j}$ 和最早完成时间 $EF_{i-j}$。

（2）确定网络计划的计划工期 $T_p$。

（3）从网络计划的终点节点开始，以计划工期 $T_p$ 为终点节点的最迟时间，逆着箭线方向，依次计算各项工作的最迟完成时间 $LF_{i-j}$ 和最迟开始时间 $LS_{i-j}$。

（4）计算各项工作的总时差。

（5）计算各项工作的自由时差。

**典型案例**

表2-6是项目各项工作之间的关系、工作持续时间的示例，可以用图上计算法计算时间参数，并给出时间参数图例。

● 表2-6 某项目各项工作间的关系及其持续时间

| 工作 | 持续时间/周 | 紧后工作 |
| --- | --- | --- |
| A | 2 | D |
| B | 1 | E |
| C | 3 | E |
| D | 4 | F |
| E | 2 | G |
| F | 3 | — |
| G | 5 | — |

（1）先画好网络图，如图2-14所示。

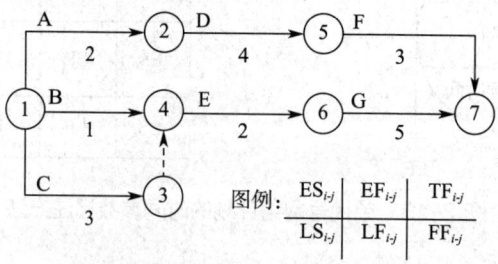

图2-14 双代号时间网络计划图

（2）以网络计划起点节点为开始节点的工作，其最早开始时间为0，再顺着箭线方向，依次计算各项工作的最早开始时间 $ES_{i-j}$ 和最早完成时间 $EF_{i-j}$，如图2-15所示。

（3）确定网络计划的计划工期 $T_p$，如图2-16所示。

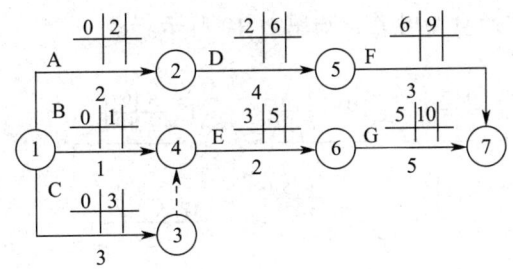

图 2-15　计算 $ES_{i-j}$ 和 $EF_{i-j}$

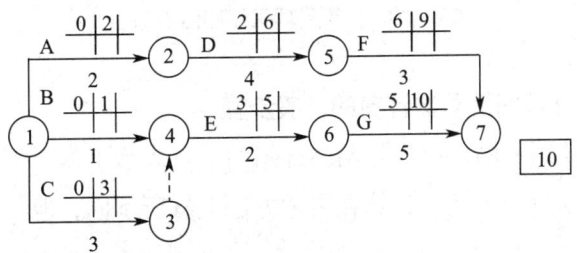

图 2-16　确定网络计划的计划工期 $T_p$

（4）从网络计划的终点节点开始，以计划工期 $T_p$ 为终点节点的最迟时间，逆着箭线方向，依次计算各项工作的最迟完成时间 $LF_{i-j}$ 和最迟开始时间 $LS_{i-j}$，如图 2-17 所示。

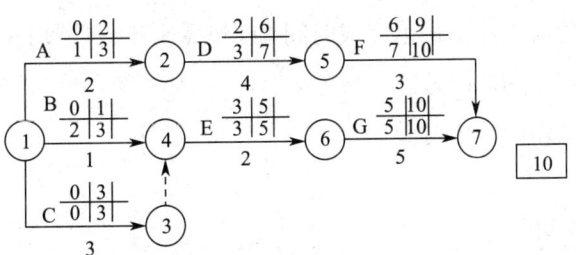

图 2-17　计算 $LF_{i-j}$ 和 $LS_{i-j}$

（5）计算各项工作的总时差，如图 2-18 所示。

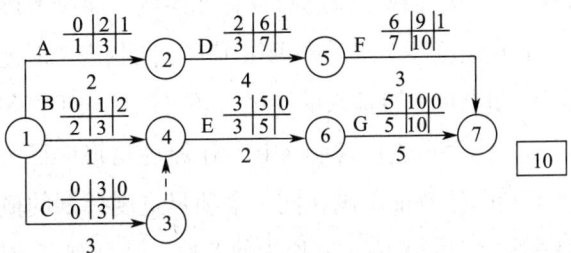

图 2-18　计算各项工作的总时差

51

（6）计算各项工作的自由时差，如图2-19所示。

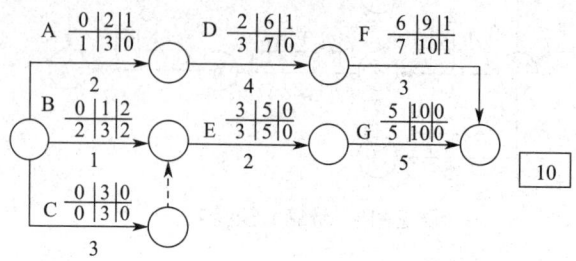

图2-19 计算各项工作的自由时差

### 4. 单代号网络计划时间参数计算的一般步骤

与双代号网络计划不同，单代号网络计划的节点表示工作，因此其时间参数的计算与双代号网络计划时间参数的计算在表述方法上有所不同，但二者在计算步骤上基本一致。

（1）以网络计划起点节点为最早开始的工作，其最早开始时间为0，再顺着箭线方向，依次计算各项工作的最早开始时间 $ES_i$ 和最早完成时间 $EF_i$。

（2）确定网络计划的计划工期 $T_p$。

（3）从网络计划的终点节点开始，以计划工期 $T_p$ 为终点节点的最迟时间，逆着箭线方向，依次计算各项工作的最迟完成时间 $LF_j$ 和最迟开始时间 $LS_j$。

（4）计算各项工作的总时差。

（5）计算各项工作的自由时差。

## 2.5.4 横道图

### 1. 项目横道图计划的作用

（1）横道图（又称甘特图）的第一个作用是通过代表工作包任务的条形图在时间坐标轴上的点位和跨度来直接反映工作包的各有关参数。通过条形图的不同图像特征（如实心条、空心条、不同颜色等）来反映工作包的不同状态（时差、关键线路、计划或实施中的实际进度）。如果带上有箭头的连线，还可以反映工作包之间的逻辑关系。

（2）横道图的第二个作用是进度控制。其工作原理是将项目实施的实际进度情况同样以条形图形式（不同图像特征）画在同一个项目进度计划的横道图中，以直观地对比实际进度和计划进度之间的差距，并作为偏差控制计划制订的依据。

（3）横道图的第三个作用是作为项目资源与费用估算曲线绘制和资源优化的基础。

**2. 项目横道图计划的编制方法**

（1）分析项目特性，以便决定研究方法、设备、程序及资源的合理运用，期望在一定期限内达到项目目标。

（2）规划项目工作，并列出主要工作。

（3）估计各项工作所需时间。

（4）考虑可同时进行及必须依顺序执行的工作项目，并协商确定其起止时间，最后排出各项工作的时间顺序。

（5）将项目的工作次序依次排列于横道图的纵坐标上，而将各项工作的预定进度以矩形绘于横道图的横坐标上。

（6）项目工作的预定进度累积百分比是依据工作量的比重而估计的，但也可按照工作天数、预算分配或达到项目目的具体数据进行估算，应按项目的工作性质，选择合适的人进行项目工作进度的估计。

（7）制作横道图。

### 2.5.5 项目日历

在项目日历中规定了可以开展进度活动的工作日和工作班次。它把可用于开展进度活动的时间段（按天或更小的时间单位）与不可用的时间段区分开来。在一个进度模型中，可能需要采用不止一个项目日历来编制项目进度计划，因为有些活动需要不同的工作时段，所以可能需要对项目日历进行更新。

其实，日历本无所谓"资源、任务、项目"，只是给资源添加日历后，习惯称为"资源日历"，给任务添加日历后，习惯称为"任务日历"，给项目添加日历后，习惯称为"项目日历"。要用好这些日历，首先要明白它们之间的关系。任务日历优先于项目日历，资源日历也优先于项目日历，而资源日历与任务日历是交集的关系。例如，如果要某项任务在周末执行（默认项目日历和资源日历都是不可以在周末工作的），则有三种方法可以解决：

（1）定义资源日历可以在周末工作（注意，这要求该项任务没有自己的日历，而只是继承项目的日历）。

（2）定义任务日历和资源日历都可以在周末工作。

（3）定义任务日历可在周末执行，并勾选其后的"排定日程时忽略资源日历"。

## 2.6 进度控制

### 2.6.1 进度控制的依据

进度控制的依据包括项目管理计划（如进度管理计划、范围基准、进度基准）、项目文件（如经验教训、进度计划等）的实际绩效数据和组织过程资产等。

### 2.6.2 进度控制程序

控制进度是监督项目活动状态、更新项目进展、管理进度基准变更，以实现计划的过程。进度控制可以提供发现计划偏离的方法，从而及时采取纠正和预防措施，以降低风险。

进度控制管理是采用科学的方法确定进度目标，编制进度计划与资源供应计划以便进行进度控制，在与质量、费用、安全目标协调的基础上，实现工期目标。由于进度计划在实施过程中的目标明确，而资源有限，不确定因素多，干扰因素多，这些因素有客观的，也有主观的，随着主客观条件的不断变化，计划也会随着改变。因此，在项目实施过程中必须不断掌握计划的实施状况，并将实际情况与计划进行对比分析，必要时采取有效措施，使项目进度按预定的目标进行，以确保目标的实现。进度控制管理是动态的、全过程的管理，其主要方法是规划、控制、协调。

1. 控制的概念

控制是根据组织的计划和事先规定的标准，监督检查各项活动及其结果，并根据偏差或调整行动或调整计划，使计划和实际相吻合，保证目标实现。进行控制能起到如下作用：第一，它是保证目标实现必不可少的活动；第二，通过纠正偏差的行为，使控制工作与其他管理职能紧密地结合在一起；第三，有助于管理人员及时了解组织环境的变化并对环境变化做出迅速反应，确保组织安全；第四，为进一步修改完善计划提供依据。

2. 进度控制的步骤

对项目的进度控制，就是在限定的工期里，制订出经济合理的进度计划，并在执行进度计划的过程中，检查实际进度是否按计划的要求进行。若出现偏差，要及时地进行纠偏，找出原因，并采取必要的补救措施。项目进度控制包括进度监测和进度调整两个系统，如图2-20、图2-21所示。

（1）确定标准。确定控制标准的原则：反映计划要求原则，控制关键点原则，体现控制趋势原则，组织适应性原则，控制的例外原则。控制标准的基本特性是简明、适用、一致、可行、可操作、灵活。

（2）衡量成效。衡量工作成效的信息质量有准确、及时、可靠、适用。

（3）纠正偏差。分析偏差产生的主要原因，确定纠偏的对象，采取适当的纠偏措施。

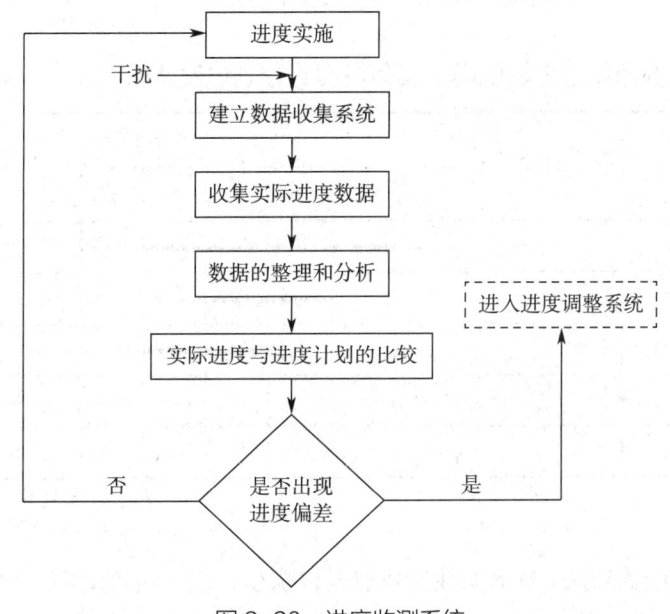

图2-20　进度监测系统

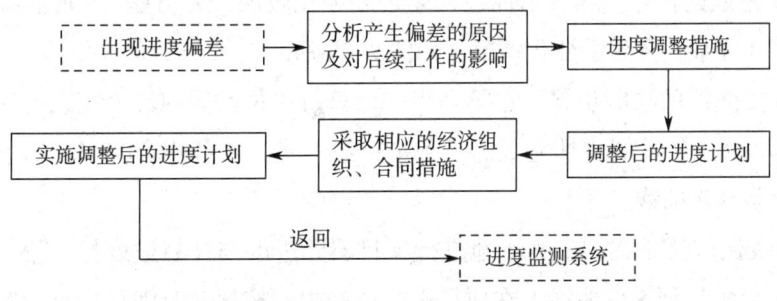

图2-21　进度调整系统

### 2.6.3 进度控制方法

进度控制的工具与技术包括进度偏差分析、绩效审查、项目管理软件、迭代燃尽图、趋势图、资源平衡优化技术、建模技术、提前量和滞后量、工期压缩等。

**1. 进度偏差分析**

（1）横道图比较法。横道图比较法是将在项目进展中观测、检查、收集到的信息整理后，直接用不同颜色（或粗实线）横道线并列标于原计划的横道线上，进行直观比较的方法。例如，某钢筋混凝土基础施工实际进度与计划进度比较见表2-7。表2-7中细实线表示计划进度，粗实线表示实际进度。

● 表2-7 某钢筋混凝土基础施工实际进度与计划进度比较

| 工作编号 | 工作名称 | 工作时间/天 | 项目进度 | | | | | | | | | |
|---|---|---|---|---|---|---|---|---|---|---|---|---|
| | | | 1 | 2 | 3 | 4 | 5 | 6 | 7 | 8 | 9 | … |
| 01 | 挖土 | 3 | ━━ | ━━ | ━━ | | | | | | | |
| 02 | 立模 | 3 | | ━━ | ━━ | ━━ | | | | | | |
| 03 | 绑扎钢筋 | 4 | | | | ━━ | ━━ | | | | | |
| 04 | 浇混凝土 | 5 | | | | | | | | | | |
| 05 | 回填土 | 3 | | | | | | | | | | |

△ 检查日期

（2）S形曲线比较法。S形曲线比较法是以横坐标表示进度时间，以纵坐标表示累计完成任务量，从而绘制出一条按计划时间累计完成任务量的S形曲线，将项目各检查时间实际完成的任务量与S形曲线计划进度相比较的一种方法。S形曲线反映了随时间进展累计完成任务量的变化情况，如图2-22所示。

计划S形曲线的绘制步骤为：第一步，计算每单位时间内计划完成的任务量；第二步，计算时间 $j$ 的计划累计完成的任务量；第三步，按各规定时间计划累计完成的任务量，绘制S形曲线。

S形曲线比较法是在图上直观地进行项目实际进度与计划进度的比较。通常在计划实施前绘制出计划S形曲线，在项目进行过程中，按规定时间将检查的实际完成情况与计划S形曲线绘制在同一张图中，即可得出实际进度的S形曲线。比较两条S形曲线，就能得到相关信息。其比较项目有下列几项内容：

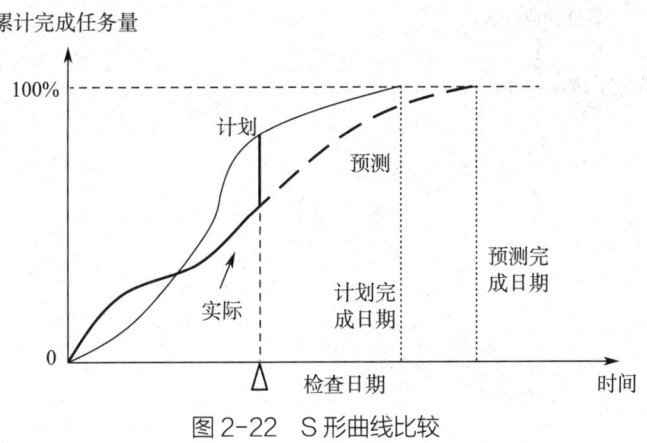

图 2-22 S 形曲线比较

1）项目实际进度与计划进度比较。当实际进展点落在计划 S 形曲线左侧时，表明实际进度超前；若在右侧，则表示实际进度拖后；若正好落在计划曲线上，则表明实际进度与计划进度一致。

2）项目实际进度超前或拖后的时间。

3）项目实际完成任务量与计划任务量之间的偏差，即工作量完成情况。

4）项目进度预测。在实际进度偏离计划进度的情况下，如工作不做出调整而仍按原计划安排的速度进行，则总工期必将超前或拖延。

（3）香蕉形曲线比较法。在绘制某个项目计划进度的累计完成工作量曲线时，当按各工作的最早开始时间得到一条 S 形曲线后（简称 ES 曲线），在同一坐标上再按各工作最迟开始时间绘得另一条 S 形曲线（简称 LS 曲线）。此时可发现，两条曲线除开始点和结束点重合外，ES 曲线其他各点皆在 LS 曲线左侧，形成一个"香蕉"，故称其为香蕉形曲线。理想的项目实施过程，其实际进度曲线应处于香蕉状图形以内，如图 2-23 所示。

利用"香蕉"形曲线进行比较，所获信息和 S 形曲线基本一致，但由于它存在按最早开始时间的计划曲线和最迟开始时间的计划曲线构成的合理进度区域，从而使判断实际进度是否偏离计划进度及对总工期是否会产生影响更为明确、直观。

（4）前锋线比较法。前锋线比较法是从计划检查时间的坐标点出发，用点画线依次连接各项工作的实际进度点，到计划检查时间的坐标点为止，形成前锋线，根据前锋线与工作箭线交点的位置，判断项目实际进度与计划进度的偏差。

（5）列表比较法。列表比较法是在采用无坐标的网络计划时，在执行过程中记录检查时刻正在进行的工作名称、已消耗的时间和还需要的时间，然后列表计算相关参数，根据计划时间参数判断实际进度与计划进度之间的偏差。

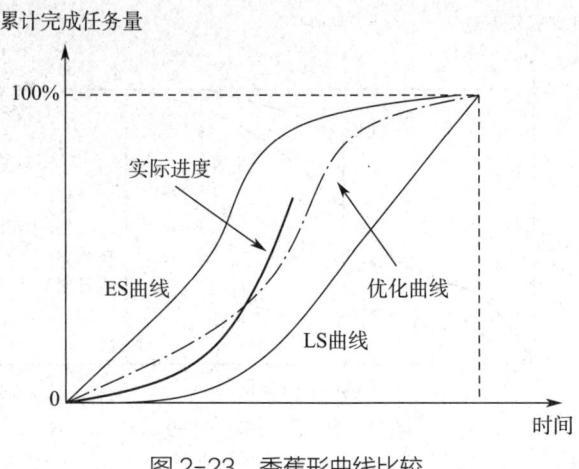

图 2-23 香蕉形曲线比较

## 2. 绩效审查

绩效审查是指测量、对比和分析进度绩效，如实际开始和完成日期、已完成百分比及当前工作的剩余持续时间。绩效审查可以使用的技术主要有如下几种。

（1）趋势分析。趋势分析是检查项目绩效随时间的变化情况，以确定绩效是在改善还是在恶化。图形分析技术有助于理解当前绩效，并与未来的目标绩效（表示为完工日期）进行对比。

（2）关键路径法。通过比较关键路径的进展情况确定进度状态。关键路径上的差异将对项目的结束日期产生直接影响。评估次关键路径上的活动进展情况，有助于识别进度风险。

（3）关键链法。比较剩余缓冲时间与所需缓冲时间（为保证按期交付），有助于确定进度状态。是否需要采取纠正措施，取决于所需缓冲与剩余缓冲之间的差值大小。

（4）挣值管理。采用进度绩效测量指标，如进度偏差和进度绩效指数，评价偏离初始进度基准的程度。总浮动时间和最早结束时间偏差也是评价项目时间绩效的基本指标。有关挣值的详细介绍可参考第 3 章项目成本管理。

## 3. 项目管理软件

可借助项目管理软件，对照进度计划，跟踪项目执行的实际日期，报告与进度基准相比的差异和进展，并预测各种变更对项目进度模型的影响。

应用项目进度控制软件，有以下作用。

（1）计算项目的总工期，求出关键线路。

（2）表示各种活动之间的逻辑依赖关系。

（3）计算各工作的时间参数，如最早或最迟开始时间和结束时间，总时差和自由时差等。

（4）跟踪进度，更新网络，报告进度完成量，预测对后续工作及总工期的影响。

（5）可处理不同时间单位（如天、周、月、年）并自动进行转换。

（6）可用 WBS 方法将项目层层分解，组织网络计划的工序。

（7）可分类筛选和排序输出，如按时差、最早开始或最迟开始时间排序，有选择地输出。

（8）输入项目开始日期，正向计算时间参数；输入项目结束日期，反向计算时间参数。

（9）可自动计算完成工期（或完成百分比）、计划工期、剩余工期三者的关系等。

### 4. 迭代燃尽图

燃尽图（burn down chart）是在项目完成之前，对需要完成工作的一种可视化表示。该图直观地显示了一定时间内，已完成工作量与计划工作量之间的差异。项目团队能通过燃尽图了解项目的进度绩效。此外，在向项目经理进行汇报时，也可以采用燃尽图。燃尽图最大的优点在于通过可视化的量化描述，直观地显示项目的完工程度。

要注意的是，燃尽图不能准确呈现项目的进度绩效。但在介绍可交付成果、里程碑、工作包或者任务完成程度时，燃尽图是一个较好的进度报告方法。同时，燃尽图还可以与本章介绍的其他进度管理工具结合使用。

### 5. 趋势图

通过对整个项目进展的跟踪，趋势图能在报告日估计项目进度提前或滞后的具体时间。此外，通过对数据进行定期更新，趋势图还能为项目经理和其他项目利益相关者提供较为全面的进度绩效比较信息。如果把所有的估计点连接起来，就能形成一条趋势线。虽然只能提供近期的数据，但是趋势图还是能起到预测工具的作用。因此，很多项目经理都喜欢使用这个工具。项目参与人员在运用趋势图进行项目控制时能帮助预测完工日期，发出是否需要采取纠正措施的信号。把趋势图当作一个预测工具虽然不会改变趋势图的基本设计，但也要有一部分的创新。

趋势图的主要作用在于它能根据项目进展的历史信息预测项目工期。也就是说，在预测项目工期的基础上，能够尽量确保项目按期交付。趋势图直观、简便，项目团队和管理层能直接从图中获取所需信息。

趋势图还能提供其他信息。因为趋势图主要是关注关键工作的绩效，所以可以根据实际进度与计划进度比较的信息，做出是否需要采取纠正措施的决策。

### 6. 其他进度控制的工具和技术

（1）资源平衡优化技术。资源平衡优化技术是在同时考虑资源可用性和项目时间的情况下，对活动和活动所需资源进行进度规划。

（2）建模技术。通过风险监控，对各种不同的情景进行审查，以便使进度模型与项目管理计划和批准的基准保持一致。

（3）提前量和滞后量。在网络分析中调整提前量与滞后量，设法使进度滞后的活动赶上计划。例如，在新办公楼建设项目中，绿化施工可以在尾工清单编写完成2周前开始。这就是带2周时间提前量的"完成到开始"关系。利用时间滞后量，可以推迟开始紧后活动。例如，技术文件编写小组可以在编写工作开始15天后编辑文件草稿。这就是带15天时间滞后量的"开始到开始"关系。

时间提前量与滞后量的使用，不能取代进度逻辑关系。应该对各种活动及其相关假设条件加以记录。利用时间提前量，可以提前开始紧后活动。

（4）工期压缩。采用工期压缩技术使进度落后的活动赶上计划，可以对剩余工作使用快速跟进或赶工方法。

# 第 3 章 项目成本管理

项目成本管理包括对成本进行规划、估算、预算、融资、筹资、管理和控制的各个过程,从而确保项目在批准的预算内完工。

各项目成本管理过程在实践中会相互交叠、相互作用。这些过程不仅彼此相互作用,而且还与其他知识领域中的过程相互作用。在某些项目,特别是范围较小的项目中,成本估算和成本预算之间的联系非常紧密,以至于可将其视为一个过程,由一个人在较短时间内完成。但本章仍然把这两个过程分开介绍,因为它们所用的工具和技术各不相同。对成本的影响力在项目早期最大,因此尽早定义范围就至关重要。

## 3.1 规划成本管理

规划成本管理是确定如何估算、预算、管理、监督和控制项目成本的过程。本过程的主要作用是,在整个项目期间为如何管理项目成本提供指南和方向。应该在项目规划阶段的早期就对成本管理工作进行规划,并建立各成本管理过程的基本框架,以确保各过程的有效性及各过程之间的协调性。本过程仅开展一次或仅在项目的预定义点开展。

### 3.1.1 成本管理计划

成本管理计划是项目管理计划的组成部分,主要描述如何规划、安排和控制项目成本。一个项目可以编制多个成本管理计划,然后在备选方案中选择最优的方案,其过程及工具与技术应记录在成本管理计划中。例如,在成本管理计划中可规定以下内容:

1. 计量单位

需要规定每种资源的计量单位,例如用于测量时间的人时数、人天数或人周数,用于计量数量的米、升、吨、千米或立方米,或者用货币表示的总价。

2. 精确度

根据活动范围和项目规模,设定成本估算向上或向下取整的程度。

3. 准确度

为活动成本估算规定一个可接受的区间(如 ±10%),其中可能包括一定数量的应急储备。

4. 组织程序链接

工作分解结构为成本管理计划提供了框架,以便据此规范地开展成本估算、预算和控制。在项目成本核算中使用的工作分解结构组成部分称为控制账户,每个控制账户都有唯一的编码或账号,直接与执行组织的会计制度相联系。

5. 控制临界值

可能需要规定偏差临界值,用于监督成本绩效。它是在需要采取某种措施前允许出现的最大差异,通常用偏离基准计划的百分数来表示。

6. 绩效测量规则

需要规定用于绩效测量的挣值管理规则。例如,成本管理计划应该定义工作分解结构中用于绩效测量的控制账户,确定拟用的挣值管理技术(如加权里程碑法、固定公式法、完成百分比法等),规定跟踪方法,以及用于计算项目完工估算的挣值管理公式,该公式计算出的结果可用于验证通过自下而上方法得出的完工估算。

7. 报告格式

需要规定各种成本报告的格式和编制频率。

8. 其他细节

关于成本管理活动的其他细节包括对战略筹资方案的说明、处理汇率波动的程序、记录项目成本的程序。

### 3.1.2 备选方案分析

规划成本管理通常会提出多个备选方案,然后从中挑出最优方案,其方法主要有以下三种。

**1. 专家判断**

专家判断是指基于某应用领域、知识领域、学科和行业等的专业知识而做出的关于当前活动的合理判断,这些专业知识可来自具有专业学历、知识、技能、经验或培训经历的任何小组或个人。本过程应该就以下主题征求具备相关专业知识或接受过相关培训的个人或小组的意见:以往类似项目,来自行业、学科和应用领域的信息,成本估算和预算,挣值管理。这种方法通常又有两种具体的形式。

(1)专家小组法。专家小组法是指组织一组有关专家在调查研究的基础上,通过召开专家小组座谈会的方式,共同探讨,分析项目备选方案,然后制定出项目最终方案的方法。

(2)德尔菲法。德尔菲法是由一名协调者组织专家进行资源需求估算,然后汇集专家意见,整理并编制项目资源计划的方法。为了消除不必要的迷信权威和相互影响,一般协调者只起联系、协调、分析和归纳结果的作用,专家们互不见面,互不通气,只与协调者发生联系,并做出自己的判断。

专家判断法的优点是:主要依靠专家判断,基本不需要历史信息资料,适合于全新的项目。它的缺点是:如果专家的水平不一,且对于项目的理解不同,就会造成项目决策出现问题。

**2. 数据分析**

适用于本过程的数据分析技术主要是备选方案分析。备选方案分析可包括审查筹资的战略方法,如自筹资金、股权投资、借贷投资等,还可以包括对筹集项目资源的方法(如自制、采购、租用或租赁)的考量。

**3. 会议**

项目团队可能举行规划会议来制订成本管理计划。参会者可能包括项目经理、项目发起人、选定的项目团队成员、选定的相关方、项目成本负责人,以及其他必要人员。

## 3.2 估算成本

估算成本是根据收集到的估算信息，采用成本估算方法对完成项目工作所需资源成本进行近似估算的过程。本过程的主要作用是确定项目所需的资金。本过程应根据需要在整个项目期间定期开展。

### 3.2.1 成本估算信息

成本估算包括对完成项目工作可能需要的成本、应对已识别风险的应急储备以及应对计划外工作的管理储备的量化估算。成本估算可以是汇总的或详细分列的。成本估算应覆盖项目所使用的全部资源，包括直接人工、材料、设备、服务、设施、信息技术，以及一些特殊的成本种类，如融资成本（包括利息）、通货膨胀补贴、汇率或成本应急储备。如果间接成本也包含在项目估算中，则可在活动层次或更高层次上计列间接成本。

项目成本估算既包括识别各种成本的构成科目，也包括估计和确定各种成本的数额大小。例如，在大多数项目应用领域中，人工费、设备费、管理费、物料费、开办费等都属于构成项目成本的科目（其下面可以进一步细分出二级科目），然后以此为基础确定数额大小。项目成本估算也包括综合分析和各种可选择项目成本方案与估算的协调问题。例如，在许多项目应用领域中，如果在设计阶段增加一些工作会提高项目设计成本，但是设计质量的提高可能会大大减少项目实施的成本。因此在项目成本估算过程中必须考虑项目设计成本与项目实施成本的这种关系，努力使项目预期的收益最大。

项目成本是指项目形成全过程所耗用的各种费用的总和。项目成本是由一系列的项目成本细目构成的。主要的项目成本细目有以下几项。

#### 1. 项目定义与决策成本

项目定义与决策是每个项目都必须经历的第一个阶段，项目定义与决策的好坏对项目实施和项目建成后的经济效益与社会效益会产生重要影响。为了对项目进行科学的定义和决策，在这一阶段要进行各种翔实的调查研究，收集和掌握第一手信息资料，进行项目的可行性研究,最终做出抉择。完成这些工作需要耗用许多人力、物力资源,需要花费许多资金,这些资金构成了项目成本中的项目定义与决策成本。

**2. 项目设计成本**

根据项目的可行性研究报告,通过分析、研究和试验等环节以后,项目就可以进入设计阶段了。任何一个项目都要开展项目设计工作,不管是工程建设项目(初步设计、技术设计和施工图设计)、新产品开发项目(新产品的设计),还是科学研究项目(对整个项目的技术路线和试验方案等方面的设计)。这些设计工作同样要发生费用,同样是项目成本的一个重要组成部分,这一部分通常被称为项目设计成本。

**3. 项目采购成本**

对于项目所需商品购买的询价、供应商选择、合同谈判与合同履约的管理需要发生费用,对于项目所需劳务的承发包,从发标、广告宣传、开标、评标、定标、谈判到签约和履约同样也需要发生费用。这些就是项目为采购各种外部资源所需要花费的成本,即项目的采购成本。

**4. 项目实施成本**

在项目实施过程中,为生成项目产出物所耗用的各项资源所构成的费用被统一称为项目实施成本。项目实施成本既包括在项目实施过程中所耗费物质资料的成本(这些成本以转移价值的形式转到了项目产出物中),也包括项目实施中所消耗活劳动的成本(这些成本以工资、奖金和津贴的形式分配给了项目团队成员)。项目实施成本的具体科目包括以下几项。

(1)项目人工成本。项目人工成本是给各类项目实施工作人员的报酬,包括项目施工、监督管理和其他方面人员(但不包括项目业主/客户)的工资、津贴、奖金等全部发生在活劳动上的成本。

(2)项目物料成本。项目物料成本是项目组织或项目团队为项目实施所购买的各种原料、材料的成本,如油漆、木料、墙纸、毛毯、纸张、食品、计算机或软件等。

(3)项目顾问费用。当项目组织或项目团队因缺少某项专门技术或完成某个项目任务的人力资源时,可雇用分包商或专业顾问去完成这些任务,为此就要付出相应的顾问费用。

(4)项目设备费用。项目组织为实施项目会使用到某种专用仪器、设备,不管是购买还是租用仪器或设备,所发生的成本都属于设备费用的范畴。

(5)项目其他费用。项目其他费用是指不属于上述科目的其他费用。例如,项目期间有关人员出差所需的差旅费、住宿费、必要的出差补贴、各种项目所需的临时设施费等。

（6）项目不可预见费。项目组织还必须准备一定数量的不可预见费，以便在项目发生意外或面临风险时使用。例如，由于项目成本估算遗漏的费用、由于出现质量问题需要返工的费用、发生意外事故的赔偿金、因需要赶工加班而增加的成本等。

项目实施成本是项目总成本的主要组成部分，在没有项目决策或设计错误的情况下，项目实施成本会占项目总成本的90%左右。因此项目成本管理的主要工作是对项目实施成本的管理与控制。

### 3.2.2 成本估算方法

常用的成本估算方法有如下几种。

**1. 专家经验估算**

专家经验估算是指征求具备以往类似项目经验、掌握成本估算方法专业知识或接受过相关培训的个人或小组的意见进行成本估算。这是一种使用最多的项目成本估算方法，也是最为简便的方法，因为只要借助于专家的经验就可以做出项目成本的估算。例如，房屋装修专家对于装修项目成本的初步估算、婚庆公司对于婚礼项目成本的初步估算多数都是使用专家经验估算法。这种方法又可以分为如下两大类。

（1）单一专家经验法。单一专家经验法是借助某个项目所属具体专业领域的专家经验和建议，对项目的成本做出估算的方法。这种项目成本估算方法的关键是找到有经验的专家，并由他分析给出项目成本的估计。

（2）多专家经验法。多专家经验法也叫德尔菲法。德尔菲法是一种利用群体专家经验和知识的技术方法。使用德尔菲法估算项目成本的做法包括两个反复或循环。

第一轮是首先选定专家组，再由专家熟悉项目、项目环境与条件和所需资源的情况，然后请专家组的每个人都给出他所认为的项目成本的估计值，最后汇总每个专家的意见并将结果以图表的形式反馈给各位专家。

德尔菲法的第二轮是请那些得出的项目成本估计值与专家组平均值相差较大的专家分析并给出自己的理由，然后让每个专家参考大家的意见再进行一次估计，如果结果相对比较集中，就可以使用专家组给出的项目成本估算的期望值。如果专家的意见还不够集中，就需要让他们讨论后进行第三轮估计，直到专家群体的项目成本估计值结果相对比较集中为止。采用专家群体进行项目成本估算的方法，在专家意见越是集中的情况下，项目成本估算的结果就越准确。

**2. 类比估算**

类比估算是指使用以往类似项目的参数值或属性来估算。项目的参数值和属性包括范围、成本、预算、持续时间和规模指标（如尺寸、重量等），类比估算以这些项目参数值或属性为基础来估算当前项目的同类参数或指标。这是一种在项目初期阶段，项目成本估算精度要求不高的情况下使用的项目成本估算方法。这种方法属于"自上而下"的项目成本估算方法，是通过比照已完成类似项目的实际成本估算出新项目成本的方法。

3. 参数估算

参数估算是指利用项目某项特性参数来建立项目成本估算数学模型，然后用该模型来估算项目成本。例如，工业建设项目可以使用项目生产能力作参数，而民用住宅建设项目可以使用每平方米单价作参数，最终估算出项目的初步成本。

4. 自下而上估算

自下而上估算是一种对工作组成部分进行估算的方法。首先对单个工作包或活动的成本进行最具体、最细致的估算，然后把这些细节性成本向上汇总或"滚动"到更高层次，用于后续的报告和跟踪。自下而上估算的准确性及其本身所需的成本，通常取决于单个活动或工作包的规模或其他属性。

5. 三点估算

通过考虑估算中的不确定性与风险因素，使用三种估算值来界定活动成本的近似区间，可以提高单点成本估算的准确性。

（1）最可能成本（$C_m$）。对所需开展的工作和相关费用进行比较现实的估算，所得到的活动成本。

（2）最乐观成本（$C_o$）。基于活动的最好情况所得到的成本。

（3）最悲观成本（$C_p$）。基于活动的最差情况所得到的成本。

基于活动成本在三种估算值区间内的假定分布情况，使用公式来计算预期成本（$C_e$）。两种常用的公式是三角分布和贝塔分布，其计算公式分别为：

$$三角分布：C_e=(C_o+C_m+C_p)/3$$

$$贝塔分布：C_e=(C_o+4C_m+C_p)/6$$

基于三点的假定分布计算出期望成本，并说明期望成本的不确定区间。

6. 数据分析

适用于估算成本的数据分析技术包括如下三种。

（1）备选方案分析。备选方案分析是一种对已识别的可选方案进行评估的技术，用来决定选择哪种方案或使用何种方法来执行项目工作。例如，评估购买和制造可交付成果分别对成本、进度、资源和质量带来的影响。

（2）储备分析。为应对成本的不确定性，成本估算中可以包括应急储备（有时称为应急费用)。应急储备是包含在成本基准内的一部分预算,用来应对已识别的风险;应急储备通常还是预算的一部分,用来应对那些会影响项目的"已知—未知"风险。例如,能够预知有些项目可交付成果需要返工,却不知道返工的工作量是多少,这时就可以预留应急储备以应对这些未知数量的返工工作。小至某个具体活动,大到整个项目,任何层级都可有其应急储备。应急储备可取成本估算值的某一百分比、某个固定值,或者通过定量分析来确定。而随着项目信息越来越明确,可以动用、减少或取消应急储备。在成本文件中应清楚地列出应急储备。应急储备是成本基准的一部分,也是项目整体资金需求的一部分。

(3)质量成本。在估算时,可能要用到关于质量成本的各种假设,这包括对以下情况进行评估:是为达到要求而增加投入,还是承担不符合要求而造成的成本;是寻求短期成本降低,还是承担产品生命周期后期频繁出现问题的后果。

### 7. 项目管理信息系统

项目管理信息系统包括电子表单、模拟软件以及统计分析工具,可用来辅助成本估算。

### 8. 决策

适用于估算成本过程的决策技术是投票。投票是为达成某种期望结果而对多个未来行动方案进行评估的过程。这些技术可以调动团队成员进行参与,从而提高估算的准确性,并增强对估算结果的责任感。

## 3.3 制定预算

项目成本预算工作是制订项目成本计划和确定项目控制标准的管理工作,而这一工作的结果被称为项目成本计划书或项目成本预算(简称项目预算)。项目成本预算必须包括项目需要多少成本以及这些成本何时发生的计划和安排(简称项目的资金需求),以便用于准备、分析和监控项目成本的实际情况并做好项目成本的管理与控制工作,确定可据此监督和控制项目绩效的成本基准。本过程仅开展一次或仅在项目的预定义点开展。

## 3.3.1 预算制定方法

常见的预算制定方法有以下几种。

**1. 专家判断**

应征求具备以下专业知识或接受过相关培训的个人或小组的意见。

（1）以往类似项目。
（2）来自行业、学科和应用领域的信息。
（3）财务原则。
（4）资金需求和来源。

**2. 成本汇总**

先把成本估算汇总到 WBS 中的工作包，再由工作包汇总至 WBS 的更高层次（如控制账户），最终得出整个项目的总成本。

**3. 数据分析**

用于制定预算过程的数据分析技术包括可以建立项目管理储备的储备分析。管理储备是为了管理控制的目的而特别留出的项目预算，用来应对项目范围中不可预见的工作，目的是应对会影响项目的"未知—未知"风险。管理储备不包括在成本基准中，但属于项目总预算和资金需求的一部分。当动用管理储备资助不可预见的工作时，就要将其增加到成本基准中，从而导致成本基准变更。

**4. 历史信息审核**

审核历史信息有助于进行参数估算或类比估算。历史信息可包括各种项目特征（参数），它们用于建立数学模型以预测项目总成本。这些数学模型可以是简单的（例如，建造住房的总成本取决于单位面积建造成本），也可以是复杂的（例如，软件开发项目的成本模型中有多个变量，且每个变量又受许多因素的影响）。类比和参数模型的成本及准确性的差别可能很大。在以下情况下，它们最为可靠。

（1）用来建立模型的历史信息准确。
（2）模型中的参数易于量化。
（3）模型可以调整，以便对大项目、小项目和各项目阶段都适用。

**5. 资金限制平衡**

应根据对项目资金的任何限制来平衡资金支出。如果发现资金限制与计划支出之间存在差异，则可能需要调整工作的进度计划以平衡资金支出水平。这可以通过在项目进度计划中添加强制日期来实现。

### 6. 融资

融资是指为项目获取所需资金。长期的基础设施、工业和公共服务项目通常会寻求外部融资。如果项目使用外部资金，出资实体可能会提出一些必须满足的要求。

## 3.3.2 成本基准

成本基准是经过批准的、按时间段分配的项目预算，它不包括任何管理储备，只有通过正式的变更控制程序才能进行变更，用作与实际结果进行比较的依据。成本基准是不同进度活动经批准的预算的总和。项目预算包括经批准用于执行项目的全部资金，而成本基准是经过批准且按时间段分配的项目预算，包括应急储备，但不包括管理储备。

项目预算的组成如图 3-1 所示。首先汇总各项目活动的成本估算及其应急储备，得到相关工作包的成本估算；然后汇总各工作包的成本估算及其应急储备，得到控制账户的成本；接着再汇总各控制账户的成本，得到成本基准。由于成本基准中的成本估算与进度活动直接关联，因此可按时间段分配成本基准，从而得到一条 S 形曲线。对于使用挣值管理的项目，成本基准指的是绩效测量基准。最后，在成本基准之上增加管理储备，得到项目预算。当出现有必要动用管理储备的变更时，则应该在获得变更控制过程的批准之后，把适量的管理储备移入成本基准中。

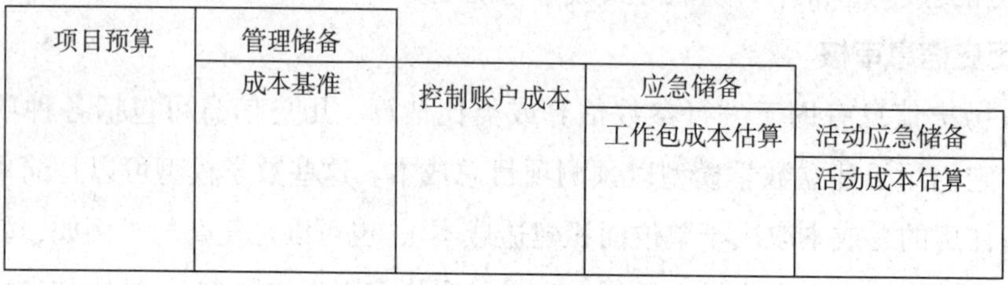

| 项目预算 | 管理储备 | | | |
|---|---|---|---|---|
| | 成本基准 | 控制账户成本 | 应急储备 | |
| | | | 工作包成本估算 | 活动应急储备 |
| | | | | 活动成本估算 |

图 3-1 项目预算的组成

## 3.3.3 项目资金需求

项目资金需求根据成本基准，确定总资金需求和阶段性（如季度或年度）资金需求。成本基准中包括预计支出及预计债务。项目资金通常以增量的方式投入，并且可能是非均衡的，呈现出如图 3-2 所示的阶梯状。如果有管理储备，则总资金需求等于成本基准加管理储备。在资金需求文件中也可说明资金来源。

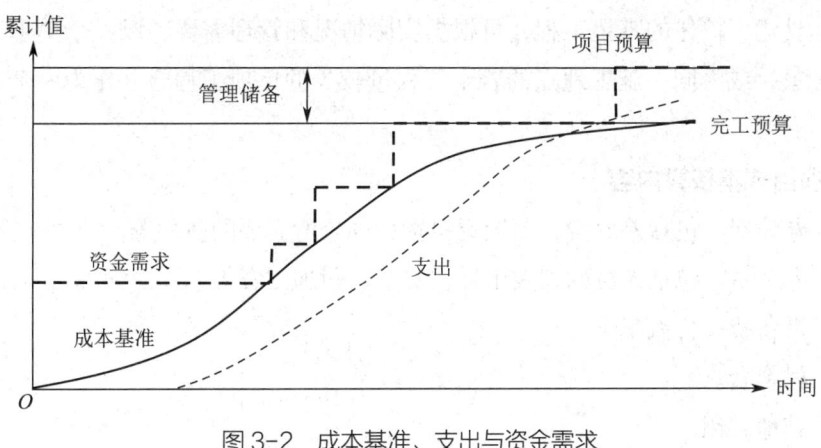

图 3-2 成本基准、支出与资金需求

## 3.4 核算成本

项目成本核算是通过一定的方式方法对项目施工过程中发生的各种费用成本进行逐一统计考核的科学管理活动。核算人员要及时、准确地获取成本数据，然后采用成本核算方法进行成本核算，反映项目成本计划的执行情况，为分公司对项目施工过程控制提供信息依据，并按规定为项目管理提供必要的成本数据信息。

### 3.4.1 获取成本数据

**1. 项目成本核算对象**

项目成本核算一般以每一独立编制施工图预算的单位工程为对象，但也可以按照承包工程项目的规模、现场等情况，结合成本控制的要求，划分核算对象。

（1）当一个单位工程由几个施工单位共同施工时，各施工单位都应以同一单位工程为成本核算对象，各自核算自行完成的部分。

（2）规模大、工期长的单位工程，可以将工程划分为若干部位，以分部位的工程作为成本核算对象。

（3）同一建设项目，由同一施工单位施工并在同一施工地点，属于同一建设项目的各个单位工程可合并作为一个成本核算对象。

（4）改建、扩建的零星工程，可根据实际情况和管理需要，以一个单项工程为成本核算对象，或将同一施工地点的若干工程量较少的单项工程合并作为一个成本核算对象。

2. 项目成本核算内容

（1）办公费。包括差旅费、图纸资料费、办公所需要的费用等。

（2）人工费。包括人员的绩效工资、奖金、附加工资等。

（3）设备费（含汽车）。

（4）材料费。

（5）其他费用。

（6）机械使用费。包括自有机械使用费和安装、拆卸及进出场费。

（7）其他直接费用。包括二次搬运费、临时设施费、工具用具使用费、检验试验费、场地清理费等。

（8）间接费用。是指项目部为组织和管理生产所发生的各项费用，如项目管理人员的工资、奖金、差旅费、招待费、交通费等。

（9）分包工程的结算支出。

### 3.4.2 成本核算方法

常用的成本核算方法有会计核算法、业务核算法与统计核算法，这三种方法互为补充，各具特点，形成了完整的项目成本核算体系。

1. 会计核算法

会计核算法是指会计对已经发生的经济活动进行连续、系统、全面反映和监督所采用的方法。该方法以传统的会计方法为主要手段、以货币为分析单位、以会计记账凭证为依据，对各项资金来源和去向进行综合、系统、完整的记录、计算、整理、汇总。会计核算法由复式记账、设置账户、填制凭证、登记账簿、成本计算、财产清查和编制财务报告七种具体方法构成，这七种方法构成了一个完整的、科学的方法体系。复式记账是处理经济业务的基本方法，设置账户和填制凭证是会计工作的开始，登记账簿是会计工作的中间过程，成本计算和财产清查是保证会计信息准确、正确的科学手段，而编制财务报告是一个会计期间工作的终结。

2. 业务核算法

业务核算法是指以价值、实物等计量单位，对项目中各项业务的各个程序环节，用各种凭证进行具体核算管理的方法。它是根据各物流部门的需要，从各种角度，通过直接观察和特定计量方法,对某项具体物流业务活动进行记录、整理、汇总和计算。业务核算直接反映物流活动动态,为改进、考核物流业务提供第一手资料。它既是会计核算和统计核算的基础,又是两者的必要补充。

**3. 统计核算法**

统计核算法是建立在会计核算与业务核算基础之上的成本核算方法,根据企业的历史数据资料以及同类企业的水平,通过收集、整理、分析和解释有关统计数据,对所反映的问题得出一定的结论。主要的统计内容有产值指标、物耗指标、质量指标、成本指标等。

## 3.5 控制成本

控制成本是监督项目状态,以更新项目成本和管理成本基准变更的过程。在成本控制过程中,需要采用挣值法将成本与项目进度结合起来进行评价。本过程的主要作用是,在整个项目期间保持对成本基准的维护。本过程需要在整个项目期间开展。

### 3.5.1 成本控制程序

要更新预算,就需要了解截至目前所发生的实际成本。只有经过实施整体变更控制过程的批准,才可以增加预算。只监督资金的支出,而不考虑由这些支出所完成的工作价值,对项目没有什么意义,最多只能跟踪资金流。所以,在成本控制中,应重点分析项目资金支出与相应完成工作之间的关系。有效成本控制的关键在于管理经批准的成本基准。项目成本控制包括以下内容。

(1) 对造成成本基准变更的因素施加影响。

(2) 确保所有变更请求都得到及时处理。

(3) 当变更实际发生时,管理这些变更。

(4) 确保成本支出不超过批准的资金限额,既不超出按时段、按 WBS 组件、按活动分配的限额,也不超出项目总限额。

(5) 监督成本绩效,找出并分析与成本基准间的偏差。

(6) 对照资金支出,监督工作绩效。

（7）防止在成本或资源使用报告中出现未经批准的变更。

（8）向相关方报告所有经批准的变更及其相关成本。

（9）设法把预期的成本超支控制在可接受的范围内。

### 3.5.2 项目挣值法

项目成本控制的关键在于经常和及时地分析项目实际成本与项目预算的偏差情况，以尽早预测和发现项目实际成本中的问题，从而能够在事情恶化之前采取必要的纠偏措施。项目挣值法的基本思想是运用统计学的原理，通过引入一个"项目挣值"的中间变量，帮助分析项目实际成本与预算之间的差异，并给出项目成本发展变化的科学预测。

#### 1. 项目挣值法的概念

项目挣值法是一种对项目进度和费用进行综合控制的有效方法。项目挣值法通过测量和计算已完成工作的预算费用与已完成工作的实际费用以及计划工作的预算费用得到有关计划实施的进度和费用偏差，从而判断项目的执行情况。该方法最大的特点在于以预算和费用来衡量项目的进度。

#### 2. 项目挣值法的参数与指标

（1）基本参数。项目挣值法的基本参数有挣值、计划值、实际费用。

1）挣值（earned value，EV）是指在规定时间内，在已经完成活动和工作单元（或项目）上计划发生的直接与间接费用的总和。这个值往往用正在完成工作的预算费用的实际完成百分比来计算，如 30%、60%、80%、100% 等。由于业主正是根据这个值对承包商完成的工作量进行支付，也就是承包商获得（挣得）的金额，故称挣值（也称获得值、净赚值、赚取值、盈余量、实践值等）。当然，已完成的工作必须经过验收，并且符合质量要求。挣值反映了满足质量标准的项目实际进度，真正实现了投资额到项目成果的转化，按我国的习惯可将其称为"实现投资额"。其公式为：

$$EV = 已完成工作量 \times 预算定额$$

2）计划值（planned value，PV）是指在规定时间内计划在某个活动和工作单元（或项目）上的费用。这个值对衡量项目进度和项目费用都是一个标尺或基准。一般来说，除非合同有变更，否则 PV 在工作实施过程中应保持不变。如果合同变更影响了工作的进度和费用，经过批准认可，PV 基线也应做相应的更改。按我国的习惯可将其称为"计划投资额"。其公式为：

$$PV = 计划工作量 \times 预算定额$$

3）实际费用（actual cost，AC）是指在规定时间内，在已经完成活动和工作单元（或项目）上实际发生的直接与间接费用的总和。按我国的习惯可将其称为"消耗投资额"。

通过将这三个基本值进行对比，可以对项目的实际进展情况做出明确的测定和衡量，有利于对项目进行监控，也可以清楚地反映出项目管理和项目技术水平的高低。

（2）重要指标。从上述三个基本值还可导出费用偏差、进度偏差、费用绩效指数、进度绩效指数、完成时费用估算等重要指标。

1）费用偏差（cost variance，CV）是指在某个检查点上 EV 与 AC 之间的差额。

$$CV=EV-AC$$

当 CV 为负值时，表示超支，即实际费用超过预算费用，若在几个不同的检查点上都出现此问题，则说明项目执行效果不好；当 CV 为正值时，表示节支，即实际费用没有超出预算费用，说明项目执行效果良好。

2）进度偏差（schedule variance，SV）是指在某个检查点上 EV 与 PV 之间的差额。

$$SV=EV-PV$$

当 SV 为负值时，表示进度延误；当 SV 为正值时，表示进度提前。

CV 和 SV 能够转化为反映任何项目费用和进度绩效的效率指标。

3）费用绩效指数（cost performed index，CPI）是指挣值与实际费用值的比值。

$$CPI=EV/AC$$

当 CPI>1 时，表示节支，即实际费用低于预算费用；当 CPI<1 时，表示超支，即实际费用高于预算费用。

4）进度绩效指数（schedule performed index，SPI）是指项目挣值与计划值的比值。

$$SPI=EV/PV$$

当 SPI>1 时，表示进度提前，即实际进度比计划进度快；当 SPI<1 时，表示进度延误，即实际进度比计划进度拖后。

5）完成时费用估算（estimate at completion，EAC）通常分为三种情况，其各有不同的计算方法。

第一种：EAC= 实际支出 + 按目前情况对剩余预算所做的修改。

在认为项目将来情况不会与目前情况有很大出入，且现在的变化可以反映未来趋势的场合，通常使用这种方法。如果计算出目前的费用绩效指数 CPI，则 EAC= 总预算费用 /CPI。

第二种：EAC= 实际支出 + 对未来剩余工作的重新估算。

当目前的项目执行情况表明以往的费用估算假设基本失效或者由于目前条件的改

变使原有的假设不再成立时,可以使用该方法。

第三种:EAC= 实际支出 + 剩余的预算。

当项目管理者认为目前情况仅仅是一种特殊情况,因而不必对项目预算进行变动时,可以使用此方法。

### 3. 使用项目挣值法的一般步骤

(1)根据费用基线确定检查点上的 PV。

(2)记录到检查点为止项目费用使用的实际情况,确定 AC。

(3)度量到检查点为止项目任务完成情况,确定 EV。

(4)计算 CV 和 SV(或者是 CPI 和 SPI),判断项目执行情况。

(5)如果偏差超出允许范围,则需要找出原因,并提出改正措施。

EV、PV 和 AC 都是 S 曲线。在正常的状态下,这三条 S 曲线应该靠得很紧密,并平稳上升,表明项目按照人们所期望的目标进行。如果三条曲线的离散度很大,则表示项目实施过程中存在重大的问题隐患或已经发生了严重问题,应该对项目进行重新评估和安排。

## 实际案例

### 利用项目挣值法判断项目进展情况

某项目共有 10 项任务,在第 20 周结束时有一个检查点。项目经理在该点对项目实施检查时发现:一些任务已经完成,一些任务正在实施,另外一些任务还没有开工。情况如图 3-3 所示,图中的百分数表示任务的完成程度。各项任务耗费的实际成本在表 3-1 第 3 列中给出,假设项目未来情况不会有大的变化,请计算该检查点的 EV、PV,并判断项目在此时的费用使用和进度情况。

分析:在利用挣值法分析项目实施状况时,一定要紧扣相关概念。以任务 2 为例,计算如下。

EV(已完成工作的预算费用)= 工作预算费用 × 当前已完成工作量
$$=45 \text{ 万元} \times 80\% = 36 \text{ 万元}$$

PV(已安排工作的预算费用)= 工作预算费用 × 当前预计完成工作量
$$=45 \text{ 万元} \times 100\% = 45 \text{ 万元}$$

其余任务的有关指标可同理计算,结果见表 3-1。

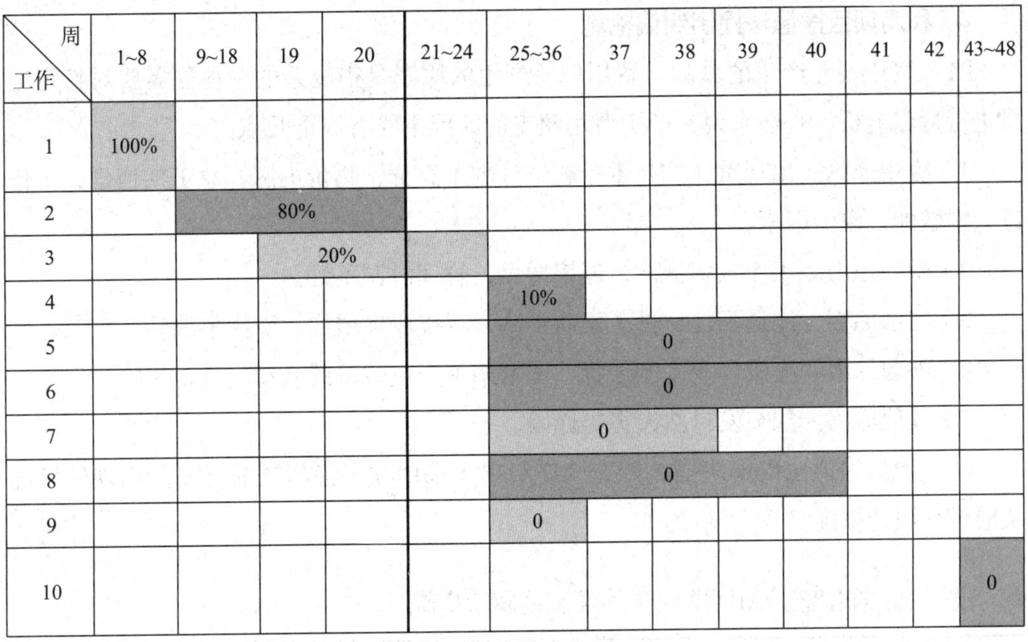

| 工作 \ 周 | 1~8 | 9~18 | 19 | 20 | 21~24 | 25~36 | 37 | 38 | 39 | 40 | 41 | 42 | 43~48 |
|---|---|---|---|---|---|---|---|---|---|---|---|---|---|
| 1 | 100% | | | | | | | | | | | | |
| 2 | | 80% | | | | | | | | | | | |
| 3 | | | 20% | | | | | | | | | | |
| 4 | | | | | | 10% | | | | | | | |
| 5 | | | | | | | 0 | | | | | | |
| 6 | | | | | | | 0 | | | | | | |
| 7 | | | | | | 0 | | | | | | | |
| 8 | | | | | | | 0 | | | | | | |
| 9 | | | | | | 0 | | | | | | | |
| 10 | | | | | | | | | | | | | 0 |

图 3-3 项目在第 20 周时的进度图

CV=EV-AC=75 万元 -75 万元 =0，故项目既没有超支也没有节约。

SV=EV-PV=75 万元 -80 万元 =-5 万元 <0，故项目进度落后了。

● 表 3-1 项目跟踪表　　　　　　　　　　　　　　　　　　　　单位：万元

| 任务序号 | 成本预算 | AC | EV | PV |
|---|---|---|---|---|
| 1 | 25 | 22 | 25 | 25 |
| 2 | 45 | 40 | 36 | 45 |
| 3 | 30 | 6 | 6 | 10 |
| 4 | 80 | 7 | 8 | 0 |
| 5 | 75 | 0 | 0 | 0 |
| 6 | 170 | 0 | 0 | 0 |
| 7 | 40 | 0 | 0 | 0 |
| 8 | 80 | 0 | 0 | 0 |
| 9 | 25 | 0 | 0 | 0 |
| 10 | 30 | 0 | 0 | 0 |
| 合计 | 600 | 75 | 75 | 80 |

### 4. 利用项目挣值法提出纠偏措施

（1）费用偏差产生的原因。费用偏差产生的原因是很复杂的，往往需要对特定项目进行特定分析。一般来说，产生费用超支的原因主要有以下几点。

1）宏观原因。出现重大的技术难题，计划不充分，物价上涨，总工期拖延，工作量大幅增加，政治因素。

2）微观原因。工作效率低下，返工增多，管理协调不好。

3）内部原因。沟通不佳，员工素质不高，直接成本增加，发生事故。

4）外部原因。上级、业主的干扰，国家相关产业政策的变动，其他风险。

5）其他原因。如突发自然灾害等原因。

（2）项目挣值法的解决措施。表3-2给出了采用项目挣值法时，可能出现的情况及应该采用的措施。

◆ 表3-2　挣值法分析可能产生的情况及解决措施

| 序号 | 参数关系 | 分析 | 解决措施 |
| --- | --- | --- | --- |
| 1 | AC>PV>EV<br>CV<0，SV<0 | 效率低，进度较慢，投入超前 | 提高工作效率 |
| 2 | PV>AC>EV<br>CV<0，SV<0 | 效率较低，进度慢，投入延后 | 增加高效人员的投入 |
| 3 | EV>AC>PV<br>CV>0，SV>0 | 效率较高，进度快，投入超前 | 抽出部分人员，放慢进度 |
| 4 | EV>PV>AC<br>CV>0，SV>0 | 效率高，进度较快，投入延后 | 如果偏离不大，可以维持原状 |
| 5 | AC>EV>PV<br>CV<0，SV>0 | 效率较低，进度较快，投入超前 | 抽出部分人员，增加少量骨干人员 |
| 6 | PV>EV>AC<br>CV>0，SV<0 | 效率较高，进度较慢，投入延后 | 迅速增加人员投入 |

需要解释的是，PV和AC在理论上并不具备可比性，但可以将AC看成是实际投入，而将PV看成是计划投入，AC与PV的差值可以看成是投入超前或延后的一个指标。如果差值大于零，说明投入超前；反之，说明投入延后。

项目实际出现的状况只能是这六种情况中的一种。无论是哪种情况，在此表中都可以找到对应的纠偏措施。

费用控制的关键是尽早发现费用偏差的异常，并在情况变坏之前就采用必要的纠正措施以消除隐患。一旦费用失控，若想在预算内完成项目是非常困难的。在发生费用异常时，通常应该针对两类活动采取纠正措施。

1）近期就要进行的活动。不要待事后再采取纠正措施，否则费用偏离会进一步扩大，而且随着项目的进行，留给纠正措施可选择和发挥的余地就会越来越小。如果在近期采取了必要的纠正措施，还应该注意及时地反馈其效果。

2）具有较大费用预算的活动。显然，在费用预算为 100 000 元的活动上取得 1%节约的可能性要比预算为 5 000 元的活动上取得 20%节约的可能性大得多，也相对容易得多。

# 第 4 章

## 项目质量管理与安全管理

项目质量管理是把组织的质量政策应用于规划、管理、控制项目和产品质量要求中，以满足利益相关方目标的各个过程。项目质量管理需要兼顾项目管理与项目可交付成果两个方面，质量的测量方法和技术应该与项目可交付成果的类型相匹配。有效的项目质量管理要求把质量与项目规划相融合，要求组织重视质量管理。

## 4.1 规划质量管理

规划质量管理是识别项目及其可交付成果的质量要求和（或）标准，并书面描述项目将如何证明符合质量要求和（或）标准的过程。规划质量管理以项目章程、项目管理计划、项目文件、事业环境因素和组织过程资产为基础，主要采用专家判断、数据收集、数据分析、决策、数据表现、测试与检查的规划、会议等技术开展具体工作。

### 4.1.1 质量的概念

质量作为实现的性能或成果，是"一系列内在特性满足要求的程度"（ISO 9000）。项目质量是项目管理的主要控制目标之一。质量和等级是两个不同的概念。等级作为设计意图，是对用途相同但技术特性不同的可交付成果的级别分类。项目经理及项目管理团队负责权衡，以便同时达到所要求的质量与等级水平。质量水平未达到质量要求肯定是个问题,而低等级产品不一定是个问题。

## 4.1.2 质量管理计划

质量管理计划部分重点介绍质量管理计划的内容、如何编制质量管理计划,以及如何实施质量保证措施。

质量管理计划是项目管理计划的组成部分,它描述如何实施适用的政策、程序和指南以实现质量目标。在项目中实施组织的质量政策、方法和标准的方式会影响管理项目和产品范围的方式。质量管理计划描述了项目管理团队为实现一系列项目质量目标所需的活动和资源。质量管理计划可以是正式或非正式的,非常详细或高度概括的,其风格与详细程度取决于项目的具体需要。在项目早期就应对质量管理计划进行评审,以确保决策是基于准确信息的。这样做的好处是更加关注项目的价值定位,降低因返工而造成的成本超支金额和进度延误次数。

**1. 质量管理计划的内容**

质量管理计划包括(但不限于)以下组成部分:项目采用的质量标准、项目的质量目标、质量角色与职责、需要质量审查的项目可交付成果和过程、为项目规划的质量控制和质量管理活动、项目使用的质量工具、与项目有关的主要程序(例如处理不符合要求的情况、纠正措施程序,以及持续改进程序)。

某工程项目质量管理计划书的大纲示例如下:

```
                某工程项目质量管理计划书
一、工程概况
二、质量管理组织机构
1. 质量管理领导小组
2. 质量管理体系及质量保证体系
3. 质量管理目标
三、质量生产责任制
1. 项目部质量生产责任制
2. 作业层的质量生产责任制
四、工程质量过程控制
1. 测量控制
2. 设计文件及技术标准审查
3. 施工技术交底
4. 技术资料及质量记录的管理和控制
5. 物资采购和进货检验控制
6. 检验、测量和试验仪器控制
```

```
7. 关键工序和特殊工序质量控制
8. 对不合格品的控制
9. 劳务队伍的质量管理和控制
五、质量管理制度
1. 工程质量检查制度
2. 工程质量自纠制度
3. 工程质量事故申报制度
4. 隐蔽工程检查签证制度
5. 质量教育制度
6. 质量分析会制度
7. 纠正和预防制度
8. 质量跟踪卡制度
六、工程质量检查程序
1. 工程质量检查制度
2. 施工工序检查
3. 隐蔽工程检查
4. 检验批及分项、分部、单位工程检查
5. 工程竣工检查
七、现场管理（含质量管理）检查评比制度
八、关键工序质量控制及防范措施
1. 防范技术失误造成工程事故的措施
2. 防范原材料质量不合格的措施
3. 防范既有线要点施工延点事故的措施
4. 房屋建筑工程
```

#### 2. 质量管理计划的编制

编制项目质量管理计划的主要步骤包括：

（1）设定质量目标。

（2）识别顾客。

（3）确定顾客需求。

（4）开发反映顾客需求的产品特征。

（5）开发能够生产具有这种特征产品的过程。

（6）设定过程控制，并把由此得出的计划转换为操作计划。

#### 3. 质量保证措施的实施

项目质量目标可能来源于顾客的需求、技术推动、人类的内在驱动或社会强加。在公司中，质量目标包括战术质量目标和战略质量目标。前者由公司的职能部门制定，具体指产品特征等；后者是公司经营计划的一部分，由公司制定。其中，战略质量目标越来越受到重视。战略质量目标可能来源于公司的愿景，公司愿景可能是成为成本最低的生产者、市场的领导者、再创新的领导者或质量的领导者。例如，战略目标可以表述为：到××××年，公司的产品和服务质量提高10倍，5年内降低不良质量成本50%或减少发票差错90%。

管理质量有时也被称为质量保证，但管理质量的定义比质量保证更广。在项目管理中，质量保证着眼于项目使用的过程，旨在高效地执行项目过程，包括遵守和满足标准，向利益相关方保证最终产品可以满足他们的需求、期望和要求。管理质量不仅包括所有质量保证活动，还与产品设计和过程改进有关。管理质量的工作属于质量成本框架中的一致性工作。

质量审计和故障分析是常用的质量保证工具和技术。项目经理和项目团队可以通过组织的质量保证部门或其他组织职能执行某些管理质量活动，例如故障分析、实验设计和质量改进。质量保证部门在质量工具和技术的使用方面通常拥有跨组织经验，是良好的项目资源。在实际应用中，以往确定的许多质量工具与技术已不再为现在的项目广泛采用，而是更多地关注通过质量管理计划对质量进行管理。因此，实施质量保证过程的重心发生改变，其名称也应更改为管理质量。

### 4.1.3　质量测量指标

在规划项目质量管理阶段，需要保证质量策划小组与质量测量相关方进行精确的沟通，尽量使用数字说话，避免采用模糊的术语，因此有必要建立质量测量指标体系。

质量测量指标通常包括产品缺陷测量指标和产品特性测量指标。典型的产品缺陷测量指标包括质量的缺陷率和不良质量成本。典型的产品特性测量指标包括顾客的测量指标和产品/服务指标。表4-1是某企业质量测量指标体系。

● 表4-1　某企业质量测量指标体系

| 质量描述对象 | 质量测量指标 |
| --- | --- |
| 公司概况 | 资金、市场占有率 |
| 专业概况 | 市场、服务等级、生产线 |
| 专业基本数据概况 | 产品、工序、组织部门 |
| 单个产品、工序、服务等要素 | 技术性测量指标 |

核实质量测量指标是控制质量过程的一个环节。管理质量过程依据这些质量测量指标设定项目的测试场景和可交付成果，用作改进举措的依据。确定质量测量指标体

系的基本原则包括可理解性、提供具有共识的决策基础、广泛适用性、有利于统一的解释和经济上可行。

### 4.1.4 规划质量管理方法

全面掌握规划质量管理方法需要理解方法的使用前提，掌握相关技术和工具的使用要点。

**1. 开展规划质量管理工作的前提**

开展项目规划质量管理工作的前提是完成相关文件的制定、测试和评估。典型的相关文件包括项目章程、项目管理计划、项目文件、事业环境因素和组织过程资产。下面分别对各文件关键点加以说明。

（1）项目章程。项目章程包含对项目和产品特征的高层级描述、可以影响项目质量管理的项目审批要求、可测量的项目目标和相关的成功标准。

（2）项目管理计划。项目管理计划主要包括需求管理计划、风险管理计划、利益相关者参与计划和范围基准。

（3）项目文件。项目文件主要包括假设日志、需求文件、需求跟踪矩阵、风险登记册和利益相关方登记册。

（4）事业环境因素。事业环境因素主要包括政府法规、特定应用领域的相关规则及标准和指南、地理分布、组织结构、市场条件、项目或可交付成果的工作条件或运行条件、文化观念。

（5）组织过程资产。组织过程资产主要包括组织的质量管理体系（包括政策、程序及指南）、质量模板（如核查表、跟踪矩阵及其他）、历史数据库和经验教训知识库。

**2. 规划质量管理工作常用技术和工具**

在规划质量管理工作过程中，初级项目管理从业人员应该掌握的常见技术和工具包括专家判断、数据收集、数据分析、决策、数据表现、测试与检查的规划、会议等。下面分别对各类技术和工具的使用要点加以说明。

（1）专家判断。专家小组的知识结构通常应涵盖质量保证、质量控制、质量测量结果、质量改进和质量体系等。

（2）数据收集。收集质量数据时可以根据项目实际情况灵活采用标杆对照、头脑风暴和访谈等技术。标杆对照是将实际或计划的项目实践或项目质量标准与可比项目的实践进行比较，以便识别最佳实践，形成改进意见，并为绩效考核提供依据。作为标杆的项目可以来自执行组织内部或外部，或者来自同一应用领域或其他应用领域。

标杆对照允许用不同应用领域或行业的项目做类比。通过头脑风暴可以向团队成员或主题专家收集数据，以制订最适合新项目的质量管理计划。访谈有经验的项目参与者、利益相关方和主题专家有助于了解他们对项目和产品质量的隐性和显性、正式和非正式的需求与期望。需要注意的是，访谈应以信任和保密为前提，确保获得真实可信、不带偏见的反馈。

（3）数据分析。常见的质量数据分析技术包括成本效益分析和质量成本分析。成本效益分析是用来估算备选方案优势和劣势的财务分析工具，以确定可以创造最佳效益的备选方案。成本效益分析可帮助项目经理确定规划的质量活动是否有效利用了成本。达到质量要求的主要效益包括减少返工、提高生产率、降低成本、提升相关方满意度及提升赢利能力。对每个质量活动进行成本效益分析，就是比较其可能成本与预期效益。项目质量成本由预防成本、评估成本和失败成本构成。预防成本指因预防特定项目的产品、可交付成果或服务质量低劣所带来的相关成本。评估成本指评估、测量、审计和测试特定项目的产品、可交付成果或服务所带来的相关成本。失败成本指因产品、可交付成果或服务与相关方需求或期望不一致而导致的相关成本。最优质量成本能够在预防成本和评估成本之间找到恰当的投资平衡点，以规避失败成本。有关模型表明，最优项目质量成本指在投资额外的预防/评估成本时，既无益处又不具备成本效益。

（4）决策。通常用多标准决策分析技术进行质量决策。优先矩阵是常见的多标准决策分析工具，可用于识别关键事项和合适的备选方案，并通过一系列决策排列出备选方案的优先顺序。具体应用步骤包括：先对标准排序和加权，再应用于所有备选方案，计算出各个备选方案的得分，然后根据得分对备选方案进行排序。优先矩阵的主要价值在于排定质量测量指标的优先顺序。

（5）数据表现。通常应用流程图、逻辑数据模型、矩阵图和思维导图等技术来呈现项目质量数据。流程图也称过程图，用来显示在一个或多个输入转化成一个或多个输出的过程中所需要的步骤顺序和可能分支。流程图通过映射水平价值链的过程细节来显示活动、决策点、分支循环、并行路径及整体处理顺序。流程图有助于了解和估算一个过程的质量成本。通过工作流的逻辑分支及其相对频率来估算质量成本。这些逻辑分支细分为完成符合要求的输出而需要开展的一致性工作和非一致性工作。用于展示过程步骤时，流程图又被称为"过程流程图"或"过程流向图"，可帮助改进过程并识别可能出现质量缺陷或可以纳入质量检查的地方。逻辑数据模型则是把组织数据可视化，并以商业语言加以描述，它不依赖任何特定技术。逻辑数据模型用于识别可能出现数据完整性或其他质量问题的地方。矩阵图在行列交叉的位置展示因素、原因和目标之间关系的强弱。根据可用来比较因素的数量，项目经理可使用不同形状的矩阵图，如L形、T形、Y形、X形、C形和屋顶形矩阵。矩阵图有助于识别对项目成功至关重要的质量测量指标。思维导图是一种用于可视化组织信息的绘图法。思维导图通常是基于单个质量概念创建的，是绘制在空白页面中央的图像，之后再增加图像、词汇或词条形式表现的想法。思维导图技术有助于快速收集项目质量要求、制约因素、依赖关系和联系。

（6）测试与检查的规划。在规划项目质量管理阶段，项目经理和项目团队需要决定如何测试或检查产品、可交付成果或服务，以满足相关方的需求和期望，以及如何满足产品的绩效和可靠性目标。不同行业有不同的测试与检查方法，可能包括软件项目的α测试和β测试、建筑项目的强度测试、制造和实地测试，以及工程的无损伤测试等。

（7）会议。项目团队可以召开规划会议来制订质量管理计划。参会者可能包括项目经理、项目发起人、选定的项目团队成员、选定的相关方、项目质量管理活动的负责人以及其他必要人员。

## 4.2 管理质量

规划质量管理过程关注工作需要达到的质量，管理质量过程则关注管理整个项目期间的质量。在管理质量过程中，规划质量管理过程中识别的质量要求成为测试与评估的工具，它将用于控制质量过程，以确认项目是否达到这些质量要求。控制质量关注工作成果与质量要求的比较，以确保结果可接受。项目质量管理知识领域有两个用于其他知识领域的特定输出，即核实的可交付成果和质量报告。

### 4.2.1 质量报告

质量报告可以是图形、数据，也可以是定性文件，其中包含的信息可帮助其他过程和部门采取纠正措施，以实现项目质量期望。质量报告包括与质量问题、项目和产品改进，以及过程改进相关的信息。这些信息应交给能够采取纠正措施的人员，以便达成项目的质量期望。其中，报告的质量管理问题主要由三部分构成：针对过程、项目和产品的改进建议；纠正措施建议，包括返工、缺陷/漏洞补救、100%检查等；在控制质量过程中对发现的情况的概述。

### 4.2.2 管理质量的方法

管理质量的常用工具与技术包括数据收集、数据分析、决策、数据表现、审计、面向 X 的设计、问题解决和质量改进方法。

#### 1. 数据收集

在收集数据质量时主要采用的工具是核对单。核对单是一种结构化工具，通常列出特定组成部分，用来核实所要求的一系列步骤是否已得到执行或检查需求列表是否得到满足。基于项目需求和实践，核对单可简可繁。许多组织都有标准化的核对单，用来规范地执行经常性任务。在某些应用领域，核对单也可从专业协会或商业性服务机构获取。质量核对单应该涵盖在范围基准中所定义的验收标准。

#### 2. 数据分析

在分析质量数据时主要采用备选方案分析、文件分析、过程分析、根本原因分析等技术。其中，备选方案分析用于评估已识别的可选方案，以选择那些最合适的质量方案或方法。文件分析是分析项目控制过程所输出的不同文件，如质量报告、测试报告、绩效报告和偏差分析，可以重点指出可能超出控制范围并阻碍项目团队满足特定要求或相关方期望的过程。过程分析可以识别过程改进机会，同时检查在过程期间遇到的问题、制约因素，以及非增值活动。根本原因分析是确定引起偏差、缺陷或风险根本原因的一种分析技术。一项根本原因可能引起多项偏差、缺陷或风险。根本原因分析还可以作为一项技术，用于识别产生问题的根本原因并解决问题。消除所有根本原因可以杜绝问题再次发生。

#### 3. 决策

通常采用多标准决策分析进行项目决策。在讨论影响项目或产品质量的备选方案时，可以使用多标准决策评估多个标准。项目决策可以包括在不同执行情景或供应商中加以选择，产品决策可以包括评估生命周期成本、进度、相关方的满意程度，以及与解决产品缺陷有关的风险。

#### 4. 数据表现

数据表现通常采用亲和图、因果图、流程图、直方图、矩阵图、散点图等。亲和图可以对潜在缺陷成因进行分类，展示最应关注的领域。因果图又称鱼骨图、why-why 分析图和石川图，它将问题陈述的原因分解为离散的分支，有助于识别问题的主要原因或根本原因。流程图展示了引发缺陷的一系列步骤。直方图是一种条形图，可以展示每个可交付成果的缺陷数量、缺陷成因的排列、各个过程的不合规次数。矩阵图在行列交叉的位置展示因素、原因和目标之间关系的强弱。散点图是一种展示两个变量之间关系的图形，它能够展示两个轴的关系，一个轴表示过程、环境或活动的任何要素，另一个轴表示质量缺陷。

5. 审计

审计是用于确定项目活动是否遵循了组织和项目的政策、过程与程序的结构化且独立的过程。质量审计通常由项目内外部的团队开展，如组织内部审计部门、项目管理办公室或组织外部的审计师。质量审计目标主要包括：识别全部正在实施的良好及最佳实践；识别所有违规做法、差距及不足；分享所在组织和/或行业中类似项目的良好实践；积极、主动地提供协助，以改进过程的执行，从而帮助团队提高生产效率；强调每次审计都应对组织经验教训知识库的积累做出贡献。采取后续措施纠正问题，可以降低质量成本，并提高发起人或客户对项目产品的接受度。质量审计可事先安排，也可随机进行，可由内部或外部审计师进行。质量审计可确认已批准的变更请求（包括更新、纠正措施、缺陷补救和预防措施）的实施情况。

6. 面向 X 的设计

面向 X 的设计是产品设计期间采用的一系列技术指南，旨在优化设计的特定方面，可以控制或提高产品的最终特性。面向 X 设计中的"X"是指产品开发的不同方面，例如可靠性、调配、装配、制造、成本、服务、可用性、安全性和质量。

7. 问题解决

问题解决是指发现解决问题或应对挑战的方案。通常采用批判性思维和创造性思维设计解决方案，解决方案应尽量量化且符合逻辑。有效和系统化地解决问题是质量保证和质量改进的基本要素。在控制质量或质量审计过程中可能会发现问题，问题可能与过程或可交付成果有关。使用结构化的问题解决方法有助于消除问题并制定长久有效的解决方案。问题解决方案通常包括以下要素：定义问题、识别根本原因、生成可能的解决方案、选择最佳解决方案、执行解决方案、验证解决方案的有效性。

8. 质量改进方法

质量改进方法可基于质量控制过程的发现和建议、质量审计的发现，或管理质量过程的问题解决。计划—实施—检查—行动和六西格玛是最常用于分析和评估改进机会的两种质量改进工具。

## 4.3 控制质量

控制质量是监督和记录质量管理活动执行结果的过程。它一方面可以评估绩效，另一方面可以确保项目输出完整、正确，满足客户期望和相关标准要求及法律规范。质量控制过程的主要作用是核实项目可交付成果和工作已经达到主要利益相关方的质量要求，已经具备最终验收的条件。

### 4.3.1 质量控制测量结果记录

质量控制测量结果是内部质量体系文件的组成部分之一，它被用来分析和评估项目过程和可交付成果的质量是否符合执行组织的标准或特定要求，还被用来分析这些测量结果的产生过程，以确定实际测量结果的正确程度。因此，质量控制测量结果具有证实性。

质量控制测量结果记录是阐明所取得的结果或提供所完成活动证据的文件。它是质量体系实施的证据之一，可以是文字记录，也可以是观察的、测量的和试验的结果。记录的载体不一定是纸张，可以是磁盘、光盘或其他形式。记录为可追溯性提供文件，可作为验证、预防措施和纠正措施的证据。质量控制测量结果记录是在开始实施质量控制过程以后逐渐自然形成的，只能在责任人确认的前提下进行更正或修改。通常由供方制定质量控制测量记录的标识、收集、编目、归档、存储、保管和处理程序，并贯彻执行。

**1．质量控制测量结果记录的内容**

质量控制测量结果记录包括项目产品层的记录和质量体系层的记录。

（1）项目产品层的记录通常包括：产品规范、主要设备的图纸、原材料构成说明书、原材料实验报告、产品制造各阶段的检验和实验报告、产品允许偏差和获得认可的详细记录、不合格材料及其处理的记录、委托安装和保修期内服务的记录、产品质量投诉和采取纠正措施的记录。

（2）质量体系层的记录通常包括：质量审核报告和管理评审记录、对供方及其定额的认可记录、过程控制和纠正措施记录、试验设备和仪器的标识记录、人员资格和培训方面的记录。

**2．质量控制测量结果记录的操作要点**

为规范记录质量控制测量结果，体现记录的原始性、准确性和可追溯性，记录填写应该符合要求。以下是做好质量控制测量结果记录的操作要点。

（1）字迹要清晰端正，除了复写纸用圆珠笔填写之外，其他一律用黑色或深蓝色的钢笔或水性笔填写，墨水应为碳素墨水，笔画应粗细均匀。

（2）记录填写应完整，不得有空缺。如无内容填写，需用"—"表示（"备注"除外）；当一页中底部或一侧剩余若干空格无内容可填时，可加盖"以下空白"的印章，以示再有内容属无效内容。对需复写的多联表格应在每联分别加盖"以下空白"的印章。内容与上项相同时，应重复抄写，不得使用省略号或者用"同上"字样表示。

（3）数字要上下、左右对齐，并按规定保留小数位数，且小数点后数字应比整数数字提高半格书写。

（4）不得撕毁或任意涂改原始记录，如确定需要修改时要用一条横线划去，在旁边填写正确内容并签名（对确实无地方签名的表单，可加盖个人印章），并使原数据仍可辨认，切不可用刀刮、用修改液涂改或用重笔描写。

（5）日期一律按年、月、日顺序填写，年份必须按四位数填写，不能简写。时间的小时、分一律用两位数字填写，并以"："分开。

（6）记录填写后一定要有人复核。操作者、复核者签名应写全姓名，不能只写姓或名。

（7）品名不得简写，应按标准名称填写，不得使用自造简化字。

（8）相关主管应对记录负监督责任，同时应检查记录填写情况。

### 4.3.2 可交付成果核实

可交付成果是指在某一过程、阶段或项目完成时，必须产出的任何独特并可核实的产品、成果或服务能力。确认范围是正式验收已完成项目可交付成果的过程。从控制质量过程输出的、核实的可交付成果是确认范围过程的输入，而验收的可交付成果是确认范围过程的输出，由获得授权的相关方正式签字批准。因此，相关方需要在规划阶段早期介入，对可交付成果的质量提出意见，以便控制质量过程能够据此评估绩效并提出必要的变更建议。

控制质量过程的一个目的就是确定可交付成果的正确性。开展控制质量过程的结果是核实项目可交付成果，经过核实的项目可交付成果是确认范围过程的一项输入，为正式验收打下基础。如果存在任何与可交付成果有关的变更请求或改进事项,则需要执行变更、开展检查并重新核实。

经过核实的可交付成果是指已经完成,并被质量控制过程检查为正确的可交付成果。

### 4.3.3 工作绩效信息收集

在项目整个生命期内需要从各个过程收集、分析和转化大量项目,并在项目团队内共享。项目数据经过分析汇总后加工成项目信息,项目信息再通过口头形式进行传达,或者以各种格式的报告进行存储和分发。

**1. 工作绩效信息收集主要术语**

关于项目数据和项目信息的主要术语包括工作绩效数据、工作绩效信息、工作绩效报告。其具体定义如下。

(1) 工作绩效数据。工作绩效数据是指在执行项目工作的过程中,从每个正在执行的活动中收集到的原始观察结果和测量值。例如,工作完成百分比、质量和技术绩效测量结果、进度计划活动的开始和结束日期、变更请求的数量、接受的变更请求的数量、缺陷的数量、实际成本和实际持续时间、核实确认和完成的可交付成果的数量。工作绩效数据通常记录在项目管理信息系统和项目文件中。

(2) 工作绩效信息。工作绩效信息是指从各控制过程收集,并结合相关背景和跨领域关系进行整合分析而得到的绩效数据。例如,有关项目需求实现情况的信息、拒绝的原因、要求的返工、纠正措施建议、质量测量指标的状态、过程调整需求、可交付成果的状态、变更请求的落实情况及预测的完工尚需估算等。

(3) 工作绩效报告。工作绩效报告是指为制定决策、提出问题、采取行动或引起关注而汇编工作绩效信息所形成的实物或电子项目文件。例如,挣值图表和信息、趋势线和预测、储备燃尽图、缺陷直方图、合同绩效信息、风险情况概述报告、备忘录、论证报告、信息札记、电子仪表盘、推荐意见和情况更新等。

**2. 工作绩效信息收集注意事项**

(1) 工作绩效数据收集。项目期间通过控制过程收集绩效数据,并与计划和其他变量进行比较,为工作绩效提供背景。例如,关于成本的工作绩效数据可能包含已支出的资金,但必须与预算、已执行的工作、用于完成工作的资源以及资金使用计划比较之后才能有用。这些附加信息为确定项目是否符合预算或是否存在偏差提供了相应的情境,并有助于了解偏差的严重程度。通过与项目管理计划中的偏差临界值进行比较，就可以确定是否需要采取预防或纠正措施。对工作绩效数据和附加信息进行综合分析，可以为项目决策提供可靠的基础。

（2）工作绩效信息管控。工作绩效信息可以用实体或电子形式加以合并、记录和分发。

（3）工作绩效报告管控。通常基于工作绩效信息，以实体或电子形式编制工作绩效报告，从而制定决策、采取行动或引起关注。根据项目沟通管理计划，通过沟通过程向项目利益相关者发送工作绩效报告。

### 4.3.4 项目更新文件的收集与整理

在项目不同阶段需要关注更新不同的项目文件。常见的项目文件包括变更日志、测试与评估文件、成本估算、成本预测、持续时间估算、风险报告、风险登记册、估算依据、活动清单、活动属性、假设日志、进度数据、进度预测、经验教训登记册、利益相关方登记册、里程碑清单、团队章程、问题日志、物质资源分配单、项目进度计划、项目团队派工单、需求跟踪矩阵、需求文件、质量报告、资源分解结构和资源日历等。下面分阶段呈现在项目生命周期不同阶段应该重点关注并实时更新的项目文件。

在项目启动阶段识别项目利益相关者的过程中，一般重点关注并更新以下项目文件：问题日志、经验教训登记册、风险登记册和利益相关方登记册。

项目计划阶段需要重点关注并整理更新的项目文件见表 4-2。

项目执行阶段需要重点关注并整理更新的项目文件见表 4-3。

项目监控阶段需要重点关注并整理更新的项目文件见表 4-4。

在结束项目或结束项目某阶段时，需要重点关注并整理更新经验教训登记册。

下面以大型建设类项目为例阐述整理更新项目文件时需要注意的重点问题。

（1）项目建设单位（如业主、项目法人、代建单位）负责组织、协调和指导勘察设计单位、施工单位和监理单位编制项目竣工文件和整理项目文件。建设单位、勘察单位、设计单位、施工单位、监理单位和材料、构件及设备供应单位应根据相关规范要求，完成各自职责范围或合同规定的竣工文件的编制和项目文件的整理、归档工作。

表 4-2 项目计划阶段需要重点关注并整理更新的项目文件

| 项目文件 | 定义项目范围 | 创建WBS | 排列活动顺序 | 估算活动持续时间 | 制订进度计划 | 估算成本 | 制定预算 | 规划质量管理 | 规划资源管理 | 估算活动资源 | 规划沟通管理 | 识别风险 | 实施定性风险分析 | 规划风险应对 | 规划采购管理 |
|---|---|---|---|---|---|---|---|---|---|---|---|---|---|---|---|
| 假设日志 | √ | | √ | √ | | √ | | | | | | √ | √ | | |
| 问题日志 | √ | | | | | | | | | | | | | | |
| 风险登记册 | | √ | | | √ | √ | √ | | √ | | | √ | √ | √ | √ |
| 需求文件 | | | | | √ | √ | | | √ | | | | | | √ |
| 活动属性 | | | √ | | √ | | | | | √ | | | | | |
| 活动清单 | | | √ | | | | | | | | | | | | |
| 里程碑清单 | | | | | √ | √ | | √ | | | | √ | | | |
| 经验教训登记册 | | | | | √ | | | | | √ | | | | √ | |
| 持续时间估算 | | | | | | | √ | | | | | | | | |
| 资源需求 | | | | | √ | | √ | | | | | | | | |
| 成本估算 | | | | | | | | √ | | | | | | | |
| 项目进度计划 | | | | | | | | √ | | | | | | | |
| 需求跟踪矩阵 | | | | | | | | | | | √ | | | | √ |
| 相关方登记册 | | | | | | | | | | | | | | | √ |

续表

| 项目文件 | 定义项目范围 | 创建WBS | 排列活动顺序 | 估算活动持续时间 | 制订进度计划 | 估算成本 | 制定预算 | 规划质量管理 | 规划资源管理 | 估算活动资源 | 规划沟通管理 | 识别风险 | 实施定性风险分析 | 规划风险应对 | 规划采购管理 |
|---|---|---|---|---|---|---|---|---|---|---|---|---|---|---|---|
| 风险报告 | | | | | | | | | | | | | ✓ | ✓ | |
| 成本预测 | | | | | | | | | | | | | | ✓ | |
| 项目团队派工单 | | | | | | | | | | | | | | | |

● 表4-3 项目执行阶段需要重点关注并整理更新的项目文件

| 项目文件 | 指导与管理项目工作 | 管理质量 | 获取资源 | 建设团队 | 管理团队 | 管理沟通 | 实施风险应对 | 实施采购 | 管理利益相关方参与 |
|---|---|---|---|---|---|---|---|---|---|
| 活动清单 | ✓ | | | | | | | | |
| 假设日志 | ✓ | | | | | | | | |
| 经验教训登记册 | ✓ | ✓ | | ✓ | | | | | |
| 需求文件 | ✓ | ✓ | ✓ | | | | | | |
| 风险登记册 | ✓ | | ✓ | | | ✓ | ✓ | ✓ | |
| 利益相关方登记册 | ✓ | ✓ | | | | ✓ | ✓ | | ✓ |
| 问题日志 | | | | | | ✓ | ✓ | | ✓ |
| 项目进度计划 | | | ✓ | ✓ | ✓ | ✓ | | ✓ | |
| 资源分解结构 | | | ✓ | ✓ | | | | ✓ | |
| 资源日历 | | | ✓ | | | | | ✓ | |
| 资源需求 | | | ✓ | | | | | | |

续表

| 项目文件 | 指导与管理项目工作 | 管理质量 | 获取资源 | 建设团队 | 管理团队 | 管理沟通 | 实施风险应对 | 实施采购 | 管理利益相关方参与 |
|---|---|---|---|---|---|---|---|---|---|
| 项目团队派工单 | | | | √ | √ | | | | |
| 团队章程 | | | | √ | | | | | |
| 风险报告 | | | | | | | √ | | |
| 需求跟踪矩阵 | | | | | | | | √ | |
| 变更日志 | | | | | | | | | √ |

● 表4-4 项目监控阶段需要重点关注并整理更新的项目文件

| 项目文件 | 监控项目工作 | 实施整体变更控制 | 确认范围 | 控制范围 | 控制进度 | 控制成本 | 控制质量 | 控制资源 | 监督沟通 | 监督风险 | 控制采购 | 监督相关方参与 |
|---|---|---|---|---|---|---|---|---|---|---|---|---|
| 成本预测 | √ | | | | | | | | | | | |
| 问题日志 | √ | | | | | | | | | | | |
| 经验教训登记册 | √ | | | √ | √ | √ | √ | √ | √ | √ | √ | √ |
| 风险登记册 | | | | | √ | √ | √ | √ | √ | √ | √ | √ |
| 进度预测 | | √ | | | | | | | | | | |
| 变更日志 | | | √ | | | | | | | | | |
| 质量报告 | | | √ | | | | | | | | | |
| 需求文件 | | | √ | √ | | | | | | | | |
| 需求跟踪矩阵 | | | | | | √ | | √ | | | √ | |
| 假设日志 | | | | | | | | | | √ | | |

续表

| 项目文件 | 监控项目工作 | 实施整体变更控制 | 确认范围 | 控制范围 | 控制进度 | 控制成本 | 控制质量 | 控制资源 | 监督沟通 | 监督风险 | 控制采购 | 监督相关方参与 |
|---|---|---|---|---|---|---|---|---|---|---|---|---|
| 估算依据 |  |  |  |  |  | √ |  |  |  |  |  |  |
| 项目进度计划 |  |  |  |  | √ |  |  |  |  |  |  |  |
| 资源日历 |  |  |  |  | √ |  |  |  |  |  |  |  |
| 进度数据 |  |  |  |  | √ |  |  |  |  |  |  |  |
| 成本估算 |  |  |  |  |  | √ |  |  |  |  |  |  |
| 测试与评估文件 |  |  |  |  |  |  | √ |  |  |  |  |  |
| 物资资源分配单 |  |  |  |  |  |  |  | √ |  |  |  |  |
| 资源分解结构 |  |  |  |  |  |  |  | √ |  |  |  |  |
| 利益相关方登记册 |  |  |  |  |  |  |  |  | √ |  |  | √ |
| 风险报告 |  |  |  |  |  |  |  |  |  | √ |  |  |
| 资源需求 |  |  |  |  |  |  |  |  |  |  | √ |  |

（2）在签订项目设计施工及监理合同/协议时，应设立专门条款，明确有关方面提交相应项目文件以及所提交文件的整理、归档责任。项目文件产生于项目建设全过程。其形成、积累和管理应列入项目建设计划和有关部门及人员的职责范围、工作标准或岗位责任制，并有相应的检查、控制及考核措施。建设单位委托的项目监理单位负责监督、检查项目建设中文件收集和整理的情况，审核、签认竣工文件，并向建设单位提交有关专项报告、验证材料及其他监理文件。

（3）项目文件的收集、整理和归档应与项目的立项准备、施工建设和试运行阶段同步进行。

在项目准备阶段，建设单位各机构负责收集、整理项目前期文件以及设备、工艺和涉外文件；勘察、设计单位负责收集勘察、设计文件，并按规定向建设单位档案部门提交有关设计基础资料和设计文件。

在项目施工阶段，项目实行总承包的，由各分包单位负责其分包项目全部文件的收集、整理，并提交总承包单位汇总；由建设单位分别向几个单位发包的，由各承包单位负责收集其承包项目的全部文件；项目监理单位负责收集项目监理文件。

在项目试运行阶段，试运行单位负责收集在生产技术准备和试运行中形成的文件。

### 4.3.5 控制质量的方法

#### 1. 核检清单法

核检清单法是项目质量控制中的一种独特的结构化质量控制方法。表4-5为质量审核检查表示例。

◆ 表4-5 质量审核检查表（部分）

| 审核过程 | 确认项目 | 判定项目 | | | |
|---|---|---|---|---|---|
| | | 通过 | 需改善 | 未通过 | 没找到审核对象 |
| 质量方针和目标管理 | 是否有包括质量在内的形成文件的经营方针（或质量方针），并使其为组织全体周知理解 | | | | |
| | 是否设定能够判定达成度且具有与经营方针（或质量方针）一致性的目标（含质量），并把握了其达成度 | | | | |

续表

| 审核过程 | 确认项目 | 判定项目 | | | |
|---|---|---|---|---|---|
| | | 通过 | 需改善 | 未通过 | 没找到审核对象 |
| 质量方针和目标管理 | 是否设定质量及工作的绩效指标（不良率、产周期、质量成本、生产效率、交货实绩、客户投诉等），是否对指标的达成度实施监控，并在必要时采取对策 | | | | |

## 2. 质量检验法

质量检验是指测量、检验和测试等用于保证工作结果与质量要求相一致的质量控制方法。表4-6是项目质量检查记录表的示例。

◆ 表4-6 项目质量检查记录表

| 考核内容 | | 标准分值 | 扣分标准 | 考核分数 |
|---|---|---|---|---|
| 质量目标 | 不发生质量事故 | 6 | 发生一般事故每次扣6分，发生更严重事故为不合格 | |
| | 不发生质量事故瞒报、谎报、拖延行为 | 4 | 如有以上行为扣4分 | |
| | 无投诉 | 4 | 一次扣2分 | |
| | 合格率达到施工组织设计标准及其他要求，优良合格率达标 | 6 | 未达到施工组织设计标准扣6分，其余未达标扣2分 | |
| 组织体系 | 有质量分管专员，并以文件形式明确 | 3 | 没有则扣3分 | |
| | 项目中的质量管理部门至少应有一名专职人员 | 4 | 没有设置质量管理部门扣4分，专职人员少一人扣1分 | |
| | 部门及岗位质量责任明确 | 3 | 不明确扣3分 | |
| 制度体系 | 质量管理、检查、考核奖惩制度健全 | 2 | 没有扣2分，不健全扣1分 | |
| 责任体系 | 项目部签订质量责任书 | 4 | 没有扣4分，其余视情况扣1~2分 | |
| 质量检查 | 定期（每周或月）进行一次质量检查，检查记录完整 | 3 | 缺一次扣1分，记录不完整扣1分，没有检查扣3分 | |
| 人员培训 | 制订员工培训计划，对培训对象、内容、方式、时间做出安排，相关记录健全 | 2 | 无培训或无培训计划扣2分，培训不全面扣1分，记录不全或无记录扣1分 | |

续表

| 考核内容 | | 标准分值 | 扣分标准 | 考核分数 |
|---|---|---|---|---|
| 分包管理 | 施工方应符合本次工程需求（资质） | 3 | 不符合扣3分 | |
| | 定期查看履约情况，对已施工处进行质检，评价并保存记录 | 3 | 未评价扣3分，不记录或记录不全扣1分 | |
| | 施工队应委派专人（质检员）巡视现场且记录齐全 | 3 | 未配备专人扣3分，敷衍了事、记录不全扣2分 | |
| 原材料及设备管理 | 对材料、设备进行验收，验收的过程、记录、标识应符合相关规定 | 4 | 一项未验收扣4分，记录不全扣1分 | |
| | 储存、保管和标识应清晰，定期检查，发现问题能及时处理 | 2 | 储存、保管、标识不清晰扣2分，没有定期检查扣1分 | |
| | 搬运以及防护符合要求 | 2 | 不符合要求扣2分 | |
| 施工过程管理 | 项目实施前对项目人员进行交底（质量），对施工人员分工序进行技术交底 | 4 | 未交底扣4分，交底不明确扣2分 | |
| | 施工日志、专项施工记录等保存齐全 | 3 | 记录不全扣3分 | |
| | 按照有关标准的周期校准监测设备，建立台账，标识其校准状态 | 3 | 未按规定周期校准扣3分，未建立台账或标识扣1分 | |
| | 施工工序严格按照"三检制"执行 | 4 | 未按照"三检制"执行扣4分 | |
| | 重要部分、隐蔽工程、关键工序质量检查验收制度完善 | 4 | 制度不完善扣4分 | |
| | 定期对施工现场进行施工检查，做好记录 | 2 | 没有检查扣2分，无记录或记录不全扣1分 | |
| | 保存质量问题的处理和验收记录 | 2 | 没有记录扣2分，少一项扣1分 | |
| 工程实体质量 | 工程实体外观质量良好 | 8 | 工程实体质量有较大问题扣8分，一般质量问题一次扣2分 | |
| 质量活动 | 按每月一次的频率，项目部质检员与施工队派专人同时进行质检活动 | 3 | 未组织扣3分，敷衍了事扣1分 | |
| 质量信息 | 定期统计质量报告单（记录表），按要求上报汇总 | 2 | 未统计扣2分，未及时上报扣1分 | |

### 3. 控制图法

控制图又称管理图，是一种在直角坐标系中画有控制界限，反映项目工序随时间变化而发生项目质量变化的波动状态的图形工具。控制图法是一种以预防为主的质量控制方法，它利用现场收集到的质量特征值绘制成控制图，通过观察图形判断产品生产过程的质量状况。

控制图法是建立在统计质量管理方法基础之上的，它利用有效数据建立控制界限，如果项目过程不受异常情况的影响，从项目运行中观察得到的数据将不会超出这一界限。

控制图上有中心线和上下控制界限，并有反映按时间顺序抽取的各样本统计量的数值点。中心线是所控制的统计量的平均值，上下控制界限与中心线相距数倍标准差。图 4-1 所示为控制图示例。

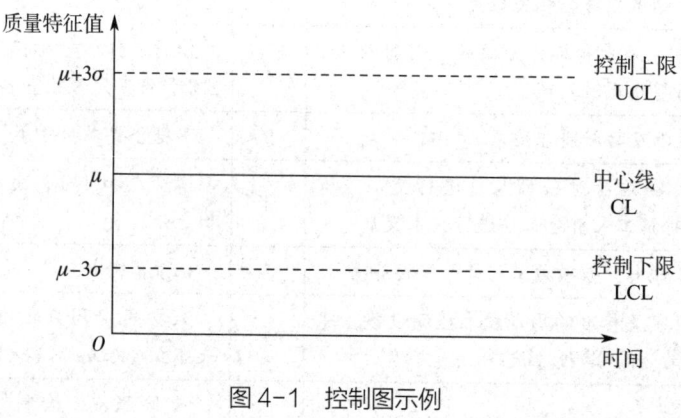

图 4-1　控制图示例

控制图的应用步骤如下。

（1）决定项目质量特性。项目质量特性必须是影响项目质量的关键特性，且能够计量并在技术上可控。

（2）收集近期的、与目前项目工序状态一致的数据，可按采集的先后时间进行分组，每组样本容量相同，数据总数不少于 100。

（3）求得每组样本质量特性值统计量的观测值，然后求得平均数，确定控制图的中心线、控制上限和控制下限。

（4）按一定时间或样本间隔进行抽样，测定子样质量特征值数据，并逐个描绘在带有上下控制界限和中心线的坐标系内。

（5）找出控制图异常点，分析产生原因，剔除由系统原因造成的异常点，根据剩余数据重新计算控制界限，绘制控制图。

（6）根据控制的判断规则对控制图进行分析，判断项目质量情况，找出原因并采取控制措施。

### 4. 趋势图法

趋势图是按照项目质量数据发生的先后顺序以圆点形式绘制在坐标系中，然后用折线连接而绘制成的线形图。它可以反映某一项目过程在一定时间段的质量趋势或偏差情况。

通常按以下步骤应用趋势图法。

（1）确定趋势分析的目的和对象，划分时间层别，如按小时、日、星期、月度、旬度、年度或项目生命期等。

（2）确定项目质量特征值的查验方法和内容，设计查验表格，收集相应的项目质量数据。

（3）建立坐标轴，横坐标为时间，纵坐标为分析对象的质量特征值。

（4）根据收集数据在坐标系内描绘对应时间的质量特征点，按照时间推移，用直线连接各个数据点。

（5）根据趋势图分析项目质量的变化趋势和偏差情况，制定项目质量的改进措施并组织相关部门实施。

（6）跟踪检查项目质量改进过程，收集质量特征值数据，继续绘制趋势图，比较线形图的变化趋势，进一步调整项目质量控制措施和实施方案。

趋势图示例如图 4-2 所示。

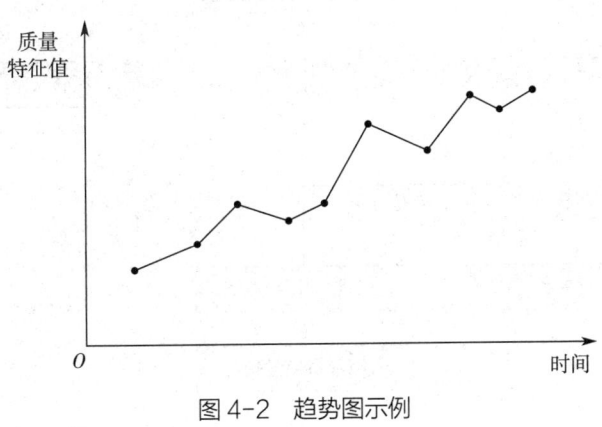

图 4-2　趋势图示例

### 5. 流程图法

流程图法通过活动、决策点和过程顺序，表示项目实施过程各要素之间的关系，可清楚展示项目质量控制过程，有助于项目质量管理人员判断何时、何地发生项目质量问题，分析发生原因，以提前采取预防措施，确定项目实施过程的质量控制要点和方案。

通常按以下步骤应用流程图法。

（1）确定绘制流程图的项目过程和流程图类型，收集相关的资料信息。

（2）明确流程分析的目标、涉及的部门及岗位和工作步骤。

（3）确认流程的起始点、终结点和决策点。

（4）确定各个节点的输入和输出。

（5）绘制流程草图，将流程各个步骤用箭头连接，并填写相应的文字标记。

（6）检查修正流程图，结合检查数据，分析项目可能发生的质量问题节点和影响因素，制定控制措施。

流程图示例如图 4-3 所示。

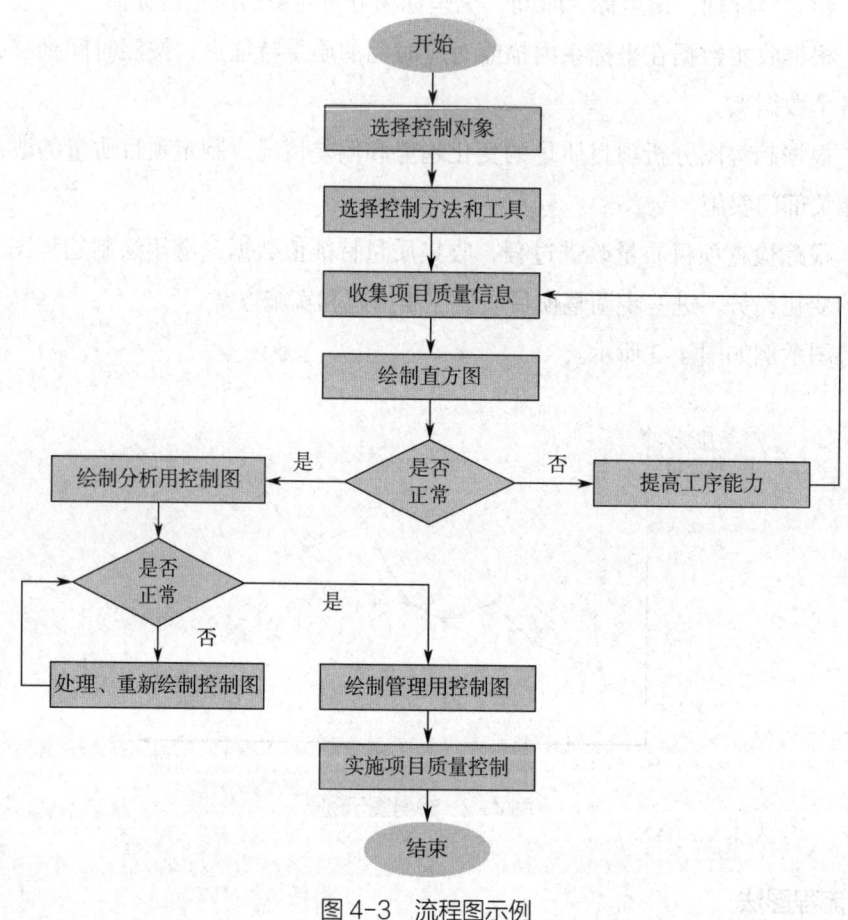

图 4-3　流程图示例

### 6. 散点图法

散点图又称相关图，它是将两个可能相关的变量数据用点描绘在坐标图中，观察分析两个变量之间是否存在相关性的工具。

通常按以下步骤应用散点图法。

（1）明确控制目的，确定分析对象。

（2）收集两个变量之间的对比相关数据，最好在 30 组以上。

（3）找出数据中 $x$ 和 $y$ 的最大值与最小值。

（4）在横轴（$x$）与纵轴（$y$）上列出相应的质量特性或因素。

（5）把两种对应数据描绘在坐标上。

（6）如果两组数据相同，则另作记号表示。

（7）在图上填附加的相关信息，如项目活动编号、相关负责人等。

（8）根据散点分布，分析两个变量之间的关系和变化规律，可运用数学模型或计算机程序。

（9）将相关图表整理存档，用于指导项目质量控制工作。

散点图示例如图 4-4 所示。

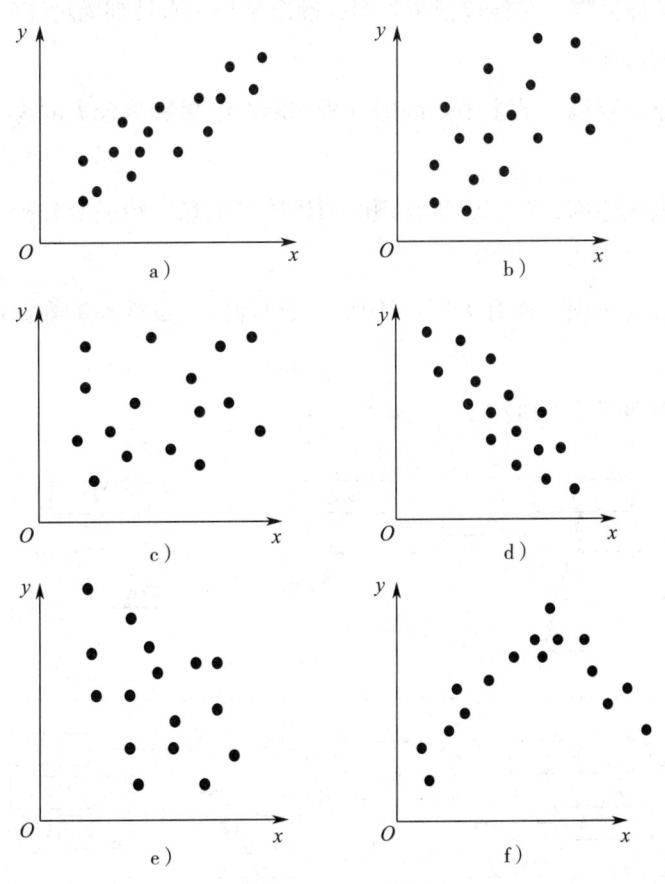

图 4-4　散点图示例

a）强正相关　b）弱正相关　c）不相关　d）强负相关　e）弱负相关　f）非线性相关

### 7. 因果图法

因果图又称鱼骨图、特性要因图，是一种分析质量特性与影响因素关系的常用工具，它可以系统深入地分析产生项目质量问题的原因，有助于制定纠正预防措施，解决存在的项目质量问题，从而达到控制和改进项目质量的目的。

通常按照以下步骤应用因果图法。

（1）确定问题特性，即确定需要分析的项目质量问题。

（2）填入问题要因，将特性或问题的描述写在右端并加框，然后加一条由左至右带箭头的粗线进行串联。

（3）填入要因大骨，将可能影响特性的要因进行分类，从脊骨左斜方加一条大骨，并在大骨前端方框内填入相关要因，大骨一般为4~8根。

（4）讨论次要要因，针对某一主要要因集体讨论研究，分析可能原因，填入次要要因。

（5）检查遗漏因素，整体检视鱼骨图，确定是否所有被列为可能的要因都已填入，若有遗漏应立即添加。

（6）辨识重要要因，从多个要因中分析判断对结果影响较大的重要要因，用圆圈标注出来。

（7）验证真正原因，对照收集整理的项目质量信息，验证所分析要因是否具有真实性、符合性。

（8）填入必要事项，将有关项目活动、项目部门、负责人员等资料填在图侧，归档使用。

因果图示例如图4-5所示。

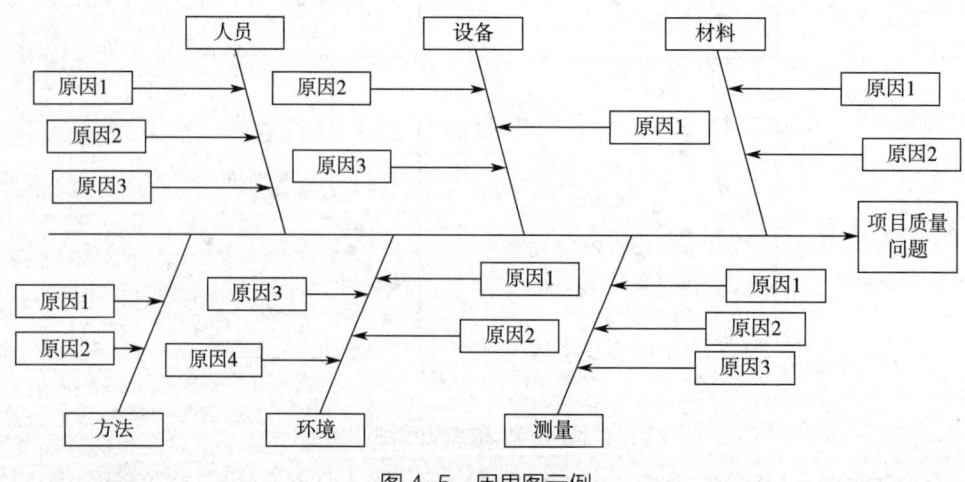

图4-5 因果图示例

## 8. 质量标杆法

质量标杆法又称确定基准计划，是利用其他项目实际实施的结果、计划的质量管理结果、项目质量计划作为新项目的质量参照体系和比照目标，通过比较，进行项目质量管理或制订出新项目质量计划的方法。使用质量标杆法时，应注意基准项目实际发生的质量问题，在制订本计划时要吸取经验教训，并制定防范措施和应急计划。

质量标杆法的应用步骤如下。

（1）收集信息，创建标杆。收集项目的质量信息资料，根据本项目目标和管理实际，创建质量标杆。

（2）分析项目质量信息资料。根据掌握的项目实施质量信息资料，利用质量分析工具分析项目质量情况。

（3）找出差距。将分析结果与质量标杆进行比较，找出差距，并分析产生的原因。

（4）制定对策并实施。根据分析结果并结合质量标杆的管理经验与方法，制定相应的改进措施并组织实施。

## 9. 最佳质量成本模型

项目质量成本可以分为预防成本、检验成本和失败成本。当项目质量提高时，预防成本会增加，失败成本会下降，而检验成本一般是固定不变的。最佳质量成本模型就是要找到一个合适的项目质量水平，达到项目质量成本的最小化。

图 4-6 所示为最佳质量成本模型示例。

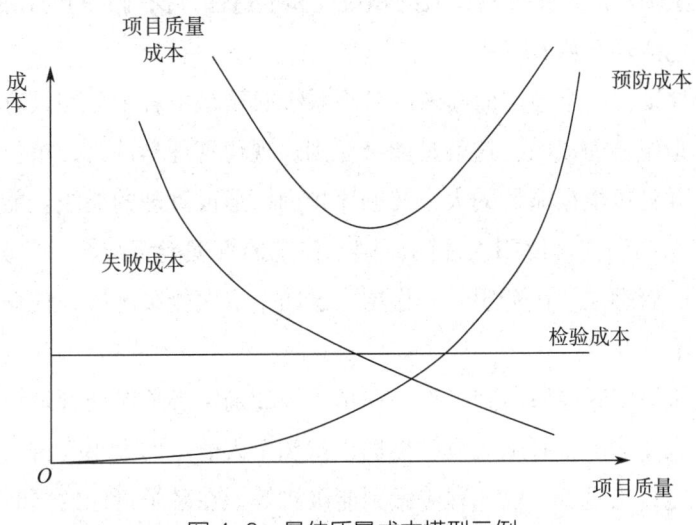

图 4-6 最佳质量成本模型示例

## 4.4 安全管理

安全管理是项目管理的基石。为加强项目安全管理，就必须强化项目安全设施核准审批，加强项目的日常安全监管，严格落实审批、监管的责任。

本节重点介绍安全管理理论和安全管理保障体系的内容。

### 4.4.1 安全管理理论

#### 1. 安全管理的人本原理

在管理活动中必须把人的因素放在首位，体现以人为本的指导思想，这就是人本原理。以人为本有两层含义：其一是一切管理活动都是以人为本展开的。人既是管理的主体，又是管理的客体，每个人都处在一定的管理层面上。离开人就无所谓管理。其二是在管理活动中，作为管理对象的诸要素和管理系统各环节（组织机构、规章制度等）都是需要人去掌管、运作、推动和实施的。因此，应该根据人的思想和行为规律，运用各种激励手段，充分发挥人的积极性和创造性，挖掘人的内在潜力。

人本原理包括以下基本原则。

（1）能级原则。一个稳定而高效的管理系统必须是由若干分别具有不同能级的不同层次有规律地组合而成的，这就是能级原则。现代管理学认为，单位和个人都具有一定的能量，并且可根据能量的大小按顺序排列，形成管理的能级。能级原则确定了系统建立组织结构和安排使用人才的原则。稳定的管理能级结构一般分为四个层次，即经营决策层、管理层、执行层、操作层。这四个层次能级不同，使命各异，因此必须划分清楚，不可混淆。

在运用能级原则时应该做到三点：一是能级的确定必须保证管理结构具有最大的稳定性；二是人才的配备必须对应，根据单位和个人能量的大小安排其工作，使人尽其才，各尽所能；三是责、权、利应做到能级对等，在赋予责任的同时授予权力和给予利益，只有这样，才能使其能量得到相应能级的发挥。

（2）动力原则。推动管理活动的基本力量是人，管理必须有能够激发人工作能力的动力，这就是动力原则。

物质动力、精神动力和信息动力是动力原则发挥作用的三种基本动力。物质动力是指以适当的物质利益刺激人的行为动机，精神动力是指运用理想、信念、鼓励等精神力量刺激人的行为动机，信息动力是指通过信息的获取与交流产生奋起直追或领先他人的动机。

**2. 安全管理的系统原理**

系统原理是现代管理学的一个基本原理，是指人们在管理工作中，运用系统论的观点、理论和方法，对管理活动进行充分的系统分析，以达到优化管理的目标，即用系统论的原理和方法来认识和处理管理中出现的问题。

系统是由相互作用和相互依赖的若干部分组成的，具有特定功能并处于一定环境中的有机整体。任何管理对象都可以看作一个系统，系统可以分为若干子系统，子系统可以分为若干要素，即系统是由要素组成的。按照系统论的观点，管理系统具有六个特征，即集合性、相关性、目的性、整体性、层次性和适应性。

安全管理系统包括各级安全管理人员、安全防护设备与设施、安全管理规章制度、安全生产操作规范和规程以及安全生产管理信息等。安全贯穿生产活动的方方面面，安全管理是全方位、全天候和涉及全体人员的管理。

系统原理包括以下基本原则。

（1）整分合原则。高效的现代安全管理必须在整体规划下明确分工，在分工基础上有效综合，这就是整分合原则。整体规划就是在对系统进行深入、全面分析的基础上，把握系统的全貌及其运动规律，确定整体目标，制定规划与计划及各种具体规范。明确分工就是确定系统的构成，明确各个局部的功能，把整体的目标进行分解，确定各个局部的目标以及相应的责、权、利，使各局部都明确自己在整体中的地位和作用，从而为实现最佳的整体效应最大限度地发挥作用。有效综合就是对各个局部必须进行强有力的组织管理，在各纵向分工之间建立起紧密的横向联系，使各个局部协调配合，综合平衡地发展，从而保证最佳整体效应的圆满实现。

（2）反馈原则。反馈控制论是系统论的基本概念之一，是指控制过程中对控制机构的反作用。反馈普遍存在于各种系统之中，也是管理中的一种普遍现象，是管理系统达到预期目标的主要条件。由于负反馈能够抵消外界因素的干扰，维持系统的稳定性，因此，一般均采用负反馈。

成功高效的安全管理，离不开灵活、准确、快速的反馈。企业生产的内部条件和外部环境在不断变化，所以必须及时捕获、反馈各种安全生产信息，及时采取行动。

（3）封闭原则。任何一个管理系统的管理手段、管理过程等必须构成一个连续封闭的回路，才能形成有效的管理活动，这就是封闭原则。封闭是把管理手段、管理过程等加以分割，使各部分、各环节相对独立，各行其是，充分发挥各自的功能。同时，这些部分和环节又互相衔接，互相制约，并且首尾相连，形成一条封闭的管理链。对于企业管理而言，管理系统的组织结构体系必须是封闭的，管理法规的建立和实施也必须封闭。

（4）动态相关性原则。构成系统的各个要素是运动和发展的，而且是相互关联的，它们之间既相互联系，又相互制约，这就是动态相关性原则。

该原则是指任何管理系统的正常运转，不仅要受到系统本身条件的制约，还要受到其他有关系统的制约，并随着时间、地点以及人们的不同努力程度而发生变化。管理系统内部各部分的动态相关性是管理系统向前发展的根本原因。所以，要提高安全管理的效果，就必须掌握各个管理对象要素之间的动态相关特征，以充分利用相关因素的作用。

### 3. 安全管理的预防原理

安全管理工作应当以预防为主，即通过有效的管理和技术手段，减少和防止人的不安全行为和物的不安全状态出现，从而使事故发生的概率降到最低，这就是预防原理。

预防原理包括以下基本原则。

（1）偶然损失原则。事故发生的后果（如人员伤亡、健康损害、物质损失等）以及后果的大小都是随机且难以预测的。反复发生的同类事故，并不一定会产生相同的后果，这就是事故损失的偶然性。

根据事故损失的偶然性，可得到安全管理上的偶然损失原则：无论事故是否造成损失，为了防止事故损失的发生，唯一的办法就是防止事故再次发生。这个原则强调，在安全管理实践中，一定要重视各类事故，只有这样，才能真正防止事故损失的发生。

（2）因果关系原则。因果关系是指事物之间存在着一事物是另一事物发生的原因的关系。事故是许多因素互为因果、连续发生的最终结果。一个因素是前一因素的结果，而又是后一因素的原因。事故的因果关系决定了事故发生的必然性，只是时间或迟或早而已，这就是因果关系原则。

从事故的因果关系中认识必然性，发现事故发生的规律性，变不安全条件为安全条件，把事故消灭在早期起因阶段，这就是因果关系原则的应用。

（3）3E原则。造成人的不安全行为和物的不安全状态的主要原因可归纳为技术原因、教育原因、身体和态度原因、管理原因四个方面。针对这四个方面的原因，可以采取三种防止对策，即技术（engineering）对策、教育（education）对策和法制（enforcement）对策，即所谓的3E原则。

技术对策是指运用工程技术手段消除生产设施设备的不安全因素，改善作业环境条件，完善防护与报警装置，实现生产条件的安全和卫生。教育对策是指提供各种层次的、各种形式和内容的教育和训练，使员工牢固树立"安全第一"的思想，掌握安全生产的知识和技能。法制对策是指利用法律、规程、标准以及规章制度等必要的强制手段约束人们的行为，从而达到消除不重视安全及违章作业等现象的目的。

（4）本质安全化原则。本质安全化原则来源于本质安全化理论，是指从一开始和本质上实现安全化，就可以从根本上消除事故发生的可能性，从而达到预防事故发生的目的。所谓本质上实现安全化指的是设备、设施或技术含有内在的、能够从根本上防止事故发生的功能。本质安全化是安全管理预防原理的根本体现，也是安全管理的最高境界。

### 4.4.2 安全管理保障体系

构建安全管理保障体系通常要考虑安全管理体系和安全管理制度。其中，安全管理体系应包括安全管理领导机构、安全管理办公室和安全防范重点。安全管理制度应包括安全生产责任制度、安全教育和培训制度、安全生产交底制度、安全生产检查制度、安全事故报告制度和安全生产考核奖罚制度等。

**1. 安全管理体系**

（1）安全管理领导机构。成立以项目经理为组长的安全生产领导小组，全面负责并领导项目的安全生产工作，项目总工程师为安全生产的技术负责人。

（2）安全管理办公室。安全管理办公室对项目的施工安全行使监督检查职权，做好安全管理和监督检查工作，贯彻执行劳动保护法规，督促实施各项安全技术措施，开展安全生产教育工作，组织安全生产检查，研究解决施工中的不安全因素，参加事故调查，提出事故处理意见，制止违章作业，遇有险情有权停止生产，健全安全管理工作台账。

（3）安全防范重点。根据项目工程特点，施工场地中安全防范的重点为：生产设备的生产安全、起重设备的施工安全和施工用电安全等。

**2. 安全管理制度**

（1）安全生产责任制度。牢固树立安全意识，严格执行施工过程中的各项规章制度，建立健全各项安全生产责任制度，落实安全措施和责任，确保施工安全。对施工安全工作做到有检查、有落实、有总结评比、有考核。按照定岗定责的原则，增加安全人员的责任心，避免发生各种责任事故，并对发生安全事故的责任人进行处罚。

从项目经理到生产工人的安全管理系统必须做到纵向到底、一环不漏；各职能部门和人员的安全生产责任制必须做到横向到边、人人有责。项目经理是安全生产的第一责任人。

1）项目经理（副经理）的安全职责主要包括：对安全生产和劳动保护负领导和管理责任；贯彻国家、行业和公司有关安全生产的方针、政策和规章制度；组织制定安全管理制度，研究解决安全生产中的问题，组织安全生产检查；监督各级、各职能部门贯彻安全生产责任制情况；主持重大伤亡事故的调查处理。

2）项目总工程师（副总工程师）的安全职责主要包括：对安全生产和劳动保护负技术领导责任；编制安全技术措施；解决安全技术问题；对员工进行安全技术教育；参加重大伤亡事故的调查分析，提出技术鉴定意见和改进措施。

3）安全质量科的安全职责主要包括：贯彻落实安全生产管理制度；组织安全教育培训工作；制定应急准备和响应预案，并负责落实。

4）工程技术科的安全职责主要包括：严格遵照安全生产的要求编制安全技术措施及操作规程；及时解决生产中的安全技术问题。

5）物资设备科的安全职责主要包括：保证安全生产所用材料、工具及劳动保护用品的及时供应，并符合安全生产的质量要求；制定施工机械化配套方案，以减轻作业人员劳动强度，加强对机械设备的检查、维修、保养，保证安全装置完备、灵敏、可靠，确保设备的正常、安全运转。

6）综合办公室的安全职责主要包括：配合有关部门做好新工人、特殊工种工人、调换工种工人的安全技术培训与考核工作；督促基层做好劳逸结合，严格控制加班加点，以人为本，确保员工身体健康。

（2）安全教育和培训制度。参加施工的人员，必须接受安全技术教育，熟知和遵守本工种的各项安全技术操作规程，定期进行安全技术考核，合格者方能上岗操作。对于从事起重、建筑登高架设作业、焊接、机动车驾驶等特殊工种的人员，必须经过专业培训，获得安全操作合格证后，方准持证上岗。施工现场如果出现特种作业无证操作现象，项目经理应承担管理责任。

对上岗前各工种安全人员进行有针对性的安全生产教育，正确认识生产与安全的关系，认真贯彻执行安全生产方针。对新工人必须进行安全生产的基本知识教育，对容易发生事故的工程施工，要进行安全操作训练，经考核确认掌握安全操作技术要领后才能独立作业。

（3）安全生产交底制度。对项目制定相应的安全措施，对各级领导、工程技术人员、生产管理人员和具体操作人员进行施工技术交底，使其熟悉和遵守安全措施的各项规定。

在进行各项试验和推广新工艺、新技术、新材料、新设备时，必须制定相应的安全措施，在经上级主管部门批准后实施并进行技术交底。

每月下达生产计划，制定有针对性的安全措施，领工员和工班长在布置生产任务的同时要交代安全生产注意事项，月底进行安全生产技术总结。

（4）安全生产检查制度。安全生产管理人员应认真执行安全生产检查制度，及时发现并消除各种隐患，以确保安全生产。安全生产检查分为定期检查和不定期检查、普遍性检查和末项检查。每次检查都要有针对性地提出整改措施，消除安全生产检查中发现的隐患。

项目部每月组织一次综合性安全生产检查，对于专业性、技术性强的安全工作，应组织专项检查，对存在的不安全因素，应制定整改措施，并将实施情况一并做好记录；配合指挥部每季度组织一次综合性安全生产检查，对发现的问题，必须限期整改，同时接受指挥部的处罚。

在进行综合性检查的同时，还应定期或不定期地组织专项检查。对容易发生事故的工种和设备，如起重工、门吊、锅炉等要根据具体情况组织专项安全检查。

（5）安全事故报告制度。严格执行国家、地方政府有关安全事故处理规定，发生事故要逐级及时上报，不可隐瞒，本着"四不放过"（事故原因不查清不放过，事故责任者得不到处理不放过，整改措施不落实不放过，教训不吸取不放过）的原则，对事故进行联合调查、认真分析、查明原因，对事故责任者或责任单位追究其经济、行政和法律责任。

（6）安全生产考核奖罚制度。制定本项目部相应的安全生产奖惩条例，做到生产与安全工作同时计划、布置、检查、总结和评比。对在施工中防止事故发生，为安全工作做出贡献的班组和个人进行奖励，对发生安全事故的班组及个人视事故情节给予不同的处罚。

# 第 5 章

## 项目采购管理

项目采购管理包括从项目团队外部采购或获取所需产品、服务、成果的各个过程。项目采购管理包括编制和管理协议所需的管理和控制过程，如合同、订购单、协议备忘录或服务水平协议。被授权采购项目所需货物和服务的人员可以是项目团队、管理层及组织采购部的成员。

## 5.1 规划采购管理

规划采购管理是记录项目采购决策、明确采购方法、识别潜在卖方的过程。规划采购管理以项目章程、商业文件、项目管理计划、项目文件、事业环境因素、组织过程资产为基础，主要应用专家判断、市场调研、自制或外购分析、供方选择分析、会议等技术工具开展具体工作。

### 5.1.1 采购策略

在规划采购管理过程中，一旦完成自制或外购分析，并决定从项目外部渠道采购，就应制定一套采购策略。应该在采购策略中规定项目交付方法、具有法律约束力的协议类型，以及明确如何在采购阶段推动采购进展。

对专业服务项目和建筑施工项目，应该采用不同的交付方法。专业服务项目的交付方法包括：买方或服务提供方不得分包，买方或服务提供方可以分包，买方和服务提供方设立合资企业，买方或服务提供方仅充当代表。而施工项目的交付方法包括（但不限于）：交钥匙式、设计—建造、设计—招标—建造、设计—建造—运营、建造—拥有—运营—转让。

如何运用有效的采购成本管理方法对项目成本控制至关重要。传统采购成本控制方法通常包括：设计优化法、成本核算法、类比降价法、招标竞价法、规模效应法和国产化降价法。在全球化背景下，项目采购范围突破了传统区域的限制，项目采购策略需要站在企业战略的高度及应用整体价值链的视角进行选择。

对于实施采购全球化战略的项目而言，要用战略采购的思路代替传统局部和短期成本控制的思路。现代信息技术和网络技术为价值链管理提供了科学工具，项目团队有条件在企业供应链管理的基础上选择采购策略。战略采购和供应链采购在成本管理方面有不同的侧重点。

**1. 战略采购成本控制方法**

将战略采购方法引入成本控制过程，可以有效降低零部件价格、简化供应链程序并改善市场反应度，从而产生大量的成本节余。战略采购可以降低产品采购和服务成本。战略采购采用总成本概念，而不是发票成本概念。运用总成本概念，有助于将管理重点引向获得所有权的总成本，强调以更低的总成本购得货物。战略采购以数据分析为基础，针对各个类目制定采购战略。一旦采购战略确定下来，就可以运用多种策略予以执行，并能更有效地处理供应商确认、挑选、谈判及管理等事项。

**2. 供应链采购成本管理方法**

供应链管理是强调在满足服务水平需要的同时，为了使系统成本最小而采用的把供应商、制造商、仓库和商店有效地结合成一体来生产商品，并把正确数量的商品在正确的时间配送到正确地点的一套方法。其目的有两个：一是供应链系统的总成本最优，二是更能满足客户需要。供应链管理的实现主要通过利用信息技术整合供求信息。

### 5.1.2 合同类型

法律合同关系除了常用的总价合同、成本补偿合同、工料合同外，在实践中，单次采购使用两种或更多合同类型的情况也并不少见。

**1. 总价合同**

总价合同是为既定产品、服务或成果的采购设定一个总价。这种合同应在已明确定义需求，且不会出现重大范围变更的情况下使用。总价合同的类型包括以下三类。

（1）固定总价。固定总价合同是最常用的合同类型。大多数买方都喜欢这种合同，因为货物采购的价格在开始就已确定，并且不允许改变（除非工作范围发生变更）。

（2）总价加激励费用。总价加激励费用合同为买方和卖方提供了一定的灵活性，允许一定的绩效偏离，并对实现既定目标给予相关的财务奖励（通常取决于卖方的成本、进度或技术绩效）。总价加激励费用合同中会设置价格上限，高于此价格上限的全部成本将由卖方承担。

（3）总价加经济价格调整。总价加经济价格调整合同适用于两种情况：卖方履约期将跨越几年时间，或以不同货币支付价款。它是总价合同的一种类型，但合同中包含了特殊条款，允许根据条件变化，如通货膨胀、某些特殊商品的成本增加（或降低），以事先确定的方式对合同价格进行最终调整。

### 2. 成本补偿合同

成本补偿合同是指向卖方支付为完成工作而发生的全部合法实际成本（可报销成本），外加一笔费用作为卖方的利润。成本补偿合同应在工作范围预计会在合同执行期间发生重大变更的情况下使用。成本补偿合同包括以下三类。

（1）成本加固定费用合同。为卖方报销履行合同工作所发生的一切可列支成本，并向卖方支付一笔固定费用。该费用以项目初始估算成本的某一百分比计列。除非项目范围发生变更，否则费用金额维持不变。

（2）成本加激励费用合同。为卖方报销履行合同工作所发生的一切可列支成本，并在卖方达到合同规定的绩效目标时，向卖方支付预先确定的激励费用。在成本加激励费用合同中，如果最终成本低于或高于原始估算成本，则买方和卖方需要根据事先商定的成本分摊比例来分享节约部分或分担超支部分。

（3）成本加奖励费用合同。为卖方报销一切合法成本，但只有在卖方满足合同规定的、某些笼统主观的绩效标准情况下，才向卖方支付大部分费用。奖励费用完全由买方根据自己对卖方绩效的主观判断来决定，并且通常不允许申诉。

### 3. 工料合同

工料合同（又称时间和手段合同），是兼具总价合同和成本补偿合同特点的混合型合同。这种合同往往适用于在无法快速编制出准确工作说明书的情况下扩充人员、聘用专家或寻求外部支持。

通常，总价合同适用于工作类型可预知、需求能清晰定义且不太可能变更的情况；成本补偿合同适用于工作不断演进、很可能变更或未明确定义的情况。

### 5.1.3 自制或外购决策

自制或外购决策是指项目围绕既可自制又可外购零部件的取得方式而开展的决策，又叫零部件取得方式决策。项目所需要的零部件，是自己组织生产还是从外部购进，这是任何项目都会遇到的决策问题。需要指出的是，无论零部件是自制还是外购，都不影响项目的销售收入，而只需考虑两个方案的成本，哪一个方案的成本低则选择哪一个方案。

零部件自制或外购的决策分析一般可采用相关成本分析法和成本平衡点分析法。

**1. 零部件自制不需增加固定成本且自制能力无法转移**

在企业已经具备的自制能力无法转移的情况下，原有的固定成本属于沉没成本，不会因零部件的自制或外购而发生变动。因此，在这项决策分析中，只需将自制方案的变动成本与外购成本进行比较即可。

如果自制变动成本高于外购成本，应外购；如果自制变动成本低于外购成本，应自制。

【例 5-1】某企业每年需用 A 零件 100 000 件，该零件既可以自制，又可以外购。若外购，每件单价为 40 元。若自制，企业拥有多余的生产能力且无法转移，其单位成本为：直接材料 30 元，直接人工 6 元，变动制造费用 3 元，固定制造费用 5 元，单位成本合计 44 元。A 零件应自制还是外购？

解：根据题意，可采用相关成本分析法。由于企业拥有多余的生产能力，固定成本（固定制造费用）属于无关成本，不需考虑，自制单位变动成本为 39 元（直接材料 30 元，直接人工 6 元，变动制造费用 3 元），外购单价为 40 元，则：

自制总成本为 100 000 件 × 39 元 / 件 = 3 900 000 元；

外购总成本为 100 000 件 × 40 元 / 件 = 4 000 000 元。

由上可知，企业应选择自制方案，可节约成本 100 000 元。

**2. 零部件自制不需增加固定成本且自制能力可以转移**

在自制能力可以转移的情况下，自制方案的相关成本除了包括按零部件全年需用量计算的变动生产成本外，还包括与自制能力转移有关的机会成本，因此无法通过直接比较单位变动生产成本与外购单价作出决策，必须采用相关成本分析法。

【例 5-2】仍根据例 5-1 的相关数据进行分析。假定自制 A 零件的生产能力可以转移，每年预计可以获得贡献毛利 1 000 000 元。A 零件是自制还是外购？

解：根据题意，可采用相关成本分析法。由于企业拥有多余的生产能力，固定成本属于无关成本，不需考虑，自制单位变动成本为39元（直接材料30元，直接人工6元，变动制造费用3元），外购单价为40元。

依题意编制的相关损益分析表见表5-1。

◆ 表5-1　相关损益分析表

| 成本类型 | 自制A零件 | 外购A零件 |
|---|---|---|
| 变动成本 | 100 000件×39元/件=3 900 000元 | 100 000件×40元/件=4 000 000元 |
| 项目机会成本 | 1 000 000元 | — |
| 相关成本合计 | 4 900 000元 | 4 000 000元 |

由上可知，企业应选择外购方案，可节约成本900 000元。

### 3. 零部件自制但需要增加固定成本

当自制零部件时，如果企业没有多余的生产能力或多余生产能力不足，就需要增加固定成本以购置必要的机器设备。在这种情况下，自制零部件的成本就不仅包括变动成本，而且还包括增加的固定成本。由于单位固定成本是随产量成反比例变动的，因此对于不同的需要量，决策分析的结论就可能不同。这类问题的决策分析，根据零部件的需要量是否确定，可以分别采用相关成本分析法和成本平衡点分析法进行分析。若零部件的需要量确定，可以采用相关成本分析法；若零部件的需要量不确定，则采用成本平衡点分析法。因需要量确定情况下的零部件自制与否的决策与前例相似，这里仅分析零部件需要量在不确定情况下自制与否的决策。

【例5-3】企业需要的B零件可以外购，单价为60元；若自制，其单位变动成本为24元，每年还需增加固定成本45 000元。B零件是自制还是外购？

解：由于本例零部件的需要量不确定，因此需采用成本平衡点分析法进行分析。

设：$x$为成本平衡点业务量，自制方案的总成本为$y_1$，固定成本为$a_1$，单位变动成本为$b_1$；外购方案的总成本为$y_2$，固定成本为$a_2$，单位变动成本为$b_2$。

其中：$a_1$=45 000元，$b_1$=24元，$a_2$=0，$b_2$=60元

则有：$y_1=a_1+b_1x$

$y_2=60x$

由上式可知，当零部件需要量在1 250件时，外购总成本与自制总成本相等；当零部件的需要量在1 250件以内时，外购总成本低于自制总成本，应选择外购方案；当零部件需要量超过1 250件时，自制总成本低于外购总成本，应选择自制方案。

### 4. 自制与外购决策的影响因素

产品、零部件、原材料是自制还是外购，涉及企业的纵向一体化政策。正确的选择是许多企业长期成功的关键。在生产某个新产品，建立或改进一个生产系统之前，均需要对自制与外购做出决策。这些决策不仅影响工艺过程的选择、生产制造系统和管理系统的设计，而且关系到企业生产的经济效益。在做出自制或外购决策时，需要重点考虑以下因素。

（1）经济利益。在自制或外购决策时，首先应考虑的是成本。如果一个部件外购比自制更便宜，就采取外购。此时进行成本分析依据的是增量成本（边际成本）分析原则，即只考虑那些随自制或外购决策而变动的成本。对其他不因决策而发生变动的成本，在进行费用比较时不用考虑。对于无自制生产能力，或需要增加部分生产能力的企业，其增量成本还应包括为增加生产能力所支付的成本。

（2）质量保证。控制自制零件的质量可以保证最终产品的质量。而采取外购时，对零部件质量的控制可能会有一定困难。若关系到最终产品的质量，则宁可放弃经济利益。

（3）供应的可靠性。外购来源若不可靠，则应采取自制。若供应有可靠的保障，采取外购是十分有利的。需要注意的是，采取外购要制定适当的采购政策，精选卖主，使企业处于主动地位。

（4）专利。由于专利原因，在法律上可能限制某些企业从事某些零件的生产。对此，要么采取外购，要么在进行技术经济分析的基础上考虑购买专利。

（5）技能与材料。某些零件的制造技能可能非常专业，或者所需材料非常稀缺，或者出于环境保护及政府政策的限制，致使这些零件不易在本厂自制或某道工序不易在本厂加工，这样就只能采取外购。

（6）灵活性。自制零件往往会限制产品设计的灵活性和降低生产系统的适应能力。如果一家企业在自制零件上进行了很大的设备投资，就会限制企业在完全不同的新产品方面的灵活转移。而外购件、外协件较多的企业则不用担心类似的问题。环境变化往往会对企业生产系统的适应性提出更高的要求。当需求增加时，就会产生增加生产能力的要求；当产品品种组合发生重要变化时，就需要调整生产过程；当供应来源发生重大变化时，生产部门也要做出调整。因此，外购件或外协件较多的企业在生产系统的适应性方面也处于有利的地位。

（7）生产的专业化程度。对于加工装配类的企业来说，其生产的专业化程度越高，外购或外协零件的数量就越多。一些大企业不愿把零件扩散给小企业去生产，主要是担心质量、成本、期限达不到要求。事实上，大企业与小企业搞好分工协作，可以节省设备投资并利用小企业职工低工资、低成本等优势,这对大企业也是有利的。

(8)其他因素。其他如营业机密的控制、供需双方互惠及合作关系的保持、政府的某些规定要求等,在一定程度上也会影响企业的自制与外购决策。企业在生产缓慢发展时期,为了利用闲置设备,自制可能更有利,然而这会造成同供应厂商关系的紧张或中断。所以,为了保持与重要供应者的良好、互惠关系,企业往往放弃自制的打算。对于一些掌握特殊技术诀窍、工艺配方等的企业,出于保密考虑,也通常采用自制或部分自制。例如,某些电子行业的企业,对于使用其产品的关键技术或工艺生产的原材料、元器件等,均采用自制,其他均可采用外购、外加工、外装配。

### 5.1.4 市场调研

市场调研包括考察行业情况和具体卖方的能力。采购团队可通过从会议、在线评论及各种其他渠道得到的信息了解市场情况,调整具体的采购目标,平衡与卖方有关的风险。

以下是某项目市场调研报告的大纲。

```
                    某项目市场调研报告
一、项目介绍
    (一)项目概况
    (二)项目经济指标(前期拟定)
二、市场背景分析
    (一)××区域概况
    (二)××领域发展
    (三)××项目概念设计分析
三、××参考项目调研分析
    (一)项目背景与总体规划
    (二)项目特色
    (三)项目产品/服务设计
    (四)项目配套分析
    (五)项目竞争格局分析
    (六)目标客户群分析
四、本项目产品策略建议
    (一)SWOT 分析
    (二)整体构想
    (三)市场定位
    (四)项目产品/服务建议
```

## 5.1.5 供方选择分析

在确定选择方法前,有必要审查项目竞争性需求的优先级。由于竞争性选择方法可能要求卖方在事前投入大量的时间和资源,因此,应该在采购文件中写明评估方法,以便让投标人了解将会被如何评估。常用的供应商选择方法如下。

**1. 最低成本法**

最低成本法适用于标准化或常规采购。此类采购有成熟的标准,有具体明确的预期成果,可以用不同的成本来取得。

**2. 仅凭资质法**

仅凭资质法适用于采购价值相对较小、不值得花时间和成本开展完整选择过程的情况。买方会确定短名单,然后根据可信度、相关资质、经验、专业知识、专长领域和参考资料选择最佳的投标人。

**3. 基于质量或技术方案得分法**

采用基于质量或技术方案得分法,要先对技术建议书进行评估,考察技术方案的质量。如果经过谈判,证明其技术建议书是可接受的,就应选择技术建议书得分最高的卖方。

**4. 基于质量和成本法**

在基于质量和成本的方法中,成本是用于选择卖方的一个考虑因素。一般而言,如果项目的风险不确定性较高,相对于成本,质量就应该是一个关键因素。

**5. 独有来源法**

买方要求特定卖方准备技术和财务建议书,然后针对建议书开展谈判。由于没有竞争,因此仅在有适当理由时才可采用此方法,而且应将其视为特殊情况。

**6. 固定预算法**

固定预算法要求在建议邀请书中向受邀的卖方披露可用预算,然后在此预算内选择技术建议书得分最高的卖方。因为有成本限制,所以卖方会在技术建议书中调整工作的范围和质量,以适应该预算。买方应该确保固定预算与工作说明书相符,且卖方能够在该预算内完成相关任务。此方法仅适用于工作说明书定义精确、预期不会发生变更,预算固定且不得超出的情况。

### 5.1.6 采购管理计划的内容

采购管理计划主要涉及制定采购工作流程、划分采购商品/服务类型、制定采购业绩考核指标、分析控制库存水平等工作内容。

**1. 项目采购基本流程**

一般而言，完整的项目采购流程包括以下环节。

（1）确认需求。在采购之前，应先确定需要采购哪些货品、需要多少、何时需要、何时采购、由谁决定等。采购部门应协助生产部门预测物料需求，生产部门在填写采购订单时要尽量采用标准订单，同时尽量减少特殊需求订单和紧急订单。

（2）需求说明。确认需求之后，要对需求的细节（如品质、包装、售后服务、运输及检验方式等）加以明确说明，以便使来源选择及价格谈判等作业能顺利进行。

（3）选择供应商。供应商的素质直接关系到采购品的质量、交付、数量、价格、售后服务等。供应商与采购相关的要素包括历史记录、设备状况、技术力量、财务状况、组织管理、声誉、系统、位置和供应柔性等也是采购部门所要关注的。

（4）确定价格。选定可能的供应商后，采购部门应对供应商的报价进行分析，与供应商开展谈判，选择好供应商后发出订单。为此采购人员必须了解各种定价方法及其使用时机，并利用价格谈判技巧取得满意的支付价格。

（5）订单安排。价格谈妥后，应办理订货签约手续。订单和合约均属于具有法律效力的书面文件，对买卖双方的要求、权利及义务必须予以说明。如果合同形式使用不当，则很可能会带来严重的法律争议。所有企业都有备好的采购订单，但究竟是使用企业的自备订单还是使用供应商的销售协议，取决于项目采购部门和供应商相互协商后所制定的战略。

（6）货物跟催。采购订单签订和发出后，为使供应商按期、按质、按时、按量交货，应依据合同规定，督促供应商按规定交运。跟踪是对订单的例行追踪，以确保供应商能履行其发货的承诺。如果产生了问题，如质量或发运方面的问题，企业就需要尽快了解，以便采取相应的行动。跟踪通常需要询问供应商的进度，有时甚至有必要到供应商那里进行走访。这就是项目采购人员对订单的跟踪。催货是对供应商施加压力，使其履行最初所作的发运承诺，以便提前发运货物或加快已经延误的订单所涉及货物的发运。在物资匮乏的时候，催货具有重要的意义。

（7）核对发票。厂商交货验收合格后，随即开具发票。要求付清货款时，对于发票的内容是否正确，财务部门应先经采购部门核对才能办理付款。

（8）验收货物。验收货物的基本目的是确保货物已经实际到达并检查是否完好无损，数量、质量是否与订单相符合，这样才能将货物送往下一个地方进行储存、检验或使用。接收部门要将与接收手续有关的文件进行登记并送往相关人员。凡供应商所交货物与合同不符的或验收不合格者，应依据合约规定退货并立即办理重购。对货物进行验收时，有时会发现短缺现象，若有此类情况发生，采购部门要及时向供应商提交货物短缺报告。

（9）记录并保存档案。凡经结案的采购事项均应列入档案，登记编号后分类保管，以便参阅或事后发生问题时查看。

### 2. 制定采购工作流程

一般而言，制定采购工作流程要考虑的相关工作内容包括：招商流程、谈判流程、样品处理流程、新品流程、合同流程、供应商引进流程、促销流程、促销结果分析流程、下订单流程、商品异动流程、调整单品进价流程、售价流程、供应商更换流程、市场调查流程、销售分析流程、商品审理流程、商品淘汰流程、季节性商品冻结/开放流程、纠错流程、供应商评估流程、供应商意见反馈流程和商品组织流程等。

### 3. 划分采购项目产品/服务类型

需要根据市场定位对项目产品/服务进行分类，这样可以为采购工作提供更为明确的关注重点。例如，可以根据项目产品/服务的吸引力大小将项目产品划分为销售量大的商品、购买频率高的商品、主力商品、引人注目的商品、季节性商品、促销商品、廉价商品、非主流商品等。

### 4. 制定采购业绩考核指标

需要针对采购人员制定主要考核指标和辅助考核指标。主要考核指标通常考虑：销售额指标、毛利额/毛利率指标、营业外收入指标等。辅助考核指标主要考虑：促销商品达成率指标、库存商品周转率指标、商品订货到位率指标、新品引进指标、商品淘汰指标等。

### 5. 分析控制库存水平

如果采购库存水平过高，应从以下方面进行复盘和评估，进而调整优化采购计划。

（1）坚持采购金额预算制。

（2）评估周转天数是否超过标准。

（3）根据经验判断，采购人员到仓库和项目现场巡视，发现异常库存，进行跟踪处理。

（4）由电子报表中得知相关信息。

（5）与项目主管研究订货状况是否合理。

（6）采购人员在下达特别订单时，除价格因素外，还要注意产品品质、保质期是否临近、售后服务状况等，以避免造成库存积压。

## 5.2 实施采购

实施采购是获取卖方应答、选择卖方并授予合同的过程。其主要作用是选定合格卖方并签署关于货物或服务交付的法律协议。实施采购以项目管理计划、项目文件、采购文档、卖方建议书、事业环境因素和组织过程资产为基础，主要采用广告、投标人会议、建议书评估等技术工具开展具体工作。

### 5.2.1 编制初步的协议书草案

项目采购管理过程涉及用协议描述买卖双方之间的关系。合同签署的方法和合同本身应体现可交付成果或所需人力投入的简单性或复杂性，其书写形式也应符合当地、所在国或国际法中关于合同签署的规定。如果需要从外部采购项目资源，协议所规定的里程碑日期、合同类型、验收标准和奖罚条款等，都可能造成威胁或创造机会。因应用领域不同，协议可以是合同、服务水平协议、谅解备忘录、协议备忘录或订购单。

大多数组织都有相关的书面政策和程序，以专门定义采购规则，并规定谁有权代表组织签署和管理协议。在世界各地，组织虽然用不同的名称称呼负责采购的单位或部门，如购买部、合同部、采购部或收购部，但其实际职责均大同小异。虽然所有项目文件可能都要经过某种形式的审查与批准，但是，鉴于其法律约束力，合同或协议需要经过更多的审批程序，而且通常会涉及法务部。在任何情况下，审批程序的主要目标都是确保合同充分描述由卖方提供的产品、服务或成果，且符合法律法规。通常把描述产品、服务或成果的文件作为独立的附件或附录，以便合同正文使用标准化的法律合同用语。在复杂项目中，可能需要同时或先后管理多个合同。这种情况下，不同合同可在项目生命周期的任何阶段开始与结束。买卖双方关系是采购组织与外部组织之间的关系，可存在于项目的许多层次上。因应用领域不同，卖方可以是承包商、供货商、服务提供商或供应商，买方可能为最终产品的所有人、分包商、收购机构、服务需求者或购买方。在合同生命周期中，卖方首先是投标人，然后是中标人，之后是签约供应商或供货商。

签订协议书应遵循的基本原则包括：依法签订、平等互利、协商一致、等价有偿、严密完备、履行法律程序。签订协议的程序是指当事人对协议的内容进行协商，取得一致意见，并签署书面协议的过程。通常，签订协议书包括以下步骤。

第一，要约提议。要约提议由当事人一方提出签订协议的要求或建议，其中应包括协议中的主要条款和希望对方答复的期限等。提出要约的一方在答复期内不得拒绝承诺。

第二，接受提议。接受提议是指对方接受要约，这意味着双方对协议的主要内容表示同意，经过双方书面签署契约，表示承诺成立。承诺不能附带任何条件，否则应认为对方拒绝要约。附带条件的要约被视为新的要约，双方进入"要约—新要约—再要约"的迭代过程，直至双方对承诺达成共识。

第三，填写合同文本。

第四，履行签约手续。

第五，报请签证机关签证，或报公证机关公证。

对于没有法律规定必须签证的合同，当事人可以协商决定是否签证或公证。

合同是对双方都有约束力的协议。它强制卖方提供规定的产品、服务或成果，强制买方向卖方支付相应的报酬。合同建立了受法律保护的买卖双方的关系。协议文本的主要内容包括：采购工作说明书或主要的可交付成果，进度计划、里程碑或进度计划中规定的日期，绩效报告，定价和支付条款，检查、质量和验收标准，担保和后续产品支持，激励和惩罚，保险和履约保函，下属分包商批准，一般条款和条件，变更请求处理，终止条款和替代争议解决方法。

### 5.2.2 实施采购的基本方法

#### 1. 广告

广告是就产品、服务或成果与用户或潜在用户进行的沟通。在大众出版物（如指定的报纸）或专门行业出版物上刊登广告，往往可以扩充现有的潜在卖方名单。大多数政府机构都要求公开发布采购广告，或在网上公布拟签署的政府合同的信息。

招标项目的资格预审和招标公告应当载明以下内容。

（1）招标项目名称、内容、范围、规模、资金来源。

（2）投标资格能力要求，以及是否接受联合体投标。

（3）获取资格预审文件或招标文件的时间、方式。

（4）递交资格预审文件或投标文件的截止时间、方式。

（5）招标人及其招标代理机构的名称、地址、联系人及联系方式。

（6）采用电子招投标方式的，潜在投标人需访问电子招标投标交易平台的网址。

（7）其他依法应当载明的内容。

招标人或其委托的招标代理机构应当保证招标公告内容的真实、准确和完整。

### 2. 投标人会议

投标人会议（又称承包商会议、供应商会议或投标前会议）是在卖方提交建议书之前，在买方和潜在卖方之间召开的会议，其目的是确保所有潜在投标人对采购要求都有清楚且一致的理解，并确保没有任何投标人会得到特别优待。

投标人会议是招标人按投标须知规定的时间和地点召开的会议。在会议上，招标人除了介绍项目概况之外，还可以对招标文件中的某些内容加以修改或补充说明，以及对投标人书面提出的问题和会议上即席提出的问题给予解答。会议结束后，招标人应将会议纪要以书面通知的形式发给每一个投标人。

招标人对问题的答复不需要说明问题来源。会议纪要和答复函件形成招标文件的补充文件，都是招标文件的有效组成部分。与招标文件具有同等法律效力。当补充文件与招标文件内容不一致时，应以补充文件为准。为了使投标单位在编写投标文件时有充分的时间考虑招标人对招标文件的补充或修改内容，招标人可以根据实际情况在投标人会议上确定延长投标截止时间。

### 3. 建议书评估

建议书评估是对建议书进行评估，以确定它们是否对包含在招标文件包中的招标文件、采购工作说明书、供方选择标准和其他文件，都做出了完整且充分的响应。

建议书是建设项目前期工作的第一步，它是对拟建项目的轮廓性设想。主要是从客观上考察项目的必要性，看其是否符合国家长远规划的方针和要求，同时初步分析建设项目条件是否具备，是否继续投入人力、物力做进一步研究。

（1）建议书的作用

1）建议书是国家挑选项目的依据，国家对项目，尤其是对大中型项目的比选和初步确定是通过审批项目建议书进行的。建议书的审批过程实际上就是国家对众多新提议的项目进行比较筛选、综合平衡的过程。建议书只有经过审批后，项目才能列入国家长远规划。

2）经审批后的建议书是编制可行性研究报告和作为拟建项目立项的依据。

3）涉及利用外资的项目，在建议书批准后方可对外开展工作。因此，建议书的编制既要全面概括，又要重点突出，一般侧重于项目建议的必要性、建设条件的可能性、活力的可能性这三个方面，结论要明确客观。做到重点突出、层次分明，内容切忌繁杂。

建议书的作用是初步选择项目，决定是否需要进行下一步工作，其主要考察建议的必要性和可行性。建议书不可能也不必要做得很细致，其内容一般都比较粗略简单，属于定性性质的。它的投资估算，一般根据国内外类似已建工程进行测算或者对比推算，误差准许控制在上下20%。

（2）建议书的框架

1）立项背景和意义。

2）国内外科研现状与发展趋势。

3）现有研究基础、特色和优势。

4）研究内容与预期目标。

5）效益预测（包括社会和企业效益）。

6）研究方案、技术路线、组织方式。

7）年度计划及安排内容。

8）经费预算及使用计划。

## 5.3 控制采购

控制采购是管理采购关系、监督合同绩效、实施必要的变更和纠偏，以及关闭合同的过程。控制采购的主要作用是确保买卖双方履行法律协议，满足项目需求。

### 5.3.1 索赔及索赔管理

如果买卖双方不能就变更补偿达成一致意见，或对变更是否发生存在分歧，那么被请求的变更就成为有争议的变更或潜在的推定变更。此类变更称为索赔。如果不能妥善解决，它们就会成为争议并最终引发申诉。在整个合同生命周期中，通常会按照合同条款对索赔进行记录、处理、监督和管理。如果合同双方无法自行解决索赔问题，则需要按合同中规定的程序，用替代争议解决方法去处理。谈判是解决所有索赔和争议的首选方法。

工程索赔通常是指在工程合同履行过程中,合同当事人一方因非自身责任或对方不履行或未能正确履行合同而受到经济损失或权利损害时,通过一定的合法程序向对方提出经济或时间补偿的要求。索赔是一种正当的权利要求,它是发包人、工程师和承包人之间一项正常的、大量发生而且普遍存在的合同管理业务,是一种以法律和合同为依据的、合情合理的行为。

索赔的本质特征包括:索赔是要求给予补偿(赔偿)的一种权利、主张;索赔的依据是法律、法规、合同文件及工程建设惯例,但主要是合同文件;索赔是因非自身原因导致的,它要求索赔一方没有过错;与原合同相比,已经发生了额外的经济损失或工期损害;索赔必须掌握切实有效的证据,是单方行为,是在双方还没有达成协议时产生的。

索赔事件的发生,不一定在合同文件中有约定;而工程合同的违约责任,则必然是合同所约定的。索赔事件的发生,可以是一定行为造成的(包括作为和不作为),也可以是不可抗力事件所引起的。而追究违约责任,则必须要有合同不能履行或不能完全履行的违约事实存在,发生不可抗力可以免于追究当事人的违约责任。索赔事件的发生,可以由合同当事人一方引起,也可以由任何第三人行为引起。而违反合同则是由于当事人一方或双方过错造成的。一定要有造成损失的结果才能提出索赔,因此索赔具有补偿性。而合同违约则不一定必须造成损失结果,因为它对违约具有惩罚性。

索赔的损失结果与被索赔人的行为不一定存在法律上的因果关系,如因业主(发包人)指定分包人原因造成承包人损失的,承包人可以向业主索赔;而违反合同的行为与违约事实之间存在因果关系。

索赔管理的特点包括:索赔工作贯穿于工程项目的始终;索赔是工程技术和法律相融合的综合学问和艺术。

在项目管理过程中,可以通过合同管理提供索赔依据和证据,可以通过进度管理为工期索赔提供服务,可以通过成本管理为费用索赔提供服务,可以通过信息管理为索赔文件编写提供服务。

### 5.3.2 合同关闭

合同关闭是合同管理过程中重要的一环,通常组织会针对合同关闭管理过程和方法拟定相应的制度。合同关闭通常涉及组织中的业务合同执行责任部门、负责提供合同关闭法律意见的部门、负责提供财务意见的部门、负责审核项目可交付成果并批准合同关闭的部门，各部门分别承担相应的职责。合同关闭的程序包括关闭合同文本和管理记录合同档案的归档。

合同文本的关闭涉及有法律效用的文件材料、机密性文件、一般性附件、合同签收记录、履行情况记录、合同报表、合同管理台账等。其中，凡是有法律效用的文件材料，合同履行完毕后，各专业子（分）公司经办人应向管理员申请，对自己审查的合同办理关闭手续并进行归档，实行合同全过程的闭环管理。

凡是涉及机密性的文件，应由专职合同管理员审核合同，再由兼职合同管理员提交专职合同管理员办理关闭手续并进行归档，实行合同全过程的闭环管理。合同一般性附件、合同签收记录、履行情况记录等在合同履行完毕后一个月内归档，并将上年度的合同报表上报。应按照"合同档案管理制度"要求建立管理台账。对于重大合同的签订，各专业子（分）公司应按照"合同管理程序"报请上级按规定程序办理。

合同档案归档的管理记录主要针对合同存档登记台账、合同文档使用登记台账、合同文档清单和合同文档管理评审表等。其中，合同存档登记台账主要用于各单位登录所接收的文档，作为文档立卷的记录，是核查案卷管理情况的汇总凭据和索引。合同文档使用登记台账主要作为文档借阅、复印、发送、移交等使用过程的记录，是原始凭证。合同文档清单主要用来对成套文档或种类、页数较多的文档进行详细列明。合同文档管理评审表作为文档管理的监督工具，是管理评审工作的原始凭证，也是考核文档管理工作的依据。

合同关闭涉及的文件通常包括"合同管理程序""合同保密管理制度""合同档案管理制度"等，涉及的记录通常包括"合同文档存档登记台账""合同文档使用登记台账""合同文档清单""合同文档管理评审表"等。

# 第 6 章

## 项目风险管理与应急管理

## 6.1 风险管理

风险管理包括规划风险管理、风险识别、风险分析、风险应对和风险监督的各个过程。项目风险会对项目目标产生正面或负面的影响。项目风险管理旨在利用或强化正面风险（机会），规避或减轻负面风险（威胁）。项目风险管理的目标在于提高正面风险的概率和影响，降低负面风险的概率和影响，从而提高项目成功的可能性。

虽然在本书中，各项目管理风险过程以界限分明和相互独立的形式出现，但在实践中它们往往会相互交叠和相互作用。

### 6.1.1 规划风险管理

规划风险管理是通过相关方分析，定义如何实施项目风险管理活动的过程。本过程仅开展一次或仅在项目的预定义点开展。本过程的主要作用是确保风险管理的水平、方法与项目风险程度，以及项目对组织和其他相关方的重要程度相匹配。规划风险管理过程在项目构思阶段就应开始，并在项目早期完成。在项目生命周期的后期，可根据需要重新开展本过程，例如，在发生重大阶段变更时、在项目范围显著变化时，或者后续对风险管理有效性进行审查且确定需要调整项目风险管理过程时。

**1. 项目风险的定义、特性及分类**

由于项目是为交付收益而开展的、具有不同复杂程度的独特性工作，其自然就会充满风险。开展项目,不仅要面对各种制约因素和假设条件,而且还要应对可能相互冲突和不断变化的相关方期望。组织应该有目的地以可控方式去冒项目风险,以便平衡风险和回报,并创造价值。

(1)定义。项目风险是指由于项目所处环境和条件本身的不确定性,和项目业主/客户、项目组织或项目其他相关利益者主观上不能准确预见或控制的影响因素,使项目的最终结果与当事者的期望产生背离,从而给当事者带来损失的可能性。形成项目风险的根本原因是对于项目未来发展与变化的认识和应对等方面出现了问题。

项目风险管理旨在识别和管理未被其他项目管理过程所管理的风险。如果不能妥善管理,这些风险就有可能导致项目偏离计划,从而无法达成既定的项目目标。因此,项目风险管理的有效性直接关乎项目的成功与否。每个项目都包括会影响项目达成目标的单个风险,以及由单个项目风险和不确定性的其他来源联合导致的整体项目风险。因此考虑整体项目风险也是非常重要的。

(2)特性。由于项目本身的一次性、独特性和创新性等特性,项目风险也具有自己的特性。

1)相对性。同样的项目风险对于不同的项目和项目管理者会有不同的影响,因为人们承受风险的能力不同、认识风险的能力不同、项目收益的大小不同、投入资源的多少不同、项目主体地位的高低不同,特别是项目风险的大小和后果也不同,所以项目风险具有一定的相对性。

2)随机性。项目风险事件的发生都是偶然的,无法准确预知。虽然通过长期统计能够发现许多事件的发生规律,但这只是一种统计规律,即随机事件发生的规律。项目风险事件就具有这种随机的特性,所以项目风险存在着很大的偶然性。

3)渐进性。项目风险的渐进性是说绝大部分的项目风险都不是突然爆发的(只有极小部分项目风险是由突发性事件引发的),而是随着环境、条件和自身固有的规律一步一步逐渐发展而形成的。当项目的内外部条件逐步发生变化时,项目风险的大小和性质也会随之发生、发展和变化。

4)突变性。项目内外部条件的变化可能是渐进的,也可能是突变的。一般在项目的内外部条件发生突变时,项目风险的性质和后果也会随之发生突变。例如,过去被认为是项目风险的事件会突然消失,而原来认为无风险的事件却突然发生了。

5)阶段性。阶段性是指项目风险的发展是分阶段的,而且这些阶段都有明确的界限、里程碑和风险征兆。项目风险的发展通常有三个阶段:一是潜在风险阶段,二是风险发生阶段,三是造成后果阶段。项目风险发展的阶段性为开展项目风险管理提供了前提条件。

（3）分类。项目风险可以按照不同的标志进行分类，并通过分类进一步认识项目风险及其特性。从风险识别、分析和控制的角度来说，项目风险分类方法及其关系如图 6-1 所示。

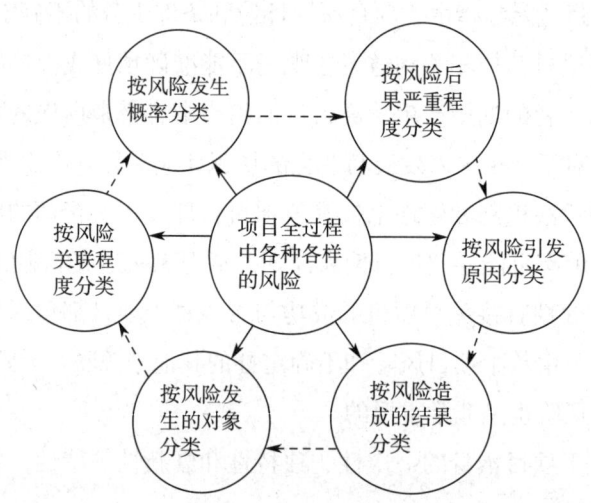

图 6-1　项目风险分类方法及其关系

分别使用这些项目风险分类方法可以更好地认识项目风险的特性。例如，按风险发生概率分类的方法可以充分认识项目发生风险可能性的大小。通常这些分类方法之间是按图 6-1 中箭头指出的方向，依次（或分层）进行分类的。另外，在一个项目的全过程中需要随项目环境与条件的变化和事物进展多次进行分类分析，因为每次分类分析都会更进一步地认识项目的风险。例如，某项目风险概率在第一次分析中是 60%，而第二次分析有可能会变成 80% 或 40%，这样对该风险的管理就可以根据第二次分析的信息而改变了。

风险分类的标准有多种，应该在风险管理计划中规定可用于项目的风险分类方法。对风险进行分类，有助于把注意力和精力集中到风险敞口最大的领域，或针对一组相关的风险制定通用的风险应对措施，从而有利于更有效地开展风险应对。

### 2. 相关方分析

相关方分析是指通过系统收集和分析各种定量与定性信息，以确定在整个项目中应该考虑哪些人利益的一种技术。

相关方分析会产生相关方清单和关于相关方的各种信息，如在组织内的位置、在项目中的角色、与项目的利害关系、期望、态度（对项目的支持程度），以及对项目信息的兴趣。相关方的利害关系可包括以下各项的组合。

（1）权利（合法权利或道德权利）。国家的法律框架可能已就相关方的合法权利做出规定，如职业健康和安全。道德权利可能涉及保护历史遗迹或环境的可持续性。

（2）所有权。人员或群体对资产或财产拥有的法定所有权。

（3）知识。专业知识有助于更有效地达成项目目标和组织成果，或有助于了解组织的权力结构，从而有益于项目。

（4）贡献。提供资金或其他资源，包括人力资源，或者以无形方式为项目提供支持。例如，宣传项目目标，或在项目与组织权力结构及政治之间扮演缓冲角色。

可通过相关方分析确定项目相关方的风险偏好。相关方分析会产生相关方清单和关于相关方的各种信息，其中就包括相关方的风险偏好，如谨慎型、稳健型、平衡型、进取型、激进型。他们的风险偏好会影响规划风险管理过程的细节。特别应针对每个项目目标，把相关方的风险偏好表述成可测量的风险临界值。这些临界值不仅将联合决定可接受的整体项目风险的敞口水平，而且也用于制定概率和影响定义，对单个项目风险进行评估和排序。

**3. 风险管理计划的内容**

风险管理计划是项目管理计划的组成部分，描述如何安排与实施风险管理活动。风险管理计划可包括以下部分或全部内容。

（1）风险管理战略。风险管理战略用于描述管理本项目风险的一般方法。

（2）方法论。方法论是指用于开展本项目风险管理的具体方法、工具及数据来源。

（3）角色与职责。角色与职责是指每项风险管理活动的领导者、支持者和团队成员，并明确他们的职责。

（4）资金。资金是指开展项目风险管理活动所需的资金，并制订应急储备和管理储备的使用方案。

（5）时间安排。时间安排是指在项目生命周期中实施项目风险管理过程的时间和频率，并将风险管理活动纳入项目进度计划。

（6）风险类别。风险类别是指对单个项目风险进行分类的方式。通常借助风险分解结构（RBS）构建风险类别。风险分解结构是潜在风险来源的层级展现（见表6-1），有助于项目团队考虑单个项目风险的全部可能来源，对识别风险或归类已识别风险特别有用。组织可能有适用于所有项目的通用风险分解结构，也可能针对不同类型项目使用几种不同的风险分解结构框架，或允许项目量身定制专用的风险分解结构。如果未使用风险分解结构，组织则可能采用某种常见的风险分类框架，它既可以是简单的类别清单，也可以是基于项目目标的某种类别结构。

● 表6-1 风险分解结构层级示例

| 0级 | 1级 | 2级 |
|---|---|---|
| 项目风险所有来源 | 1. 技术风险 | 1.1 范围定义 |
| | | 1.2 需求定义 |
| | | 1.3 估算、假设和制约因素 |
| | | 1.4 技术过程 |
| | 2. 管理风险 | 2.1 项目管理 |
| | | 2.2 项目集/项目组合管理 |
| | | 2.3 运营管理 |
| | | 2.4 组织 |
| | | 2.5 资源管理 |
| | 3. 商业风险 | 3.1 合同条款和条件 |
| | | 3.2 内部采购 |
| | | 3.3 供应商与卖方 |
| | | 3.4 分包合同 |
| | | 3.5 客户管理 |
| | 4. 外部风险 | 4.1 社会环境 |
| | | 4.2 汇率 |
| | | 4.3 自然环境 |
| | | 4.4 竞争 |

（7）相关方风险偏好。应在风险管理计划中记录项目关键相关方的风险偏好。他们的风险偏好会影响规划风险管理过程的细节。特别应针对每个项目目标，把相关方的风险偏好表述成可测量的风险临界值。这些临界值不仅将联合决定可接受的整体项目风险敞口水平，而且也用于制定概率和影响定义，未来将根据概率和影响定义，对单个项目风险进行评估和排序。

（8）风险概率和影响定义。根据具体的项目环境，组织和关键相关方的风险偏好及临界值，来制定风险概率和影响定义。项目可能自行制定关于概率和影响级别的具体定义，或者用组织提供的通用定义作为出发点。应该根据拟开展项目风险管理过程的详细程度，来确定概率和影响级别的数量，即更多级别（通常为五级）对应于更详细的风险管理方法，更少级别（通常为三级）对应于更简单的风险管理方法。表6-2针对三个项目目标提供了概率和影响定义的示例。通过将影响定义为负面威胁和正面机会，表格所示的量表可同时用于评估威胁和机会。

● 表 6-2　概率和影响定义示例

| 量表 | 概率 | +/- 对项目目标的影响 | | |
|---|---|---|---|---|
| | | 时间 | 成本 | 质量 |
| 很高 | >70% | >6 个月 | >500 万美元 | 对整体功能影响非常重大 |
| 高 | 51%~70% | 3~6 个月 | >100 万~500 万美元 | 对整体功能影响重大 |
| 中 | 31%~50% | 1~3 个月 | >50 万~100 万美元 | 对关键功能领域有一些影响 |
| 低 | 11%~30% | 1~4 周 | >10 万~50 万美元 | 对整体功能有微小影响 |
| 很低 | 1%~10% | 1 周 | ≤10 万美元 | 对辅助功能有微小影响 |
| 零 | <1% | 不变 | 不变 | 功能不变 |

（9）概率和影响矩阵。概率和影响矩阵是把每个风险发生的概率和一旦发生风险时对项目目标的影响映射起来的表格。此矩阵对概率和影响进行组合，以便把单个项目风险划分成不同的优先级组别。组织可在项目开始前确定优先级排序规则，并将其纳入组织过程资产，或者为具体项目量身定制优先级排序规则。在常见的概率和影响矩阵中，会同时列出机会和威胁：以正面影响定义机会，以负面影响定义威胁。概率和影响可以用描述性术语（如很高、高、中、低和很低）或数值来表达。如果使用数值，就可以把两个数值相乘，得出每个风险的概率——影响分值，以便据此在每个优先级组别之内排列单个风险相对优先级。图 6-2 所示为概率和影响矩阵的示例，其中也有数值风险评分的可能方法。

| | | 威胁 | | | | | 机会 | | | | |
|---|---|---|---|---|---|---|---|---|---|---|---|
| | 很高0.9 | 0.05 | 0.09 | 0.18 | 0.36 | 0.72 | 0.72 | 0.36 | 0.18 | 0.09 | 0.05 | 很高0.9 |
| | 高0.7 | 0.04 | 0.07 | 0.14 | 0.28 | 0.56 | 0.56 | 0.28 | 0.14 | 0.07 | 0.04 | 高0.7 |
| 概率 | 中0.5 | 0.03 | 0.05 | 0.10 | 0.20 | 0.40 | 0.40 | 0.20 | 0.10 | 0.05 | 0.03 | 中0.5 | 概率 |
| | 低0.3 | 0.02 | 0.03 | 0.06 | 0.12 | 0.24 | 0.24 | 0.12 | 0.06 | 0.03 | 0.02 | 低0.3 |
| | 很低0.1 | 0.01 | 0.01 | 0.02 | 0.04 | 0.08 | 0.08 | 0.04 | 0.02 | 0.01 | 0.01 | 很低0.1 |
| | | 很低0.05 | 低0.10 | 中0.20 | 高0.40 | 很高0.80 | 很高0.80 | 高0.40 | 中0.20 | 低0.10 | 很低0.05 | |
| | | 消极影响 | | | | | 积极影响 | | | | |

图 6-2　概率和影响矩阵的示例

（10）报告格式。报告格式是指采用何种形式记录、分析和沟通项目风险管理过程的结果。这一部分描述的是风险登记册、风险报告以及项目风险管理过程的其他输出内容和格式。

（11）跟踪。跟踪是确定将如何记录风险活动，以及将如何审计风险的管理过程。

项目经理（三级）

项目风险管理计划是项目全过程风险管理的目标、任务、程序、责任、措施等一系列内容的全面说明。它应该包括：对于项目风险识别和风险度量的结果说明、对于项目风险控制责任的分配和说明、对于如何更新项目风险识别和风险度量结果的说明、对于项目风险管理计划实施的说明，以及项目预备资金（不可预见费）如何分配和如何使用等方面的全面说明和计划与安排。

项目风险管理计划根据项目的大小和需求，可以是正式计划，也可以是非正式的计划，可以是有具体细节的详细计划与安排，也可以是粗略的大体框架式的计划与安排。项目风险管理计划是整个项目计划的一个组成部分。

### 6.1.2 风险识别

风险识别是指识别单个项目风险以及整体项目风险的来源，并记录风险特征的过程。本过程的主要作用是记录现有的单个项目风险及整体项目风险的来源，同时，汇集相关信息，以便项目团队能够恰当应对已识别的风险。本过程需要在整个项目期间开展。

风险识别活动的参与者可能包括项目经理、项目团队成员、项目风险专家、客户、项目团队外部的主题专家、最终用户、其他项目经理、运营经理、相关方和组织内的风险管理专家。虽然这些人员通常是风险识别活动的关键参与者，但是还应鼓励所有项目相关方参与单个项目风险的识别工作。项目团队的参与尤其重要，可以培养和保持他们对已识别单个项目风险、整体项目风险级别和相关风险应对措施的主人翁意识和责任感。识别风险时，应该采用统一的风险描述形式来描述和记录单个项目风险，以确保每一项风险都被清楚、明确地理解，从而为有效地分析和制定风险应对措施提供支持。在整个项目生命周期中，单个项目风险可能随项目进展而不断出现，整体项目风险的级别也会发生变化。因此，识别风险是一个迭代的过程。迭代的频率和每次迭代所需的参与程度因情况而异，应在风险管理计划中做出相应规定。

1. 风险登记册的内容

风险登记册记录已识别单个项目风险的详细信息。随着实施定性风险分析、规划风险应对、实施风险应对和监督风险等过程的开展，这些过程的结果也要记入风险登记册。取决于具体的项目变量（如规模和复杂性），风险登记册可能包含有限或广泛的风险信息。风险登记册的内容主要包括以下几方面。

（1）已识别风险的清单。在风险登记册中，每项单个项目风险都被赋予一个独特的标识号。要以所需的详细程度对已识别风险进行描述，并形成清单，以确保明确理解。可以使用结构化的风险描述,把风险本身与风险原因及风险影响区分开来。

(2)潜在风险责任人。如果已在识别风险过程中识别出潜在的风险责任人,就要把该责任人记录到风险登记册中,随后将由实施定性风险分析过程进行确认。

(3)潜在风险应对措施清单。如果已在识别风险过程中识别出某种潜在的风险应对措施,就要把它记录到风险登记册中,随后将由规划风险应对过程进行确认。

风险登记册包含了已识别并排序的、需要应对的单个项目风险的详细信息。每项风险的优先级有助于选择适当的风险应对措施。根据风险管理计划规定的风险登记册格式,可能还要记录关于每项已识别风险的其他数据,包括简短的风险名称、风险类别、当前风险状态、一项或多项原因、一项或多项对目标的影响、风险触发条件(显示风险即将发生的事件或条件)、受影响的 WBS 组件,以及时间信息(风险何时识别、可能何时发生、何时可能不再相关、采取行动的最后期限)。例如,针对高优先级的威胁或机会,可能需要采取优先措施和积极主动的应对策略;针对低优先级的威胁和机会,可能只需要把它们列入风险登记册的观察清单部分,或者只需要为其增加应急储备,而不必采取主动的管理措施。风险登记册列出了每项风险的指定责任人,还可能包含在早期的项目风险管理过程中识别的初步风险应对措施。风险登记册可能还会提供有助于规划风险应对的、关于已识别风险的其他信息,包括根本原因、风险触发因素和预警信号、需要在短期内应对的风险,以及需要进一步分析的风险。

2. 风险报告的内容

风险报告提供关于整体项目风险的信息,以及关于已识别的单个项目风险的概述信息。在项目风险管理过程中,风险报告的编制是一项渐进式的工作。随着实施定性风险分析、实施定量风险分析、规划风险应对、实施风险应对和监督风险过程的完成,这些过程的结果也需要记录在风险登记册中。在完成识别风险过程时,风险报告的内容主要包括以下方面。

(1)整体项目风险的来源。整体项目风险的来源用来说明哪些是整体项目风险敞口的最重要驱动因素。

(2)关于已识别单个项目风险的概述信息。概述信息指已识别的威胁与机会的数量、风险在风险类别中的分布情况、测量指标和发展趋势等内容。

(3)其他信息。根据风险管理计划中规定的报告要求,风险报告中可能还包含其他信息。

3. 识别风险的基本方法

(1)专家判断。专家判断的主要优点是考虑了解类似项目或业务领域的个人或小组的专业意见。项目经理选择相关专家,邀请他们根据以往经验和专业知识来考虑单个项目风险的各个方面，以及整体项目风险的各种来源。

（2）数据收集。适用于本过程的数据收集技术包括以下3种。

1）头脑风暴。头脑风暴的目标是获取一份全面的单个项目风险和整体项目风险来源的清单。通常由项目团队开展头脑风暴，同时邀请团队以外的多学科专家参与。可以采用自由或结构化的形式开展头脑风暴，在引导者的指引下产生各种创意。可以用风险类别（如风险分解结构）作为识别风险的框架。因为头脑风暴生成的创意并不成型，所以应该特别注意对其识别的风险进行清晰的描述。

2）核对单。核对单包括需要考虑的项目、行动或要点的清单。它常被用作提醒，是基于从类似项目和其他信息来源积累的历史信息和知识来编制核对单。编制核对单，列出过去曾出现且可能与当前项目相关的具体单个项目风险，这是吸取已完成的类似项目经验教训的有效方式。组织可能基于自己已完成的项目编制核对单，或者可能采用特定行业的通用风险核对单。虽然核对单简单易用，但它不可能穷尽所有风险。所以，必须确保不能用核对单来取代所需的风险识别工作。同时，项目团队也应注意考察未在核对单中列出的事项，还应不时地审查核对单，以便增加新信息，删除或存档过时信息。

3）访谈。可以通过对资深项目参与者、相关方和主题专家的访谈，来识别单个项目风险以及整体项目风险的来源。应该在信任和保密的环境下开展访谈，以获得真实可信、不带偏见的意见。

（3）数据分析。适用于本过程的数据分析技术包括以下4种。

1）根本原因分析。根本原因分析常用于发现导致问题的深层原因并制定预防措施。可以用问题陈述（如项目可能延误或超支）作为出发点来探讨哪些威胁可能导致该问题，从而识别出相应的威胁；也可以用收益陈述（如提前交付或低于预算）作为出发点来探讨哪些机会可能有利于实现该效益，从而识别出相应的机会。

2）假设条件和制约因素分析。每个项目及其项目管理计划的构思和开发都是基于一系列的假设条件，并受一系列制约因素的限制。这些假设条件和制约因素往往都已纳入范围基准和项目估算。开展假设条件和制约因素分析，可探索假设条件和制约因素的有效性，确定其中哪些会引发项目风险。从假设条件的不准确、不稳定、不一致或不完整性，可以识别出威胁，通过清除或放松会影响项目或过程执行的制约因素，可以创造出机会。

3）SWOT分析。SWOT分析是对项目的优势、劣势、机会和威胁（SWOT）进行逐个检查。在识别风险时，它会将内部产生的风险包含在内，从而拓宽识别风险的范围。首先，关注项目、组织或一般业务领域，识别出组织的优势和劣势；其次，找出组织优势可能为项目带来的机会，组织劣势可能对项目造成的威胁。还可以分析组织优势能在多大程度上克服威胁，组织劣势是否会妨碍机会的产生。

4）文件分析。文件分析是指通过对项目文件的结构化审查，识别出一些风险。通常，可供审查的文件包括计划、假设条件、制约因素、以往项目档案、合同、协议和技术文件。项目文件中的不确定性或模糊性，以及同一文件内部或不同文件之间的不一致，都可能是项目风险的指示信号。

（4）人际关系与团队技能。引导是适用于本过程人际关系与团队技能的方法。引导能提高用于识别单个项目风险和整体项目风险来源的许多技术的有效性。熟练的引导者可以帮助参会者专注于风险识别任务、准确遵循与技术相关的方法，有助于确保风险描述清晰、找到并克服偏见，以及解决任何可能出现的分歧。

（5）提示清单。提示清单是关于可能引发单个项目风险以及整体项目风险来源的风险类别预设清单。在采用风险识别技术时，提示清单可作为框架用于协助项目团队形成想法。可以用风险分解结构底层的风险类别作为提示清单，来识别单个项目风险。某些常见的战略框架更适用于识别整体项目风险的来源，如 PESTLE（政治、经济、社会、技术、法律、环境）、TECOP（技术、环境、商业、运营、政治）、VUCA（易变性、不确定性、复杂性、模糊性）等。

（6）会议。为了开展风险识别工作，项目团队可能要召开专门的会议（通常称为风险研讨会）。在大多数风险研讨会中，都会开展某种形式的头脑风暴。根据风险管理计划中对开展风险管理过程的要求，还有可能采用其他风险识别技术。配备一名经验丰富的引导者将会提高会议的有效性。确保适当的人员参加风险研讨会也是至关重要的。对于较大型项目，可能需要邀请项目发起人、主题专家、卖方、客户代表，或其他项目相关方参加会议。而对于较小型项目，可能仅限部分项目团队成员参加。

### 6.1.3 风险分析

#### 1. 风险分析的概念

风险分析是对于项目风险的影响和后果所进行的评价和估量。项目风险分析包括对项目风险发生可能性（概率）的评价和估量、对项目风险后果严重程度的评价和估量、对项目风险影响范围的评价和估量以及对项目风险发生时间的评价和估量等方面。项目风险分析的主要作用是根据这种分析制定项目风险的应对措施以及开展项目风险的控制。项目风险分析的主要工作内容有以下几点。

（1）项目风险可能性的分析。项目风险分析的首要任务是分析和估计项目风险发生的概率，即项目风险可能性的大小。这是项目风险分析中最为重要的一项工作，因为一个项目风险的发生概率越高，造成项目损失的可能性就越大，对它的控制就应该越严格，所以在项目风险分析中首先要确定和分析项目风险可能性的大小。

（2）项目风险后果的分析。项目风险分析的第二项任务是分析和估计项目风险后果，即项目风险可能带来的损失大小。这也是项目风险分析中的一项非常重要的工作，因为即使一个项目风险发生的概率不大，但如果发生后果则十分严重，那么对它的控制就需要十分严格，否则这种风险的发生会给整个项目成败造成严重的影响。

（3）项目风险影响范围的分析。项目风险分析的第三项任务是分析和估计其影响的范围，即项目风险可能影响到项目的哪些方面和工作。这也是项目风险分析中的一项十分重要的工作，因为即使一个项目风险发生的概率和后果严重程度都不大，但它一旦发生就会影响到项目的各个方面和工作，则也需要对它进行严格的控制，防止因这种风险的发生而搅乱项目的整个工作和活动。

（4）项目风险发生时间的分析。项目风险分析的第四项任务是分析和估计其发生的时间，即项目风险可能在项目的哪个阶段和什么时间发生。这也是同样重要的，因为对于项目风险的控制和应对措施都是根据项目风险发生时间安排的，越是先发生的项目风险就越应该优先控制，而对后发生的项目风险则可以通过监视和观察其各种征兆，以便做进一步的识别和分析。

**2. 风险分析的方法**

（1）损失期望值法。运用损失期望值法的第一步是分析和估计项目风险概率和项目风险可能带来的损失（或收益）大小，然后将二者相乘求出项目风险的损失（或收益）期望值，并使用项目损失（或收益）期望值度量项目风险。

1）项目风险概率。项目风险概率和概率分布是项目风险度量中最基本的内容，项目风险度量的首要工作就是确定项目风险事件的概率分布。项目风险概率及其分布可根据历史信息资料来确定。当项目管理者没有足够历史信息和资料来确定项目风险概率及其分布时，也可以利用理论概率分布确定项目风险概率。由于项目的一次性和独特性，不同项目的风险彼此相差很远，所以在很多情况下只能根据很少的历史数据样本对项目风险概率进行估计，甚至有时完全是主观判断。因此，项目管理者在很多情况下需要使用自己的经验，主观判断项目风险概率及其概率分布，这样得到的项目风险概率被称为主观判断概率。虽然主观判断概率是凭经验和主观判断估算或预测出来的，但它也不是纯粹主观随意性的东西，因为项目管理者的主观判断是依照过去的经验做出的，所以它仍然具有一定的客观性。

2）项目风险损失。项目风险造成的损失或后果大小需要从项目风险损失的性质、项目风险损失的大小与影响、项目风险损失的时间与分布三个方面来衡量。项目风险损失的性质是指项目风险可能造成的损失是经济性的还是技术性的，或是其他方面的。项目风险损失的大小和分布是指项目风险可能带来损失的严重程度和这些损失的变化幅度，它们需要分别用损失的数学期望和方差表示。项目风险影响是指项目风险会给哪些项目相关利益者造成损失，从而影响他们的利益。项目风险损失的时间分布是指项目风险是突发的，还是随时间的推移逐渐致损的。项目风险损失是在项目风险事件发生后马上就能感受到，还是需要随时间的推移而逐渐显露出来以及这些风险损失可能发生的时间等。

3）项目风险损失期望值的计算。项目风险损失期望值的计算一般是将上述项目风险概率与项目风险损失估计相乘得到的。有关这种期望的计算可参见相关的概率统计教材或著作。

（2）模拟仿真法。在风险分析中，使用模型来模拟单个项目风险和其他不确定性来源的综合影响，以评估它们对项目目标的潜在影响。模拟通常采用蒙特卡洛分析法。对成本风险进行蒙特卡洛分析时，使用项目成本估算作为模拟的输入；对进度风险进行蒙特卡洛分析时，使用进度网络图和持续时间估算作为模拟的输入。开展综合定量成本—进度风险分析时，同时使用这两种输入，其输出就是定量风险分析模型。典型的输出包括：表示模拟得到特定结果的次数的直方图，或表示获得等于或小于特定数值结果的累积概率分布曲线（S 曲线）。例如，某定量成本风险分析采用蒙特卡洛分析法得到的 S 曲线如图 6-3 所示。

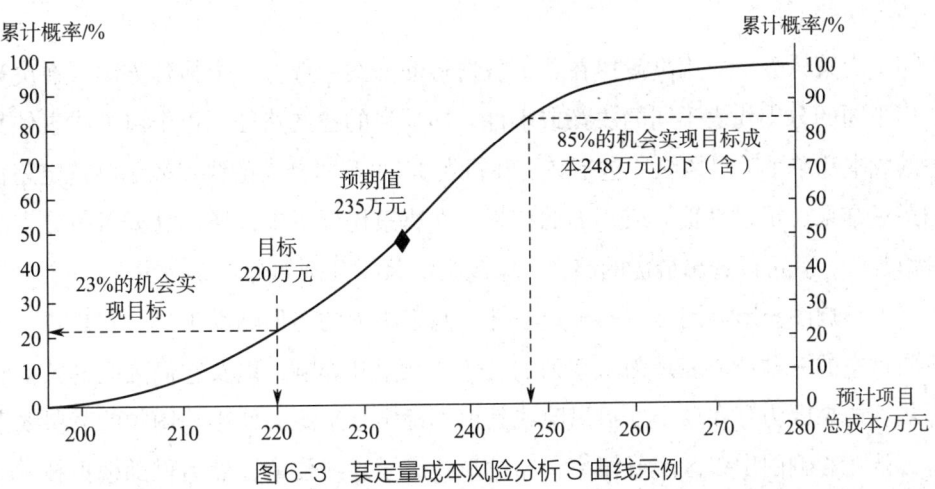

图 6-3 某定量成本风险分析 S 曲线示例

在进度风险分析中，还可以执行关键性分析，以确定风险模型的哪些活动对项目关键路径的影响最大。对风险模型中的每一项活动计算关键性指标，即在全部模拟中，该活动出现在关键路径上的频率，通常以百分比表示。通过关键性分析，项目团队就能够重点针对那些对项目整体进度绩效存在最大潜在影响的活动，以规划风险应对措施。

（3）敏感性分析。敏感性分析有助于确定哪些单个项目风险或其他不确定性来源对项目结果具有最大的潜在影响。它在项目结果变异与定量风险分析模型中的要素变异之间建立联系。敏感性分析的结果通常用龙卷风图来表示。在龙卷风图中，标出定量风险分析模型中的每项要素与其能影响的项目结果之间的关联数。这些要素可包括单个项目风险、易变的项目活动，或具体的不明确性来源，每个要素按关联强度降序排列，形成典型的龙卷风形状。某项目龙卷风图示例如图 6-4 所示。

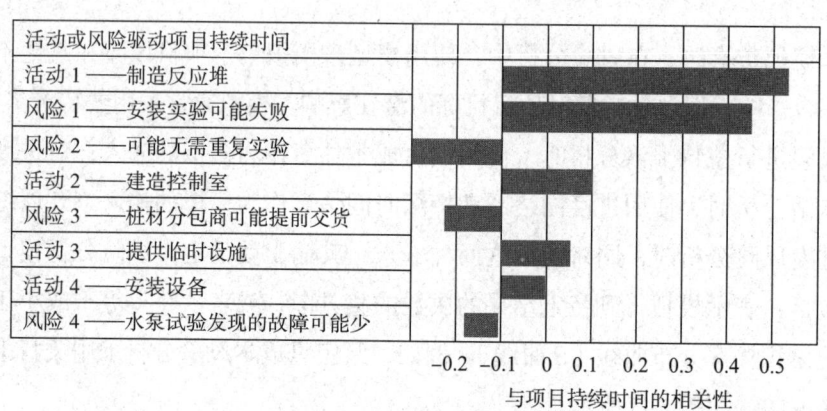

图 6-4 龙卷风图示例

（4）决策树分析。用决策树在若干备选行动方案中选择一个最佳方案。在决策树中，用不同的分支代表不同的决策或事件，即项目的备选路径。每个决策或事件都有相关的成本和单个项目风险（包括威胁和机会）。决策树分支的终点表示沿特定路径发展的最后结果，可以是负面或正面的结果。在决策树分析中，通过计算每条分支的预期货币价值，就可以选出最优的路径。某项目决策树示例如图 6-5 所示。

（5）影响图。影响图是在不确定条件下制定决策的图形辅助工具。它是将一个项目或项目中的一种情境表现为一系列的实体、结果和影响，以及它们之间的关系和相互影响。如果因为存在单个项目风险或其他不确定性来源而使影响图中的某些要素不确定，就在影响图中以区间或概率分布的形式表示这些要素，然后借助模拟技术（如蒙特卡洛分析法）来分析哪些要素对重要结果具有最大的影响。影响图分析可以得出类似于其他定量风险分析的结果，如 S 曲线图和龙卷风图。

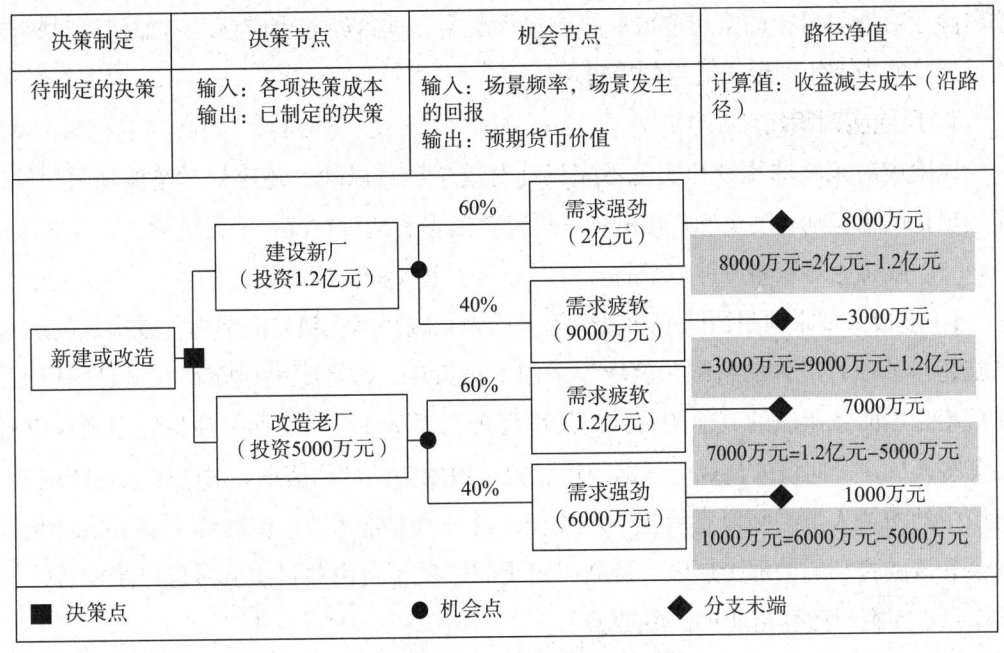

图 6-5 决策树示例

（6）专家决策法。专家决策法也是在项目风险度量中经常使用的方法，它可以代替或辅助上面所讲过的数学计算和模拟仿真的方法。例如，许多项目管理专家运用他们自己的专业经验做出的项目工期风险、项目成本风险、项目质量风险等的度量通常是很准确可靠的，甚至有时比数学计算与模拟仿真确定的项目风险度量还要准确可靠，因为这些专家的经验通常是一种比较可靠的依据。另外，在很多项目风险度量中要求给出高、种、低三种项目风险概率和几种项目风险损失严重程度不同的数据，而且精确程度一般要求并不高，所以使用专家决策法做出的项目风险度量结果一般是足够准确和可靠的。专家决策法中运用的专家经验可以从搞过类似项目的专家处获得，也可以通过查阅历史项目有关经验教训、原始资料等方法获得。

## 6.1.4 风险应对

风险应对是指策划并商定应对行动的过程。本过程的主要作用是制定应对整体项目风险和单个项目风险的适当方法。本过程还将分配资源，并根据需要将相关活动添加进项目文件和项目管理计划中。本过程需要在整个项目期间开展，并降低整体项目风险敞口，不恰当的风险应对则反之。一旦完成对风险的识别、分析和排序，指定的风险责任人就应该编制计划，以应对项目团队认为足够重要的每项单个项目风险。这些风险会对项目目标的实现造成威胁或提供机会。项目经理也应该思考如何针对整体项目风险的当前级别做出适当的应对。

1. 风险应对策略

风险应对策略的规划和实施不应只针对单个项目风险，还应针对整体项目风险。经过项目风险识别和度量确定出的项目风险一般会有两种情况：一是威胁，二是机会。

（1）威胁应对策略。针对威胁，可以考虑下列5种备选策略。

1）上报。如果项目团队或项目发起人认为某威胁不在项目范围内，或提议的应对措施超出了项目经理的权限，就应该采用上报策略。被上报的风险将在项目集层面、项目组合层面或组织的其他相关部门加以管理，而不在项目层面。项目经理确定应通知哪些人员，并向该人员或组织部门传达关于该威胁的详细信息。对于被上报的威胁，组织中的相关人员必须愿意承担应对责任，这一点非常重要。威胁通常要上报给其目标会受该威胁影响的那个层级。威胁一旦上报，就不再由项目团队做进一步监督，虽然仍可出现在风险登记册中供参考。

2）规避。风险规避是指项目团队采取行动消除威胁，或保护项目免受威胁的影响。它可能适用于发生概率较高，且具有严重负面影响的高优先级威胁。规避策略可能涉及变更项目管理计划的某些方面，或改变会受负面影响的目标，以便彻底消除威胁，将它的发生概率降低到零。规避措施可能包括消除威胁的原因、延长进度计划、改变项目策略或缩小其范围。有些风险可以通过澄清需求、获取信息、改善沟通或取得专有技能来加以规避。

3）转移。转移涉及将应对威胁的责任转移给第三方，让第三方管理风险并承担威胁发生的影响。采用转移策略，通常需要向承担威胁的一方支付风险转移费用。风险转移可能需要通过一系列行动才得以实现，包括购买保险、使用履约保函、使用担保书、使用保证书等；也可以通过签订协议，把具体风险的归属和责任转移给第三方。

4）减轻。风险减轻是指采取措施来降低威胁发生的概率和（或）影响。提前采取减轻措施通常比威胁出现后尝试进行弥补更加有效。减轻措施包括采用较简单的流程，进行更多次测试，或者选用更可靠的卖方，还可能涉及原型开发，以降低从实验台模型放大到实际工艺或产品中的风险。如果无法降低概率，也许可以从决定风险严重性的因素入手，以减轻风险发生的影响。例如，在一个系统中加入冗余部件，可以减轻原始部件故障所造成的影响。

5）接受。风险接受是指承认威胁的存在，但不主动采取措施。此策略可用于低优先级威胁，也可用于无法以任何其他方式加以经济有效地应对的威胁。接受策略又分为主动或被动方式。最常见的主动接受策略是建立应急储备，包括预留时间、资金或资源以应对出现的威胁；被动接受策略则不会主动采取行动，而只是定期对威胁进行审查，确保其并未发生重大改变。

（2）机会应对策略。针对机会，可以考虑下列 5 种备选策略。

1）上报。如果项目团队或项目发起人认为某个机会不在项目范围内，或提议的应对措施超出了项目经理的权限，就应该采用上报策略。被上报的机会将在项目集层面、项目组合层面或组织的其他相关部门加以管理，而不在项目层面。项目经理确定应通知哪些人员，并向该人员或组织部门传达关于该机会的详细信息。对于被上报的机会，组织中的相关人员必须愿意承担应对责任，这一点非常重要。机会通常要上报给其目标会受该机会影响的那个层级。机会一旦上报，就不再由项目团队做进一步监督，虽然仍可出现在风险登记册中供参考。

2）开拓。如果组织想确保把握住高优先级的机会，就可以选择开拓策略。此策略将特定机会的出现概率提高到 100%，确保其肯定出现，从而获得与其相关的收益。开拓措施可能包括：把组织中最有能力的资源分配给项目以缩短完工时间，或采用全新技术或技术升级来节约项目成本并缩短项目持续时间。

3）分享。分享涉及将应对机会的责任转移给第三方，使其享有机会所带来的部分收益。必须仔细为已分享的机会安排新的风险责任人，让那些最有能力为项目抓住机会的人担任新的风险责任人。采用风险分享策略，通常需要向承担机会应对责任的一方支付风险费用。分享措施包括建立合伙关系、合作团队、特殊公司或合资企业来分享机会。

4）提高。提高策略用于提高机会出现的概率和影响。提前采取提高措施通常比机会出现后尝试改善收益更加有效。通过关注其原因，可以提高机会出现的概率；如果无法提高概率，也许可以针对决定其潜在收益规模的因素来提高机会发生的影响。机会提高措施包括为早日完成活动而增加资源。

5）接受。接受机会是指承认机会的存在，但不主动采取措施。此策略可用于低优先级机会，也可用于无法以任何其他方式加以经济有效地应对的机会。接受策略又分为主动方式或被动方式。最常见的主动接受策略是建立应急储备，包括预留时间、资金或资源，以便在机会出现时加以利用；被动接受策略则不会主动采取行动，而只是定期对机会进行审查，确保其并未发生重大改变。

**2. 实施风险应对的基本方法**

（1）专家判断。专家判断是指基于某应用领域、知识领域、学科和行业等的专业知识而做出的关于当前活动的合理判断，这些专业知识可来自具有专业学历、知识、技能、经验或培训经历的任何小组或个人。在确认或修改（如必要）风险应对措施，以及决定如何以最有效率和最有效果的方式加以实施时，应征求具备相应专业知识的个人或小组的意见。

（2）人际关系与团队技能。适用于本过程的人际关系与团队技能主要是指影响力。有些风险应对措施可能由直属项目团队以外的人员或由存在其他竞争性需求的人员去执行。这种情况下，负责引导风险管理过程的项目经理或人员就需要施展影响力，鼓励指定的风险责任人采取所需的行动。

（3）项目管理信息系统。项目管理信息系统提供信息技术工具，如进度计划软件工具、工作授权系统、配置管理系统、信息收集与发布系统，以及进入其他在线自动化系统（如公司知识库）的界面。自动收集和报告关键绩效指标也是本系统的一项功能。项目管理信息系统可能包括进度、资源和成本软件，用于确保把商定的风险应对计划及其相关活动，连同其他项目活动一并纳入整个项目。

### 6.1.5 风险监控

风险监控是在整个项目期间，监督商定风险应对计划的实施、跟踪已识别风险、识别和分析新风险，以及评估风险管理有效性的过程。本过程的主要作用是使项目决策都基于整体项目风险敞口和单个项目风险的当前信息。本过程需要在整个项目期间开展。

**1. 风险监控流程**

为了确保项目团队和关键相关方了解当前的风险敞口级别，应该通过监督风险过程对项目工作进行持续监督，从而发现新出现、正变化和已过时的单个项目风险。项目风险监控方法的流程如图6-6所示。

项目风险事件监控中各具体步骤的内容与做法分别说明如下。

（1）建立项目风险事件控制体制。建立项目风险事件控制体制是指在项目开始之前要根据其风险识别和度量报告所给出的项目风险信息，制定出整个项目风险控制的大政方针、项目风险控制的程序以及项目风险控制的管理体制，包括项目风险责任制、项目风险信息报告制、项目风险控制决策制、项目风险控制的沟通程序等。

（2）确定要控制的具体项目风险。确定要控制的具体项目风险是指根据项目风险识别与度量报告所列出的各种具体项目风险确定出对哪些项目风险进行控制、对哪些风险容忍并放弃对它们的控制。通常要按照项目具体风险后果严重程度和风险发生概率以及项目组织的风险控制资源等情况确定。

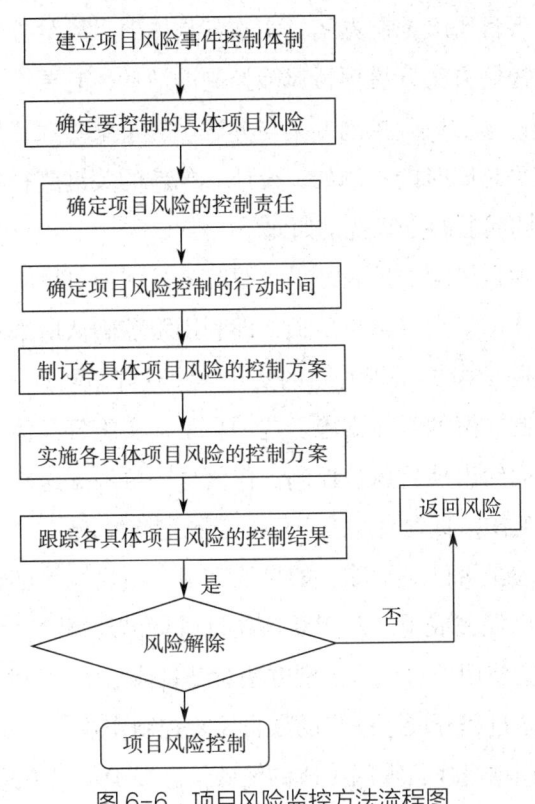

图 6-6　项目风险监控方法流程图

（3）确定项目风险的控制责任。确定项目风险的控制责任是指分配和落实项目具体风险控制责任的工作。所有需要控制的项目风险都必须落实具体负责控制的人员，同时要规定他们所负的具体责任。对于项目风险控制工作必须要由专门人员负责，不能分担也不能由不合适的人担负风险事件控制的责任，因为这些都会造成大量的时间与资金的浪费。

（4）确定项目风险控制的行动时间。确定项目风险控制的行动时间是指对项目风险的控制要制订相应的时间计划和安排，规定出解决项目风险问题的时间表与时间限制。因为没有时间安排与限制，多数项目风险问题是不能有效地加以控制的。许多由于项目风险失控所造成的损失都是因为错过了风险控制时机造成的，所以必须制订严格的项目风险控制时间计划。

（5）制订各具体项目风险的控制方案。制订各具体项目风险的控制方案是指由负责具体项目风险控制的人员根据项目风险的特性和时间计划制订出各具体项目风险的控制方案。在这一步中要找出能够控制项目风险的各种备选方案，然后再对方案作必要的可行性分析，以验证各项目风险控制备选方案的效果，最终选定要采用的风险控制方案或备用方案。另外，还要针对风险的不同阶段制订其使用的风险控制方案。

（6）实施各具体项目风险控制方案。实施各具体项目风险控制方案是指要按照确定出的具体项目风险控制方案开展项目风险控制的活动，它要求必须根据项目风险的发展与变化不断地修订项目风险控制方案与办法。对于某些项目风险而言，风险控制方案的制定与实施几乎是同时的。例如，设计一条新的关键路径并计划安排各种资源以防止和解决项目拖期问题的方案就是如此。

（7）跟踪各具体项目风险的控制结果。跟踪各具体项目风险的控制结果的目的是收集风险事件控制工作的信息并给出反馈，即利用跟踪确认所采取的项目风险控制活动是否有效，项目风险的发展是否有新的变化等。这样就可以不断地提供反馈信息，从而指导项目风险控制方案的具体实施。这一步是与实施各具体项目风险控制方案同步进行的。通过跟踪而给出项目风险控制工作信息，再根据这些信息改进具体项目风险控制方案及其实施工作，直到对风险事件的控制完结为止。

（8）判断项目风险是否已经消除。如果认定某个项目风险已经解除，则该具体项目风险的控制作业就已经完成了。若判断该项目风险仍未解除，就需要重新进行项目风险识别。这需要重新使用项目风险识别方法对其具体活动的风险进行新一轮的识别，然后重新按本方法的全过程开展下一步的项目风险控制作业。

监督风险过程采用项目执行期间生成的绩效信息以确定以下几个问题。

1）实施的风险应对措施是否有效。

2）整体项目风险级别是否已改变。

3）已识别的单个项目风险的状态是否改变。

4）是否出现新的单个项目风险。

5）风险管理方法是否依然适用。

6）项目假设条件是否仍然成立。

7）风险管理政策和程序是否已得到遵守。

8）成本或进度应急储备是否需要修改。

9）项目策略是否仍然有效。

**2. 风险监控的方法**

（1）数据分析。适用于本过程的数据分析技术包括以下两种。

1）技术绩效分析。开展技术绩效分析，把项目执行期间所取得的技术成果与取得相关技术成果的计划进行比较。它要求定义关于技术绩效客观的、量化的测量指标，以便据此比较实际结果与计划要求。技术绩效测量指标可能包括重量、处理时间、缺陷数量、储存容量等。实际结果偏离计划的程度可以代表威胁或机会的潜在影响。

2）储备分析。为应对成本的不确定性，成本估算中可以包括应急储备（有时称为应急费用）。应急储备是包含在成本基准内的一部分预算，用来应对已识别的风险。应急储备通常还是预算的一部分，用来应对那些会影响项目的"已知—未知"风险。例如，能够预知有些项目可交付成果需要返工，却不知道返工的工作量是多少。可以预留应急储备来应对这些未知数量的返工工作。小至某个具体活动，大到整个项目，任何层级都可有其应急储备。应急储备可取成本估算值的某一百分比、某个固定值，或者通过定量分析来确定。随着项目信息越来越明确，可以动用、减少或取消应急储备。应急储备是成本基准的一部分，也是项目整体资金需求的一部分。在整个项目执行期间，可能发生某些单个项目风险，对预算和进度应急储备产生正面或负面的影响。储备分析是指在项目的任一时点比较剩余应急储备与剩余风险量，从而确定剩余储备是否仍然合理。可以用各种图形显示应急储备的消耗情况。

（2）审计。审计是用于确定项目活动是否遵循了组织和项目的政策、过程与程序的一种结构化且独立的过程。质量审计通常由项目外部的团队开展，如组织内部审计部门、项目管理办公室或组织外部的审计师。风险审计是一种审计类型，可用于评估风险管理过程的有效性。项目经理负责确保按项目风险管理计划所规定的频率开展风险审计。风险审计可以在日常项目审查会上开展，也可以在风险审查会上开展，团队可以召开专门的风险审计会。在实施审计前，应明确定义风险审计的程序和目标。

（3）会议。适用于本过程的会议是风险审查会。应该定期安排风险审查，以便检查和记录风险应对在处理整体项目风险和已识别单个项目风险方面的有效性。在风险审查中，还可以识别出新的单个项目风险（包括已商定应对措施所引发的次生风险）、重新评估当前风险、关闭已过时风险、讨论风险发生所引发的问题，以及总结可用于当前项目后续阶段或未来类似项目的经验教训。根据风险管理计划的规定，风险审查可以是定期项目状态会中的一项议程，也可以召开专门的风险审查会。

# 6.2 应急管理

## 6.2.1 应急管理的定义、特点和原则

**1. 定义**

应急管理是指政府、企业以及其他公共组织为了预防和减少突发事件的发生，控

制、减轻和消除突发事件引起的严重社会危害，规范突发事件的应对活动，保护人民生命财产安全，维护国家安全、公共安全、环境安全和社会秩序，在突发事件的事前预防与应急准备、监测与预警、事中处置与救援和善后恢复与重建过程中，通过建立必要的应对机制，采取一系列必要措施，应用科学、技术、规划与管理等手段，保障公众生命、健康和财产安全，促进社会和谐健康发展的有关活动。

应急管理的内涵包括事前预防与应急准备、监测与预警、事中处置与救援和善后恢复与重建四个阶段。尽管在实际情况中，这些阶段往往是重叠的，但其中的每一部分都有自己单独的目标，并且成为下个阶段内容的一部分。

为了准确把握应急管理，需要从以下几个方面进行理解。

（1）应急管理应该通过对问题的前瞻并推测可能解决的方式。

（2）应急管理是一个持续的过程。

（3）应急管理是一种教育活动，它意味着相关人员必须熟知应急程序的存在并理解应急程序。

（4）应急管理一直需要考虑的问题是未来可能发生什么。

（5）演练是应急管理的重要组成部分，特别是响应和恢复阶段的演练。

### 2. 特点

（1）应急管理是一种综合性活动。应急管理是一个综合性的管理系统，在应对突发事件复杂性、不确定性特征时，通常需要由一个部门牵头，构建应急管理组织，建立统一的、综合性的应急管理体制，形成有效的工作机制，从而有效整合人力资源、物力资源、信息资源和行政管理等应急资源。应急管理包括应急预案体系建设、危险源与风险监测、应急设备和基础设施建设、风险排查及防范、应急演习演练、应急宣传和培训、应急公众教育、应急科学和技术及发展、应急报警和应急救援设备设施建设与维护等多方面内容。

（2）应急管理是一种全过程管理。传统的应急管理是在灾害发生之后才采取一系列行动，具有滞后性。现代的应急管理是在现代应急管理思想指导下的全过程管理，它包括事前预防与应急准备、监测与预警、事中处置与救援和善后恢复与重建全过程的管理。各个过程环环相扣，构成完整的管理链条，属于全过程管理。

（3）应急管理具有局限性。突发事件的发生具有不确定性，需要在极短时间内指挥协调并做出决策。管理者往往处于信息掌握不充分、时间比较紧迫、难以考虑全面、物资难以迅速得到满足的状态，因而使管理效果可能存在局限。

（4）应急管理是一种实践管理活动，它以政府的行政管理活动为核心（但不限于政府），包括管理活动所有特征的一系列计划、组织、协调和决策的活动。

### 3. 原则

（1）以人为本，安全为首。应急管理的首要任务是保障公众的生命安全和身体健康，最大程度地预防和减少突发事件造成的人员伤亡，同时要切实加强应急救援人员的安全防护。

（2）防救结合，快速反应。加强预防，坚持预防与应急处置相结合、常态与非常态相结合，做好应对突发公共事件的思想准备、预案准备、组织准备以及物资准备等。突发公共事件发生后要快速启动应急措施，处置的各环节都要坚持效率原则，建立健全快速反应机制，及时获取准确的信息，果断决策，迅速处置。

（3）统一领导，分级负责，联动处置。建立和完善联动协调制度以形成统一指挥、分级负责、反应灵敏、功能齐全、协调有序、运转高效的应急管理机制。

（4）全民参与，专群结合。加强公共安全开发、社会动员，发动全民参与应急管理，采用先进的应急处置技术及设备，提高应对突发公共事件的科技水平和指挥能力。充分发挥在突发公共事件的专业救援、应急抢险等方面的作用。

（5）依靠科学，依法规范。坚持依法妥善处理应急措施和常规管理的关系，合理把握非常措施的运用范围和实施力度，使应对突发公共事件的工作规范化。

（6）信息公开，责权一致。信息公开透明，设立规范的公开渠道。实行应急处置工作领导责任制，在必须立即采取应急处置措施的紧急情况下，有关责任单位、责任人员应视情况临危决断，控制事态发展。对不作为、延误时机、组织不力等失职和渎职行为依法追究责任。

## 6.2.2 常见的应急事件

### 1. 自然灾害

自然灾害是在人类赖以生存的自然界中所发生的异常现象。自然灾害往往对人类社会造成巨大的危害，重大的突发性自然灾害包括旱灾、地震、台风、洪涝、冻害、风暴潮、雹灾、泥石流、海啸、火山爆发、滑坡、森林火灾、农林病虫害等。

### 2. 事故灾难

事故灾难是在人们生产、生活过程中发生的，直接由人的生产、生活活动引发的，造成大量人员伤亡、经济损失或环境污染的意外事件，包括工矿及商贸等企业的各类安全事故、公共设施和设备事故、交通运输事故、环境污染、生态破坏事件、有害物泄漏事件、煤矿坍塌事件等。

### 3. 公共卫生应急事件

公共卫生应急事件是指突然发生的、对社会公众健康造成或者可能造成严重损害的重大传染病疫情、重大食物中毒和职业中毒、群体性不明原因疾病以及其他严重影响公众健康的事件，如甲型 H1N1 流感等传染病、食物中毒、自来水污染、流行性出血热等。近30年来，全球出现新发传染病40余种，其传播范围广、蔓延速度快、社会危害大，成为全球公共卫生的重点和难点领域。

### 4. 社会安全应急事件

突发社会安全应急事件，一般包括重特大火灾事件、重大刑事案件、规模较大的群体性事件、涉外突发事件、恐怖袭击事件、金融安全事件、学校安全事件、民族宗教突发群体事件以及其他社会影响严重的突发性社会安全事件，均属于公共危机管理的范畴。

## 6.2.3 应急预案的内容

在应急管理中，要坚持以预防为主的原则，努力将突发事件消解在萌芽状态。在项目管理过程中，要做好各种突发事件的应对准备，争取以不变应万变。应急预案的内容包括以下几方面。

（1）目的、工作原则、法律法规依据、适用范围。

（2）突发事件应急处置指挥机构的组成和相关部门的职责及权限。

（3）突发事件监测与预警，包括预测与预警系统、预警级别、预警行动、预警支持系统等。

（4）突发事件信息的收集，包括信息收集、分析、报告、通报和新闻发布的制度。

（5）突发事件的应急响应，包括事件的分级、分级负责、指挥协调、先期处置、抢险救援、人员撤离、紧急避难场所、医疗救治、疫病控制等。

（6）突发事件应急保障，包括人力资源、财力、基本生活、医疗卫生、交通运输、通信、社会治安、应急技术、应急设施设备的保障。

（7）突发事件后的恢复与重建，包括由非常态转为常态，对突发公共事件进行科学评估、恢复重建基础设施和民房等。

（8）应急预案的管理，包括预案演练、培训教育、责任与奖励、预案更新等。

（9）其他，包括成员名录、人员疏散地图、资源位置图、紧急设备使用情况等。

## 6.2.4 应急教育内容

基本应急培训是指对参与应急行动所有相关人员进行的最低程度的应急培训，要求应急人员了解和掌握如何识别危险、如何采取必要的应急措施、如何启动紧急警报系统、如何安全疏散人群等基本操作，尤其是火灾应急培训以及危险物质事故应急的培训，因为火灾和危险品事故是常见的事故类型。因此，培训中要加强与灭火操作有关的训练，强调危险物质事故的不同应急水平并注意事故内容等。

### 1. 报警

危机发生后的第一件事就是报警。使应急人员了解并掌握如何利用身边的工具最快最有效地报警，如使用移动电话（手机）、固定电话、寻呼机、无线电、网络或其他方式报警。使应急人员熟悉发布紧急情况通告的方法，如使用警笛、警钟、电话或广播等。当事故发生后，为及时疏散事故现场的所有人员，应急人员应掌握如何在现场贴发警示标志。

### 2. 疏散

为避免事故中不必要的人员伤亡，应培训足够的应急人员在事故现场安全、有序地疏散被困人员或周围人员。对人员疏散的培训主要在应急演习中进行，通过演习还可以测试应急人员的疏散能力。

### 3. 火灾应急培训

由于火灾的易发性和多发性，因此对火灾应急的培训显得尤为重要。要求应急人员必须掌握必要的灭火技术以便在着火初期迅速灭火，从而降低或减小导致灾难性事故的危险，还要掌握灭火装置的识别、使用、保养、维修等基本技术。由于灭火工作主要是消防员的职责，因此，火灾应急培训主要也是针对消防员开展的。

### 4. 不同水平应急者培训

针对危险品事故应急，应明确不同层次应急队员的培训要求。通过培训，使应急人员掌握必要的知识和技能以识别危险、评价事故危险性、采取正确措施，从而降低事故对人员、财产、环境等的危害。具体培训中，通常将应急人员分为 5 种水平，且每一种水平都有相应的培训要求。

（1）初级意识水平应急人员。该水平应急人员通常是处于能首先发现事故险情并及时报警的岗位上的人员，如保安、门卫、巡查人员等。对他们的培训要求包括以下几点。

1）确认危险物质并能识别危险物质的泄漏迹象。

2）了解所涉及的危险物质泄漏的潜在后果。

3）了解应急者自身的作用和责任。

4）能确认必需的应急资源。

5）如果需要疏散，则应限制未经授权人员进入事故现场。

6）熟悉事故现场安全区域的划分。

7）了解基本的事故控制技术。

（2）初级操作水平应急人员。该水平应急人员主要参与预防危险物质泄漏的操作，以及发生泄漏后的事故应急，其作用是有效阻止危险物质的泄漏，降低泄漏事故可能造成的影响。对他们的培训要求包括以下几点。

1）掌握危险物质的辨识和危险程度分级方法。

2）掌握基本的危险和风险评价技术。

3）学会正确选择和使用个人防护设备。

4）了解危险物质的基本术语以及特性。

5）掌握危险物质泄漏的基本控制操作。

6）掌握基本的危险物质清除程序。

7）熟悉应急预案的内容。

（3）危险物质专业水平应急人员。该水平应急人员的培训应根据有关指南要求执行，达到或符合指南要求以后才能参与危险物质的事故应急。对其培训要求除了掌握上述应急人员的知识和技能以外还包括以下几点。

1）保证事故现场的人员安全，防止不必要伤亡的发生。

2）执行应急行动计划。

3）识别、确认、证实危险物质。

4）了解应急救援系统各岗位的功能和作用。

5）了解特殊化学品个人防护设备的选择和使用。

6）掌握危险识别和风险评价技术。

7）了解先进的危险物质控制技术。

8）执行事故现场清除程序。

9）了解基本的化学、生物、放射学的术语和其表示形式。

（4）危险物质专家水平应急人员。具有危险物质专家水平的应急人员通常与危险物质专业人员一起对紧急情况做出应急处置，并向危险物质专业人员提供技术支持。这就要求该类专家所具有的关于危险物质的知识和信息必须比危险物质专业人员更广博更精深。因此，危险物质专家必须接受足够的专业培训，以使其具有相当高的应急水平和能力，具体包括以下几点。

1）接受危险物质专业水平应急人员的所有培训要求。

2）理解并参与应急救援系统各岗位职责的分配。

3）掌握风险评价技术。

4）掌握危险物质的有效控制操作。

5）参加一般清除程序的制定与执行。

6）参加特别清除程序的制定与执行。

7）参加应急行动结束程序的执行。

8）掌握化学、生物、毒理学的术语与表示形式。

（5）应急指挥级水平应急人员。该水平应急人员主要负责对事故现场的控制并执行现场应急行动，协调应急人员之间的活动和通讯联系。该水平的应急人员都具有相当丰富的事故应急和现场管理的经验，由于他们的责任重大，所以要求他们参加的培训应更为全面和严格，以提高其应急指挥的素质，保证事故应急的顺利完成。通常，该类应急人员应该具备以下能力。

1）协调与指导所有的应急活动。

2）负责执行一个综合性的应急救援预案。

3）对现场内外应急资源的合理调用。

4）提供管理和技术监督，协调后勤支持。

5）协调信息发布和政府官员参与的应急工作。

6）负责向国家、省市、当地政府主管部门递交事故报告。

7）负责提供事故和应急工作总结。

不同水平应急人员的培训要与危险品公路运输应急救援系统相结合，以使应急人员接受充分的培训，从而保证应急人员的素质。

# 第 7 章

## 项目资源管理

项目资源管理是对项目的人力资源所开展的有效的规划、积极的开发、合理的配置、准确的评估、适当的激励等方面的管理工作。项目资源管理包括识别、获取和管理所需资源以成功完成项目的各个过程,这些过程有助于确保项目经理和项目团队在正确的时间和地点使用正确的资源。

## 7.1 规划人力资源管理

### 7.1.1 组织理论

组织是由两个以上的人构成的、为实现共同目标、以一定形式组成的集合体。随着社会分工日益复杂,组织种类越加繁多,如行政组织、工商企业组织、文化教育组织等。

组织理论是指人类在社会组织活动中按一定形式安排事务的理论。从 20 世纪初开始,大致经历了传统组织理论、行为科学组织理论和系统管理理论三个阶段。

关于组织理论的内容,学术界尚无一致看法。其涉及的内容一般包括组织的目标、价值系统、组织结构,正式组织与非正式组织及其关系,组织成员的激励、沟通与控制过程,权力、职权与影响,群体行为和个体行为,管理策略和技术,系统组成部分及其相互关系,组织与环境的平衡,组织的稳定与发展等。总之,组织理论研究组织的生存、适应和发展,它综合了行政学、政治学、社会学、人类学、社会心理学、哲学、经济学等多种学科的研究成果。

**1. 霍桑实验**

霍桑实验是管理心理学中的一个著名实验，是关于人群关系运动的实验研究，是指由于受到额外的关注而引起努力或绩效上升的情况。霍桑实验的结果反映了以下几种情况。

（1）以前的管理把人假设为"经济人"，认为金钱是刺激积极性的唯一动力；霍桑实验证明人是"社会人"，是复杂社会关系中的成员。因此，要调动工人的生产积极性，还必须从社会、心理方面去努力。

（2）以前的管理认为生产效率主要受工作方法和工作条件的制约。霍桑实验证明，工作效率主要取决于工人的积极性，取决于工人的家庭和社会生活及组织中人与人的关系。

（3）以前的管理只注意组织机构、职权划分、规章制度等。霍桑实验发现，除了正式组织外还存在着非正式组织，这种无形组织有它的特殊情感和倾向，左右着工人的行为，对生产效率的提高起着举足轻重的作用。

（4）以前的管理把物质刺激作为唯一的激励手段。霍桑实验发现，工人所要满足的需要中，金钱只是其中的一部分，其大部分的需要是感情上的慰藉、安全感、和谐、归属感等。因此，领导者应提高职工的满足感，善于倾听职工的意见，使正式组织的经济需要与非正式组织的社会需要取得平衡。

（5）以前的管理对工人的思想感情漠不关心，管理人员单凭自己个人的复杂性和嗜好进行工作。霍桑实验证明，管理人员（尤其是基层管理人员）应像霍桑实验人员那样重视人际关系，设身处地地关心下属，通过积极的意见交流，达到感情的上下沟通。

（6）霍桑实验提出了领导活动中一个值得重视的问题，即非正式组织对领导效能的影响。企业中除了存在为了实现企业目标而明确规定各成员相互关系和职责范围的正式组织之外，还存在着非正式组织。这种非正式组织的作用在于维护其成员的共同利益，使之免受其内部个别成员的疏忽或外部人员的干涉所造成的损失。为此，非正式组织中有自己的核心人物和领袖，有大家共同遵循的观念、价值标准、行为准则和道德规范等。

霍桑试验对古典管理理论进行了大胆的突破，第一次把管理研究的重点从工作和物的因素上转到人的因素上来，不仅在理论上对古典管理理论作了修正和补充，开辟了管理研究的新理论，还为现代行为科学的发展奠定了基础，而且对管理实践产生了深远的影响。

**2. 需求层次理论**

（1）需求层次理论的基本假设

1）人要生存，人的需要能够影响其行为。只有未满足的需要能够影响行为，满足了的需要不能充当激励工具。

2）人的需要按重要性和层次性排成一定的次序，从基本的（如食物和住房）到复杂的（如自我实现）需要。

3）只有当人的某一级需要得到最低限度的满足后，才会追求高一级的需要，如此逐级上升，成为推动继续努力的内在动力。

（2）需求的分类。马斯洛把需求分成生理需求、安全需求、社会需求、尊重需求和自我实现需求五类，依次由较低层次到较高层次。

1）生理需求。这是人类维持自身生存的最基本要求，包括衣、食、住、行等方面的要求。如果这些需要得不到满足，人类的生存就成了问题。从这个意义上说，生理需要是推动人们行动的最强大的动力。马斯洛认为，只有这些最基本的需要满足到维持生存所必需的程度后，其他的需要才能成为新的激励因素，而到了此时，这些已相对满足的需要也就不再成为激励因素了。

2）安全需求。这是人类要求保障自身安全、摆脱失业和丧失财产的威胁、避免职业病的侵袭、避免接触严酷的监督等方面的需要。马斯洛认为，整个有机体是一个追求安全的机制，人的感受器官、效应器官、智能和其他能量主要是寻求安全的工具，甚至可以把科学和人生观都看成是满足安全需要的一部分。当然，当这种需要一旦相对满足后，也就不再成为激励因素了。

3）感情需求。这一需求包括两个方面的内容。一是友爱的需要，即人人都需要伙伴之间、同事之间的关系融洽或保持友谊和忠诚；人人都希望得到爱情，希望爱别人，也渴望接受别人的爱。二是归属的需要，即人都有一种归属于一个群体的感情，希望成为群体中的一员，并相互关心和照顾。感情上的需要比生理上的需要来得细致，它和一个人的生理特性、经历、教育、宗教信仰都有关系。

4）尊重需求。人人都希望自己拥有稳定的社会地位，要求个人的能力和成就得到社会的承认。尊重的需要又可分为内部尊重和外部尊重。内部尊重是指一个人希望在各种不同情境中有实力、能胜任、充满信心、能独立自主。总之，内部尊重就是人的自尊。外部尊重是指一个人希望有地位、有威信，得到别人的尊重、信赖和高度评价。马斯洛认为，尊重需要得到满足，能使人对自己充满信心，对社会付出满腔热情，体验到自己活着的用处和价值。

5）自我实现需求。这是最高层次的需要，它是指实现个人的理想、抱负，将个人的能力发挥到最大程度，完成与自己的能力相称的一切事情的需要。也就是说，人必须干称职的工作，才会使他们感到最大的快乐。马斯洛提出，为满足自我实现需要所采取的途径是因人而异的。自我实现的需要是在努力实现自己的潜力，使自己越来越成为自己所期望的人物。

需要层次理论在现代行为科学中占有重要地位，是管理心理学中人际关系理论、群体动力理论、权威理论、需要层次理论、社会测量理论的五大理论支柱之一。

**3. 权变理论**

权变理论是指 20 世纪 60 年代末 70 年代初在经验主义学派基础上进一步发展起来的管理理论，是西方组织管理学中以具体情况及具体对策的应变思想为基础而形成的一种管理理论。权变的含义是权宜应变。

权变理论指出，组织是一个开放系统，应当进行有机管理，以便满足和平衡内部需要并适应环境状况；在不确定和动荡的环境中运营的组织需要有更高程度的内部差异性，同时，组织需要适当整合，以便将这些差异部门维系起来。

（1）企业组织是社会大系统中的一个开放型的子系统，受环境的影响。因此，必须根据企业组织在社会大系统中的处境和作用，采取相应的组织管理措施，从而保持对环境的最佳适应能力。

（2）组织的活动是在不断变动的条件下以反馈的形式趋向组织目标的过程。因此，必须根据组织的近远期目标以及当时的条件，采取依势而行的管理方式。

（3）管理的功效体现在管理活动和组织各要素相互作用的过程中。因此，必须根据组织各要素的关系类型及各要素与管理活动之间相互作用时的一定函数关系确定不同的管理方式。

## 7.1.2 组织结构图

**1. 项目组织结构**

项目组织是按照项目目标以一定的形式组建起来的，由组织各部门调集专业人才，并指派项目负责人在特定时间内完成任务。

项目的组织结构就是项目组织的实体，是指表现项目组织内部各部门、各层次排列顺序、空间位置、聚集状态、联系方式以及各要素之间相互关系的一种模式，也就是组织各要素相互作用的方式或形式，是执行管理任务的体制。项目组织结构阐述了项目成员、项目团队和组织单位的行为方式，它可以缩短项目人力资源计划的时间并提高计划的有效性。

项目组织结构图是以图形方式呈现项目团队成员及其相互关系。根据项目的需要，项目组织结构图可以是正式的或非正式的、详尽的或宽泛的。

**2. 组织结构图的类型及特征**

常见的组织结构图包括层级结构图、责任分配矩阵和文字叙述形式3种类型。绘制组织结构图的根本目的在于确保每个工作包都有一名明确界定的负责人负责，并且所有团队成员都对他们的角色和职责有明确的了解。下面对3种组织结构图及其绘制分别加以描述。

（1）层级结构图。层级结构图就是组织分解结构图，它与工作分解结构类似，二者的差别在于，组织分解结构是按照组织内现有部门、单位和团队而组织的，工作分解结构是按照项目可交付成果的分解而组织的。图7-1所示为某项目层级结构图。

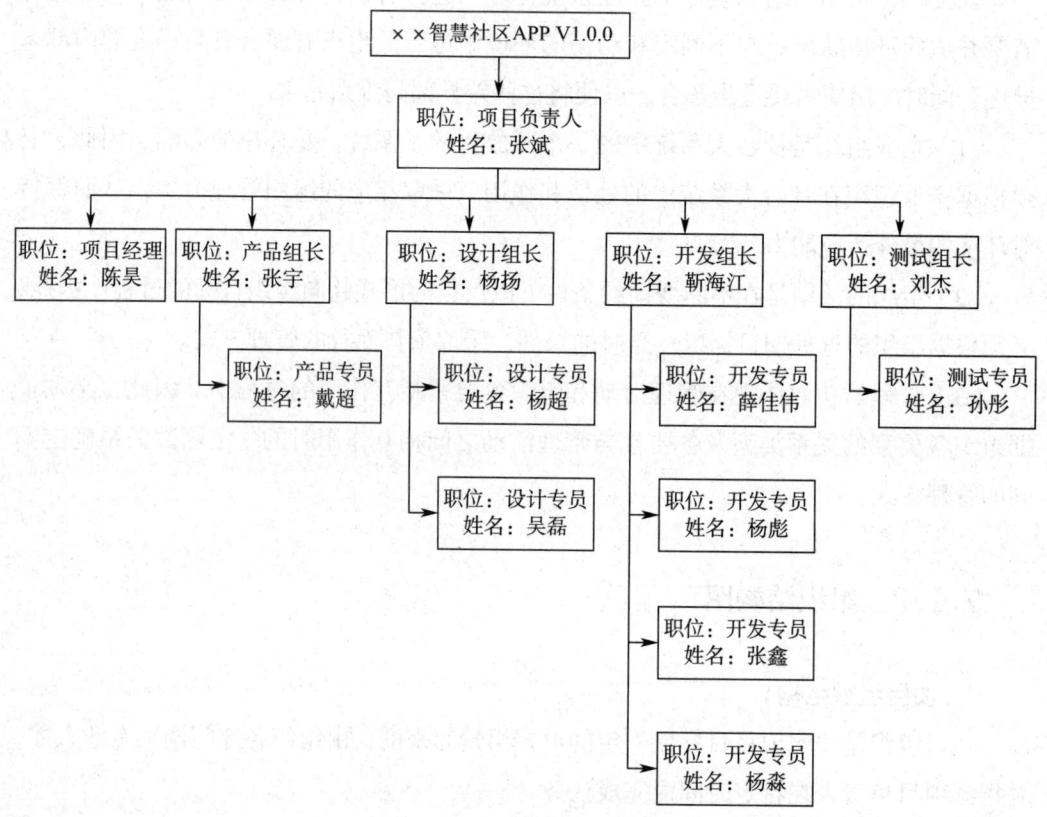

图7-1 某项目层级结构图

层级结构图应真实反映项目组织结构的设置情况，包括各管理层的组成和分工，以及他们各自在组织中的地位、作用和相互关系。

（2）责任分配矩阵。责任分配矩阵可以反映项目工作与项目团队成员之间的联系。

在大型项目中,责任分配矩阵有多个层级。例如,高层级的责任分配矩阵可以界定哪些项目小组或单位分别负责工作分解结构的哪一部分工作;而低层级责任分配矩阵可以在小组范围内为具体活动分配角色、职责和授权水平。责任分配矩阵可以反映与每个项目利益相关者有关的活动或与每个活动有关的所有人员。表7-1就是典型的责任分配矩阵。

◆ 表7-1 责任分配矩阵实例

| 人员<br>活动 | 张林 | 李晨 | 赵心 | 王强 | 陈东 |
|---|---|---|---|---|---|
| 设计 | A | R | I | C | C |
| 采购 | I | A | R | I | I |
| 运输 | I | I | A | R | I |
| 安装 | C | C | I | A | R |
| 测试 | R | I | I | I | A |

注:A= 负责,R= 有责,I= 通报,C= 征询意见。

(3)文字叙述形式。需要详细界定的职责可用以文字叙述为主的形式表述。此类文件通常是描述形式,文件内可包含职责、授权、能力和资格等方面的信息。这种文件有多种称谓,包括岗位描述、角色—职责—授权表格等。这些描述和表格对于将来的项目极具参考价值,若能在项目全寿命周期内通过总结经验教训和有效的工作方法对其不断更新,收效就会更大。

### 7.1.3 项目经理及项目团队的核心概念

**1. 项目经理**

项目经理是为项目的成功策划和执行负总责的人。项目经理是项目团队的领导者,其首要职责是在预算范围内按时、优质地领导项目小组完成全部项目工作内容,并使客户满意。为此,项目经理必须在一系列的项目计划、组织和控制活动中做好领导工作,从而实现项目目标。项目经理的知识结构包括专业知识、项目管理知识和经验教训。

(1)专业知识。专业知识包括工业与民用建筑专业知识、道路与桥梁专业知识、水利、电力、港口等方面的专业知识,以及建筑经济、技术经济、概预算等方面的经济知识和经济法、合同法等方面的法律知识。只有掌握这些方面的一定的专业知识后,在项目实施过程中,遇到与相关专业有关的事件时才能得心应手,在处理经济问题时才能立于不败之地。

(2)项目管理知识。项目管理知识包括决策技术、网络计划技术、系统工程、价值工程、目标管理和挣值法等。在项目管理过程中,只有实施动态控制,才能使项目圆满完成,并最终达到既定的项目目标。

(3)经验教训。项目经理是亲临第一线的指挥官,要随时处理项目运行中发生的各种问题,因此只有具备丰富的项目实践经验,才能对项目实施过程中出现的各种问题迅速作出处理决定。

### 2. 项目团队

项目经理除了负责项目中的管理活动外,还要建设高效且有凝聚力的团队。在团队的建设中,项目经理要关注以下因素。

(1)目的是否明确。

(2)团队氛围。

(3)团队成员的个人文化。

(4)团队成员之间的沟通。

(5)组织变更管理。

(6)团队成员的物理位置。

项目经理应提升内在(如自我管理和自我意识)和外在(如关系管理)能力,从而提高个人情商。研究表明,提高项目团队的情商或情绪能力既可提高团队效率,还可降低团队成员离职率。

### 7.1.4 规划资源管理基本概念

规划资源管理是定义如何估算、获取、管理和利用团队以及实物资源的过程。规划资源管理是为了根据项目类型和复杂程度确定适用于项目资源的管理方法和管理程度,通常在项目定义阶段一次性开展。规划资源管理常以项目章程、项目管理计划(如质量管理计划、范围基准)、项目计划(如项目进度计划)、组织过程资产和事业环境因素等为依据,采用专家判断、责任分配矩阵和会议等方法,生成资源管理计划和团队章程。

### 7.1.5 资源管理计划

资源管理计划是一份提供关于如何分类和配置项目所需资源的计划。根据项目的具体情况分为人力资源管理计划和实物资源管理计划。资源管理计划通常包括识别资源、获取资源、角色与职责、项目组织结构图、团队组建、培训、团队建设、资源控制、激励措施等。

（1）识别资源。用于识别和量化项目所需的团队和实物资源的方法。

（2）获取资源。关于如何获取项目所需的团队和实物资源的指南。

（3）角色与职责

1）角色。在项目中，某人承担的职务或分配给某人的职务，如土木工程师、商业分析师和测试协调员。

2）职责。为完成项目活动，项目团队成员必须履行的责任和工作。

（4）项目组织图。项目组织图以图形方式展示项目团队成员及其报告关系。基于项目的需要，项目组织图可以是正式或非正式的、非常详细或高度概括的。例如，一个拥有3 000人灾害应急团队的项目组织图，要比一个仅有20人的内部项目组织图详尽得多。

（5）团队组建。关于如何定义、配备、管理和最终遣散项目团队资源的指南。

（6）培训。针对项目成员的培训策略。

（7）团队建设。建设项目团队的方法。

（8）资源控制。依据需要确保实物资源充足可用，并为项目需求优化实物资源采购而采用的方法。包括有关整个项目生命周期期间的库存、设备和用品管理的信息。

（9）激励措施。将给予团队成员哪些认可和奖励，以及何时给予。

### 7.1.6 团队章程内容

**1. 章程**

章程是组织、社团经特定的程序制定的关于组织规程和办事规则的规范性文书，是一种根本性的规章制度。章程与规则的关系类似于宪法和法律。章程一般具备以下特点。

（1）稳定性。章程是组织或团体的基本纲领和行动准则，在一定时期内稳定地发挥其作用，如须更改或修订，应履行特定的程序与手续（经组织全体成员或其代表审议通过）。有关单位开展业务工作的章程，是基本的办事准则，也应保持相对稳定，不宜轻易变动。

（2）约束性。章程作用于组织内部，依靠全体成员共同实施，不由国家强制力予以推行，但要求其下属组织及成员信守，并具有一定的规范作用和约束力。

### 2. 团队章程

团队章程是为团队创建团队价值观、共识和工作指南的文件。团队章程内容包括团队价值观、沟通指南、决策标准和过程、冲突处理过程、会议指南、团队共识等。

团队章程对项目团队成员的可接受行为确定了明确的期望。尽早认可并遵守明确的规则，有助于减少误解，提高生产力。讨论诸如行为规范、沟通、决策、会议礼仪等领域，团队成员可以了解彼此重要的价值观。由团队制定或参与制定的团队章程可发挥最佳效果。所有项目团队成员都应分担责任，确保遵守团队章程中规定的规则。可定期审查和更新团队章程，确保团队成员始终了解团队基本规则，并指导新成员融入团队。

### 3. 项目章程和公司章程

（1）项目章程。项目章程是证明项目存在的正式书面说明和证明文件。由高级管理层签署，规定项目范围，如质量、时间、成本和可交付成果的约束条件，授权项目经理分派组织资源用于项目工作。项目章程通常是项目开始后的第一份正式文件，其主要包括两方面内容：一是项目满足的商业需求，二是产品描述。项目章程通常也包括对项目经理、项目工作人员、项目发起人和高层管理人员在项目中承担主要责任和任务的描述。

（2）公司章程。公司章程是指公司依法制定的、规定公司名称、住所、经营范围、经营管理制度等重大事项的基本文件，也是公司必备的规定公司组织及活动基本规则的书面文件。公司章程是股东共同一致的意思表示，其载明了公司组织和活动的基本准则，是公司的宪章。公司章程具有法定性、真实性、自治性和公开性的基本特征。

## 7.2 估算资源

### 7.2.1 估算资源的基本概念

估算资源是指估算执行项目所需的团队资源,以及材料、设备与用品的类型和数量。估算资源常以项目管理计划(如资源管理计划、范围基准)、项目计划(如活动属性、活动清单、成本估算等)、组织过程资产和事业环境因素等为依据,采用专家判断、类比估算、自上而下估算、参数估算等方法,生成资源需求和资源分解结构。

估算资源的主要作用是明确完成项目所需的资源种类、资源数量、资源特性。

估算资源应根据项目的需要在整个项目期间定期进行。

### 7.2.2 资源需求

资源需求识别了各个工作包或工作包中每个活动所需的资源类型和数量,可以汇总这些需求,以估算每个工作包、每个 WBS 分支及整个项目所需的资源。资源需求描述的细节数量与具体程度因应用领域而异,而资源需求文件也可包含为确定所用资源的类型、可用性和所需数量所做的假设。

人力资源需求计划是根据组织的发展战略并结合组织的内外条件,选择适合的预测分析工具,然后对组织未来人员需求的数量、质量和结构进行规划预测的活动。在明确组织雇员的技能和数量需求时,必须结合项目的具体要求制订人力资源需求的计划。项目人力资源需求计划的确定主要考虑项目现有人力资源的投入状况,按照数量、质量和结构分析和规划并能根据项目未来发展的需要制订人力资源的需求计划。

#### 1. 项目人力资源需求计划制订的流程

(1)核查现有人力资源。核查现有人力资源的关键在于核查人力资源的数量、质量、结构及分布状况。这一部分工作需要结合人力资源管理信息系统和职务分析的有关信息来进行。

(2)人力资源需求预测。人力资源需求预测工作与人力资源核查可同时进行,主要是根据企业的发展战略规划和本企业的内外部条件选择预测技术,然后对人力需求的结构和数量、质量进行预测。人力资源需求预测包括直觉预测方法（定性预测）和数学预测方法（定量预测）两种方法。

（3）人力资源供给预测。人员供给预测也称人员拥有量预测，是人力预测的又一个关键环节，只有进行人员拥有量的预测并把它与人员需求量相对比之后，才能制订各种具体的规划。人力供给预测包括两部分：一部分是内部拥有量预测，即根据现有人力资源及其未来变动情况，预测出规划各时间点上的人员拥有量；另一部分是对外部人力资源供给量进行预测，以确定在规划时间点上的各类人员的可供量。

（4）人员补充需求量的计算。计划期内人员补充需求量＝计划期内人员总需求量－报告期期末员工总人数＋计划期内自然减员总人数。

企业各部门对员工的补充需求量主要包括两部分：一部分是因各部门实际发展需要而必须增加的人员；另一部分是原有员工因年老退休、退职、离休、辞职等原因发生了自然减员而需要补充的那一部分人员。

**2. 项目人力资源需求计划编写的方法**

（1）制订职务编写计划。职务编写计划用来描述组织未来的职能规模和模式。制订职务编写计划包括陈述组织结构、职务设置、职位描述和职务资格要求等内容。

（2）制订人员盘点计划。制订人员盘点计划的目的是描述组织未来的人员数量和素质构成。人员盘点计划陈述了每个职务的人员数量、人员的职务变动、职务人员空缺数量等。

（3）预测人员需求。根据职务编制计划和人员盘点计划，使用预测方法来预测人员需求。人员需求中应陈述需求的职务名称、人员数量、希望到岗时间等。最好形成一个标明有员工数量、招聘成本、技能要求、工作类别，及为完成组织目标所需的管理人员数量和层次的分列表。

（4）确定员工供给计划。员工供给计划是人员需求的对策性计划。主要陈述人员供给的方式、人员内外部流动政策、人员获取途径和获取实施计划等。通过分析劳动力过去的人数、组织结构构成以及人员流动、年龄变化和录用等资料，可以预测出未来某个特定时刻的供给情况。预测结果勾画出组织现有人力资源状况和未来在流动、退休、淘汰、升职以及其他相关方面的发展变化情况。

（5）制订培训计划。培训计划中包括培训政策、培训需求、培训内容、培训形式、培训考核等内容。

（6）制订政策调整计划。政策调整计划中要明确计划内的人力资源政策的调整原因、调整步骤和调整范围等。其中包括招聘政策、绩效政策、薪酬与福利政策、激励政策、职业生涯政策、员工管理政策等。

（7）编写人力资源部费用预算。人力资源部费用预算主要包括招聘费用、培训费用、福利费用等费用的预算。

（8）风险分析及对策。每个组织在人力资源管理中都可能遇到风险，如招聘失败、新政策引起员工不满等，这些事件很可能会影响组织的正常运转，甚至对组织造成致命的打击。

### 7.2.3 资源分解结构

资源分解结构是资源依类别和类型的层级展现（见图7-2）。资源类别包括（但不限于）人员、设备、材料，资源类型则包括技能水平、要求证书、等级水平或适用于项目的其他类型。在规划资源管理过程中，资源分解结构用于指导项目的分类活动。

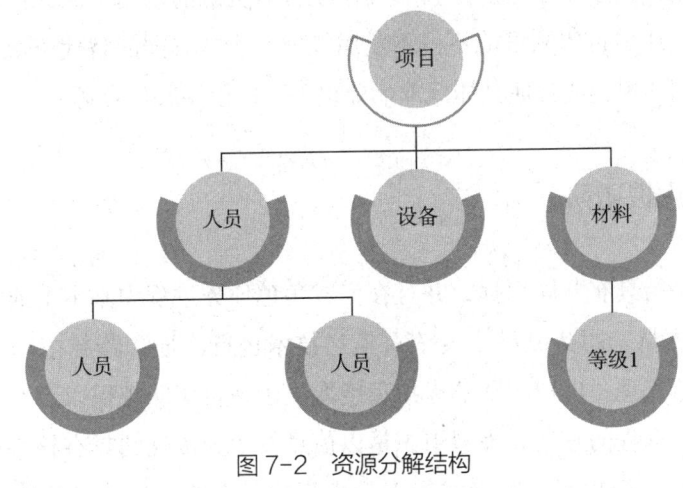

图7-2 资源分解结构

## 7.3 获取资源

### 7.3.1 获取资源的基本概念

获取资源是获取项目所需的团队成员、设施、设备、材料、用品和其他资源的过程。本过程的主要作用是指导资源的选择，并将其分配给相应的活动。本过程应根据需要在整个项目期间定期开展。获取资源常以项目管理计划（如资源管理计划、采购管理计划、成本基准）、项目计划（如项目进度计划）、组织过程资产和事业环境因素等为依据，采用决策分析、谈判和虚拟团队等方法，生成资源分配表和资源日历。项目所需资源可能来自项目执行组织的内部或外部。内部资源由职能经理或资源经理负责获取（分配），外部资源则是通过采购过程获得。

在获取项目资源的过程中应注意下列事项。

（1）项目经理或项目团队应该进行有效谈判，并影响那些能为项目提供所需团队和实物资源的人员。

（2）当不能获得项目所需的资源时，可能会影响项目进度、预算、客户满意度、质量和风险。资源或人员能力不足会降低项目成功的概率，最坏的情况可能导致项目取消。

（3）如因制约因素（如经济因素或其他项目对资源的占用）而无法获得所需团队资源，项目经理或项目团队可能不得不使用能力和成本不同的替代资源。在不违反法律、规章、强制性规定或其他具体标准的前提下可以使用替代资源。

### 7.3.2 虚拟团队

虚拟团队是指具有共同目标，并且在完成角色任务过程中基本上或完全没有面对面工作的一组人员。团队成员主要依靠信息技术进行沟通，跨越空间、时间和组织边界来开展项目管理。虚拟团队的虚拟程度取决于项目团队规模以及在多大程度上进行面对面的或者远程的互动。虚拟组织是以信息技术为依托的具有核心竞争力的多个企业的动态联盟。虚拟组织的形式有人员虚拟化、企业虚拟化、功能虚拟化等，如图7-3所示。

虚拟团队存在以下特征。

（1）团队成员具有共同的目标。

（2）团队成员地理位置的离散性。

（3）采用电子沟通方式。

（4）宽泛型的组织边界。

（5）企业驾驭变化、把握机遇和发动创新能力的敏捷性。

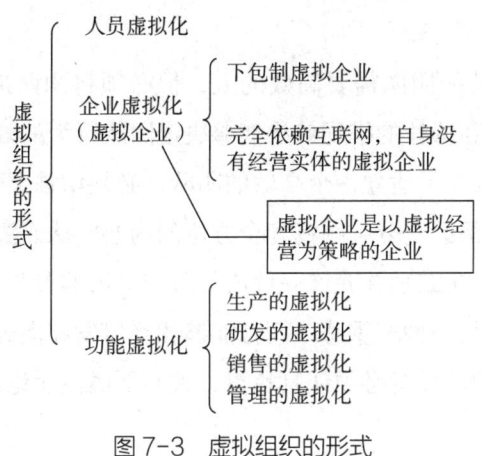

图 7-3 虚拟组织的形式

## 7.3.3 资源日历

资源日历识别了每种具体资源可用时的工作日、班次、正常营业的上下班时间、周末和公共假期。在规划活动期间,潜在的可用资源信息(如团队资源、设备和材料)用于估算资源的可用性。

资源日历规定了在项目期间确定的团队和实物资源何时可用、可用多久。这些信息可以在活动或项目层面建立,它考虑了资源经验、技能水平及不同地理位置等属性。

# 7.4 团队建设

## 7.4.1 团队建设目标与阶段

**1. 项目团队的概念和特点**

(1)项目团队的概念。团队是指两人或两人以上的有共同目标的集体,项目团队就是为完成项目任务和目标而结合成的群体。它是介于组织与个人之间,由共同的目标和任务联系在一起的集体。有正式和非正式、短期和长期的团队。

1)团队规模。通常情况下,小团队比大团队更容易产生凝聚力。小团队容易满足成员较高层次的需要,成员有较多机会参与决策。小团队擅长处理具体问题,而大团

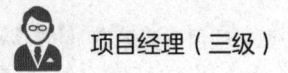

队擅长处理抽象问题。

2）团队成员。高效的团队需要高效的人，但必须将团队成员进行适当的组合搭配。团队内各成员性格和特长的搭配效果能够决定团队行为的效果。

3）沟通及其途径。为了建立一个高效的团队，必须增强上下级的双向交流。而选取恰当的沟通方式能够保证充分、顺畅和全方位的沟通，从而激发团队的活力。

4）成员参与程度。在鼓励并允许一般成员参与决策的参与式团队中，团队成员有较大的独立性，能够获得一种尊重感，而且能够相互启发和促进。

5）领导者。高效的领导者必须认真负责、关心下属。无论组织还是团队都需要高效和有权威的领导者。

6）工作环境与报酬。就像人力资源管理中所提到的那样，只有使成员获得物质和精神上的双重满足，团队才能发挥出最大的潜力。

7）组织目标、团队目标与团队的凝聚力

①团队对组织目标持支持态度，即团队目标与组织目标一致程度高，则即使团队凝聚力低，也能取得高效。

②团队对组织目标持支持态度，即团队目标与组织目标一致程度高，且团队凝聚力也高，这种情况会大大有助于团队取得高效。

③团队对组织目标不支持，即团队目标与组织目标一致程度低，则即使团队凝聚力高，也不能取得高效。

④团队对组织目标不支持，即团队目标与组织目标一致程度低，且团队凝聚力也低，这种情况对团队效率则不会产生明显的影响。

（2）项目团队的特点

1）共同的目标。

2）合理分工与协作。

3）高度的凝聚力。

4）团队成员相互信任。

5）有效的沟通。

6）学习型团队。

7）知识、信息共享的集体。

2. 项目团队发展阶段的划分和管理特点

项目团队在发展中分为组建期、疑问期、规范期、成熟期和收尾期，项目团队在不同时期分别具有不同的特点。针对这些特点，项目经理需要运用不同的管理方法，进而展现不同的领导风格。

（1）组建期管理特点。在项目团队组建期，人员初来乍到，对于项目的目标不清楚，对于团队的构成不了解。项目经理的领导风格应是指导型，主要工作包括两方面：一是指导构建项目团队的内部框架，包括项目团队的任务、目标、角色、规模、人员构成等，同时加强和团队成员的沟通并初步规范他们的行为；二是建立和打开项目团队与外界的初步联系通道，使团队中的人与人之间、人与工作之间逐步熟悉和了解，进而在团队中形成普遍的能够接受的规则。

（2）疑问期管理特点。在项目团队的疑问期，成员刚刚进入团队时的新鲜感逐渐消失，开始怀疑项目经理的领导能力，怀疑是否可以与团队同事很好地合作。这一阶段是矛盾焦点最集中的时期，如果处理不好将会给今后的团队发展埋下隐患。在这一时期，项目经理的领导风格应该是影响型，主要的工作方式是用自己对项目目标坚定的信念和工作热情影响团队成员，通过大量的沟通说服激发成员的行为动机，而不能用强制和权威的方式进行领导和解决问题。

（3）规范期管理特点。在项目团队的规范期，项目经理的工作、团队的结构和成员的行为已逐渐被接受，成员之间开始相互信任，工作关系和团队氛围日益友善，项目团队的信任和认同感得以发展。这一时期，项目经理的领导风格应该是参与型。其主要的工作方式是发动团队成员积极参与到制定项目的各项规范工作中。通过员工的广泛参与，激发大家的主人翁责任感，使所有人的注意力都转移到工作上，逐步建立健全各项规章制度，规范队员行为，提高团队的凝聚力。

（4）成熟期管理特点。在项目团队的成熟期，成员的心理和行为日趋稳定，有集体感和荣誉感，技术和管理手段也成熟和稳定下来。这一时期，项目经理的领导风格应该是授权型。充分合理的授权是推动工作最有效的方法，团队成员的成就感和尊严需要得到承认和尊重。团队成员在需求方面也会由薪酬和物质利益转向成就感的满足和自我实现的需要。

项目经理在授权之外，应该多考虑团队成员的荣誉感，并能够在生活、休假和团队活动方面投入更多的精力。

（5）收尾期管理特点。在项目团队的收尾期，其不确定性又开始出现。项目工程的技术、质量、进度和良好的工作表现不再是人们关注的焦点，项目结束后人员的去向成了共同关心的问题，成员的心态开始骚动不安，人们都在考虑自身今后的发展。这一时期，项目经理的领导风格应该是关心型。项目经理要通过关心成员在项目结束后的各种需求，充分考虑成员以后的工作安排问题，努力为员工的持续发展创造有利条件，采取措施，稳住队伍，尤其是针对骨干成员，要明确责任，把项目的结束工作做好。

### 7.4.2 团队建设的基本概念

**1. 团队建设的概念**

团队建设能够提高工作能力，促进团队成员互动，改善团队整体氛围，进而提高项目绩效，是实现项目目标的关键内容，它由组建团队、管理和维持团队两个部分组成。组建团队是指招募完成项目工作所需的人力资源，从而形成项目团队的过程。管理和维持团队是指项目启动以后对团队的体制、机制和制度等内容进行管理、运行和控制等活动。团队建设以项目管理计划（如资源管理计划）、项目文件（如进度计划、资源日历、人员配备计划等）、组织过程资产、事业环境因素为依据，采用集中办公、虚拟团队、招募、培训、绩效评估、会议等方法，生成团队绩效评价。

项目团队建设要根据条件采用正式和非正式两种方式进行。正式的方式包括用项目建设中各种正式会议以及为项目经理和项目团队成员举办的培训班等方法组建项目团队。非正式的方式包括充分运用各种非正式场合，创造团队内外人员交流、个体激励、社交活动和各种支持策略。团队建设要根据具体项目背景不同、目标不同、成员的文化和教育不同采用相应的工作方式。

**2. 项目团队组建的基本步骤**

（1）进行项目工作分析。
（2）角色和责任的分配。
（3）确定岗位必备知识、技能和经验。
（4）成员心理分析。
（5）初步确定项目团队成员和任务、责任分配。
（6）利益相关者分析。

### 7.4.3 团队建设的基本方法

团队建设可以采用集中办公、培训、绩效评估、激励等方法。

**1. 集中办公**

集中办公是指把许多或全部最活跃的项目团队成员安排在同一个物理地点工作，以增强团队的工作能力。集中办公既可以是临时的（如仅在项目特别重要的时期），也可以贯穿整个项目。实施集中办公策略，可借助团队会议室、张贴进度计划的场所，以及其他能增进沟通和集体感的设施。

### 2. 培训

培训就是培养加训练，通过培养加训练使受训者掌握某种技能的方式，给有经验或无经验的受训者传授其完成某种行为必需的思维认知、基本知识和技能的过程。

### 3. 绩效评估

绩效评估给有经验或无经验的受训者传授其完成某种行为必需的思维认知、基本知识和技能的过程。

### 4. 激励

激励就是组织及其个人通过设计适当的奖酬形式和工作环境，以一定的行为规范和惩罚性措施，借助信息沟通，激发、引导、保持和规范组织及其个人的行为，以有效地实现组织及其个人目标。

## 7.4.4 项目文化与团队建设

### 1. 项目文化及企业文化的概念

项目文化是项目实施过程中所形成的物质文化、制度文化和精神文化的总和。项目文化是企业文化的组成部分，是项目管理的产物，更是项目团队建设的核心内容。项目文化是由精神文化、制度文化、行为文化等构成。

企业文化是 20 世纪 80 年代从企业管理科学体系中分化出来的一种理论，是从科学管理到行为科学及现代管理的一场新的管理革命。企业文化指的是企业在生产和经营活动中所形成的理想、信念、价值观念和行为准则。

### 2. 项目文化的特点

（1）人本性。项目文化最本质的内容是突出人的地位、人的作用，以人为本、以人本素质开发为本。

（2）独特性。每个项目都会因其性质、类型、规模、地域和人员素质的不同，在实施过程中形成具有本项目特色的价值观、道德规范和行为准则，即每个项目均带有鲜明的独特性。

（3）和谐性。项目的生存和实施离不开它所处的环境，这个环境既包括内部环境，也包括外部环境。如果一个项目内部的部门之间、人员之间、上下级之间协调一致，而且与项目外部也保持和谐性，那么就为项目目标的实现创造了良好的条件。

（4）时代性。时代性意味着要跟上经济发展、科技进步、道德水准提高的步伐，而不是停在原地踏步。项目文化本身就是时代的产物，它的形成与发展、内容与形式是项目成功的条件。

（5）地域性。处于不同国家、地区、社区的人员，往往有不同的文化特质和文化习性，由此而形成人们在价值取向上的差异性。由于项目所在地域的不同，因此在项目文化上也表现出不同的特质和习性。

（6）可塑性。由于市场在变化、经济在发展、社会在进步，这就要求人们在理念、行为、方法上均要适应这种变化，提倡新的理念、准则、精神、道德，摒弃陋习，形成新的项目文化，跟上时代的步伐。

### 3. 项目文化的内容

（1）价值观念与道德规范。价值观念是项目团队和员工所追求的最大目标及判断事物的标准，也是项目管理活动的总原则。道德规范一方面可以通过宣传教育来加强，另一方面又可以通过舆论、规章制度约束员工的行为。

（2）项目精神与项目哲学。项目精神是指在项目实施过程中所创造的具有本项目特色的精神财富和物质形态，是项目文化的重要内容。项目哲学是以项目文化为主导的项目经理和项目团队对于项目如何生存和发展的哲理性思维，这种哲学思考又决定了项目对于各种事物的偏好，它是指导项目活动、处理人际关系等全面工作与行为的方法论原则。

（3）项目制度。项目制度是构成项目文化的基本要素之一，也是项目价值观具体化的外在表现。项目的全体员工正是运用一系列制度与规范，来调节员工之间的关系并规范员工的行为，才能使项目正常运转，从而提高管理实效。

（4）项目环境。项目处于不同的国家和地区，因此它们的环境条件是不同的。不同的环境形成不同的文化，这将对项目的实施带来不同的影响。这里主要指的是工作环境，如整洁的设施、良好的工作条件、优美的环境等。优越的工作环境能使员工更加热爱本职工作，提高工作的自觉性，从而对项目的完成产生积极的影响。

### 4. 项目文化的功能

（1）导向功能。项目文化能对项目每个员工的价值取向及行为取向起引导作用，具体表现在两个方面：一是对项目员工个体的心理、性格、行为起导向作用；二是对项目整体的价值取向和行为起导向作用。通过项目文化的教育、传播，能将项目员工引导到项目文化的价值观和规范标准上来。

（2）凝聚功能。项目文化的凝聚功能是指当一种价值观被项目员工共同认可后，就会产生很强的归属感，从各个方面把其成员聚合起来，从而产生一种巨大的向心力和凝聚力。这种凝聚功能能使员工个人行为、思想、感情与项目整体统一起来，朝着一个共同的项目目标而努力。

（3）激励功能。项目文化能使项目员工从内心产生一种情绪高昂和奋发进取的精神效应。项目文化把尊重人作为中心内容，以人的管理为中心。积极向上的思想观念及行为准则会形成强烈的使命感和持久的驱动力，成为员工自我激励的一把标尺。激励功能的表现形式有目标激励、尊重激励、感情激励、奖励激励、领导行为激励等。

（4）约束功能。项目文化对员工的思想、心理和行为具有约束和规范作用。群体意识、社会舆论、共同的习俗和风尚等精神文化内容，会造成使个体行为从众化的群体心理压力和动力，使项目成员产生心理共鸣，继而达到行为的自我控制。把项目的要求转化为个人的自觉行为，使实现个人目标与项目目标高度一致。

**5. 项目文化下的团队类型**

（1）项目团队文化的定义。项目团队文化是指项目团队在发展过程中形成的、为项目团队成员所共有的思想作风、价值观念和行为规范，它是一种具有项目团队个性的信念和行为方式。

（2）项目团队文化的内容

1）团队价值观。团队价值观是一个项目团队的基本观念和信念。它是指项目团队所有成员依据一定参照系，遵循一定的评价模式对项目团队的生产经营行为、项目团队提供的产品和服务、项目团队的社会声望和资信等的总看法。

2）团队精神。团队精神是项目团队文化的表现形式。它是指项目团队在生产、经营、管理的实践活动中形成的代表广大项目团队成员干劲的一种无形力量。

3）团队道德。团队道德是调整项目团队之间、成员之间以及团队与成员之间关系的思想意识和行为规范的总和。它是一种特殊的行为规范，是项目团队法规的必要补充。

4）团队目标。团队目标是项目团队文化以团队目标形式表现出来的一种观念形态文化。

5）团队文化礼仪。团队文化礼仪是项目团队日常的已经成为习惯的一系列文化活动的总称。

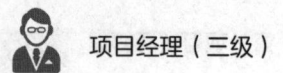

## 7.5 管理团队

### 7.5.1 管理团队的基本概念

管理团队是跟踪团队成员工作表现、提供反馈、解决问题并管理团队变更，以优化项目绩效的过程。本过程的主要作用是影响团队行为、管理冲突以及解决问题。管理团队以项目管理计划（如资源管理计划）、项目文件（如团队章程、问题日志、人员配备计划）、绩效评估报告等为依据，采取决策技术、人际关系管理、领导力、项目管理信息系统等方法，对项目的各类文件进行更新。

### 7.5.2 人际关系管理

**1. 人际关系的概念**

人际关系是指人与人之间通过交往与相互作用而形成的直接的心理关系，主要表现为人们心理上的距离远近、个人对他人的心理倾向及相应行为等。人际关系是优秀团队的基础，对人的心理健康和行为产生重大的作用，人际关系的好坏与劳动生产率的高低有密切的关系。

**2. 冲突解决方法的影响因素**

项目经理解决冲突的能力往往决定其管理项目团队的成败。复杂项目管理中各项目之间如果存在竞争关系，冲突就不可避免。如果属于功能正常的冲突，则能提高群体的工作绩效，具有建设性；如果属于功能失调的冲突，则阻碍群体工作绩效的提高，具有破坏性。

不同的项目经理可能采用不同的解决冲突方法。影响冲突解决方法的因素包括以下几点。

（1）冲突的重要性与激烈程度。

（2）解决冲突的紧迫性。

（3）涉及冲突人员的相对权力。

（4）维持良好关系的重要性。

(5)永久或暂时解决冲突的动机。

### 3. 冲突的解决方法

在处理复杂项目之间的冲突时，管理者常采用的方法包括合作、折中、强制、迁就和回避。

（1）合作。冲突发生后，项目经理为了保证项目总目标的实现，首选的方案就是合作。采用合作方式解决冲突必须主动应对，不能被动应付。要通过反复的信息交换和协商，用沟通化解矛盾，用磨合缓释能量，使各方都在可以接受的范围内满足需求。

（2）折中。当项目时间紧迫而需要一个权宜之计时，可以采用折中方法，其前提是条件上允许对一项复杂问题取得暂行的解决方法。要采用共同协商、相互对等地作出一定的有价值让步的方式，找到一个折中方案。

（3）强制。当项目之间的冲突已没有协商余地，拖延会给组织带来不利的后果时，应该采用强制的方法，即管理者运用职权解决争端。

（4）迁就。当项目的冲突并不重要，而时间进度紧迫，要求管理者必须作出迅速处理时，可以采用迁就的方法，以便维持一种暂时的协调关系。

（5）回避。当冲突双方情绪极为激动，问题一时难以解决且可以暂时搁置时，应采用回避的方法，放弃争论，以避免双方激烈的情绪反应。

在解决冲突的过程中，要基于对冲突问题和情景特征的分析，分别或先后采取不同的权变策略，不能简单操作。

### 7.5.3 领导力

#### 1. 领导力的作用

领导力是一种能够影响一个群体实现目标的能力。领导力的实质就是管理者通过自己的行动影响一个群体尽其所能地实现目标。构成领导力的基本要素是激励、命令、刺激、惩罚（权力）。管理者是领导力的核心要素，是指能够实现领导过程的人，这种人在群体或组织中，能够把其他成员吸引到自己的周围，是别人所追随的人，能够得到别人信任的人。管理者的作用表现在以下几个方面。

（1）能更有效、更协调地实现组织目标。

（2）有利于调动人的积极性。

（3）有利于个人目标与组织目标相结合。

#### 2. 领导方式

应用领导学知识进行项目管理的根本和核心是领导方式，领导方式对提高项目管理的水平起着举足轻重的作用。

对领导方式的研究最早是由心理学家勒温进行的。他认为存在着三种极端的领导方式，即专制方式、民主方式和放任自流方式。

（1）专制方式。所谓具有专制方式的管理者是指那些以力服人，即靠权力和强制命令让人服从的管理者。

（2）民主方式。所谓具有民主方式的管理者是指那些以理服人、以身作则的管理者，他们能使每个人都做出自觉的、有计划的努力，让员工各施其长、各尽其能、分工合作。

（3）放任自流方式。所谓放任自流方式的管理者是指那些工作事先无布置、平时无检查，权力完全给予个人，一切悉听自便，毫无规章制度的管理者。

## 7.6 控制团队

### 7.6.1 控制团队的基本概念

控制团队是指确保按计划为项目分配人力资源，以及根据人力资源使用计划监督其实际使用情况，并采取必要纠正措施的过程。本过程的主要作用是确保所分配的人力资源能够适时适地地用于项目，且在不需要时被释放。控制团队以项目管理计划（如资源管理计划）、项目文件（如资源分配计划、人员配备计划、资源分解结构、项目进度计划等）、绩效评估报告、协议等为依据，采取绩效审查、趋势分析、问题解决、人际关系等方法，对项目的各类文件进行更新。

### 7.6.2 问题解决

问题解决可能会用到一系列工具，这些工具有助于项目经理解决控制资源过程中出现的问题。这些问题可能来自组织内部（如组织中另一部门使用的机器或基础设施未及时释放、因存储条件不当造成材料受损等）或来自组织外部（如主要供应商破产、恶劣天气使资源受损）。项目经理应采取以下步骤有条不紊地解决问题。

（1）识别问题，明确问题。

（2）分解问题，将问题分解为可管理的小问题。

（3）调查，收集数据。

（4）分析，找出问题的根本原因。

（5）解决，从众多解决方案中选择最合适的一个。

（6）检查解决方案，确认是否已解决问题。

# 第 8 章

## 项目沟通管理

项目沟通管理包括通过开发工件,以及执行用于有效交换信息的各种活动,来确保项目及其相关方的信息需求得以满足的各个过程。项目沟通管理由两个部分组成:第一部分是制定策略,以确保沟通对相关方行之有效;第二部分是执行必要的活动,以落实沟通策略。

## 8.1 规划沟通

### 8.1.1 沟通的定义及类型

**1. 沟通的定义**

沟通是不同的行为主体通过各种载体实现信息的双向流动,形成行为主体的感知,以达到特定目标的行为过程。

(1)行为主体。行为主体多指人与人、人与人群、人群与人群。随着科技和社会的发展,沟通的主体会逐渐打破人的范畴,动物、超级计算机、机器人都有可能被纳入沟通主体。行为主体中通常包括信息的发送者和接收者,一个完整的沟通过程中,同一个主体会扮演信息发送者和接收者双重角色。

(2)信息载体。对于人来说,信息载体包括本有和外有两大类。本有载体是指人不需假于外物的沟通媒介,包括语言、肢体动作、表情、眼神等,外有载体是指需要借助外物的沟通媒介,包括文字、书信、电话、电子邮件以及新媒体等。通常在一次沟通过程中,存在着几种信息载体同时运用的情况。

(3)特定目标。对于人来说,特点目标至少包括意识、行为和组织三个层面。意识层面通常包括情感、知识、思想等;行为层面通常包括动作、活动、习惯等;组织层面通常包括绩效目标、行动计划、团队氛围等。

在沟通的过程中,行为主体、信息载体和沟通环境都会影响沟通目标的达成。通常情况下,行为主体的状态、知识和经验结构、准备的充分性等因素,信息载体的稳定性、识别度等因素,沟通环境的噪声、氛围等因素,都会对沟通的效果产生影响。

### 2. 沟通的类型

项目沟通的类型多种多样(见图8-1),而且往往相互交织,共同发挥作用。在项目内部,既存在人与人之间的沟通,也存在部门与部门之间的沟通。人际沟通和组织沟通是项目沟通的两种基本类型。

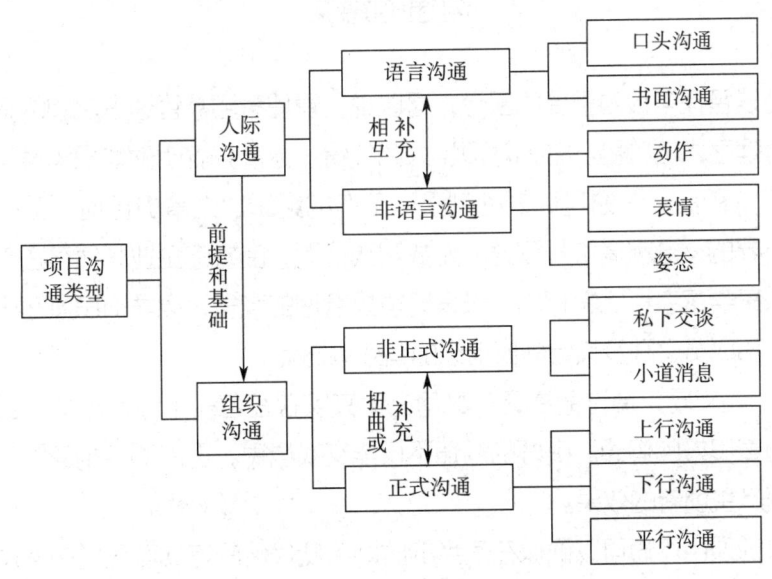

图8-1 沟通的类型

(1)人际沟通。人际沟通是指两个或两个以上项目团队成员之间的沟通。人际沟通主要是通过语言交流来实现,同时还包括情感与思想等的非语言交流、借助信息技术的交流等,良好的人际沟通是进行组织沟通的前提和基础。人际沟通一般包括语言沟通和非语言沟通。

语言沟通是利用语言、文字、图画等形式进行信息的传递和交流而建立起来的,通常包括口头沟通和书面沟通两种形式。非语言沟通则是利用动作、表情、姿态等体态语言方式建立起来的。一个动作、一个表情、一个姿态都可以向项目团队成员传递某种信息。有时候非语言沟通在项目沟通中所起的作用并不亚于纯粹的语言沟通。

（2）组织沟通。组织沟通是指项目内部部门与部门之间的信息交流、传递和理解活动，一般包括正式沟通和非正式沟通两种方式。

正式沟通是指依据项目团队正式规定的组织程序，按照权力等级链建立起来的沟通类型，如团队规定的会议制度、报告制度以及团队之间的交往等。非正式沟通是指不通过正式沟通渠道而进行的信息传递和交流，如团队成员之间私下的交谈、传播小道消息等，是由于项目团队成员的感情和动机上的需要而形成的。非正式沟通非常复杂，信息常常通过社会关系从一个成员传递给另一个成员，而且这些信息经常会被曲解，与正式沟通相矛盾，但有时也会成为正式沟通的补充。

 相关链接

## 沟通的意义

沟通是管理中极为重要的部分，可以说，管理者与被管理者之间的有效沟通是任何管理艺术的精髓。著名管理学大师彼得·德鲁克就明确地把沟通作为管理的一项基本职能。无论是计划的制订、工作的组织、人事的管理、部门间的协调、与外界的交流都离不开沟通。无数实践证明，良好的企业必然存在着良好的沟通。未来学家奈斯比特指出，未来竞争是管理的竞争，竞争的焦点在于每个社会组织内部成员之间及其与外部组织的有效沟通上。

"三个臭皮匠，赛过诸葛亮"这句俗语其实存在着一个隐性前提，那就是三人之间有着良好的沟通。良好的沟通不仅能交换信息，还能够互相交融、互相促进，从而产生创新的效果。

有效的项目沟通可以确保在适当的时间以低代价的方式使正确的信息被合适的人所获得。沟通具体意义有以下几点。

1. 相互理解

在项目管理过程中，沟通的首要问题是双方是否能够相互理解，包括对相互传递的信息内容和含义的理解、对各自表达的思想和感情的理解等。

2. 提出和回应问题与要求

沟通就是双方关注、理解对方的问题和要求，然后做出回应，进而提出自己的问题和要求的过程。

### 3. 交换信息和思想

项目沟通过程中的主要内容是交换信息和思想。信息是描述一个具体事务特性的数据，是支持一项决策的有用消息；思想则是一个人的感情和想法，包括期望、要求和命令等。二者的关系是相互依存的。

### 4. 一种有意识的行为

在许多情况下，沟通受到主观意志的支配，所以沟通的效果在很大程度上受到双方主观意愿和情绪的影响。

## 8.1.2 项目信息

#### 1. 项目信息的特点

项目信息是指报告、数据、计划、技术文件、会议等与项目实施直接或间接联系的各种信息。项目信息在整个项目实施过程中起着非常重要的作用，收集到的项目信息是否正确、能否及时地传递给项目利益相关者，将决定项目的成败。因此，一个项目要想顺利地进行下去，就需要对项目信息进行系统科学的管理。项目信息有以下几个特点。

（1）信息量大。信息量大主要是因为项目本身涉及多部门、多环节、多专业、多用途、多渠道和多形式的缘故。

（2）系统性强。项目信息虽然数量庞大，但却都集中于较为明确的项目对象中，因而容易系统化，从而为项目信息系统的建立和应用创造了非常有利的条件。

（3）传递障碍多。一条项目信息往往需要经历提取、收集、传播、存储以及最终处理这样一个过程。在这一过程中通常会由于以下几个方面的原因造成项目信息传递障碍：信息传递人主观方面的因素，如对信息的理解能力、经验、知识的限制等，地区的间隔、部门的分散、专业的区别等，传递手段落后或使用不当。

（4）信息反馈滞后。信息反馈一般要经过加工、整理、传递，然后才能到达决策者手中，因此往往滞后于物流传递，造成反馈不及时，从而影响信息及时发挥作用。

#### 2. 项目信息的来源

（1）记录。记录分为内部和外部两种。内部记录多为书面形式，如输出或输入的事例、存储记录、施工日志、技术方案、回忆录及信件等。外部记录是指从外部的各种渠道取得的资料，包括有关期刊、统计年鉴、公开发表的统计报告、报纸、言行等。

（2）抽样调查。常用的抽样调查有机械抽样、随机抽样、分层分级抽样和整群抽样等。

（3）文件报告。文件报告是指从组织内外的有关文件、报告中取得信息。如技术操作规程、竣工验收报告、工程情况进展报告、可行性研究报告、设计任务书等。

（4）业务会议。业务会议是指通过召开各种会议，用座谈讨论的形式获取信息。

（5）直接观测。直接观测是指管理者直接到现场观察或通过测量实际情况来收集所需要的信息。

（6）个人交谈。个人交谈是指通过个人之间交换意见的形式来获得信息。

### 8.1.3 规划沟通管理的基本概念

规划沟通管理是基于每个相关方或相关方群体的信息需求、可用的组织资产，以及具体项目的需求，为项目沟通活动制订恰当方法和计划的过程。本过程的主要作用是，为及时向相关方提供相关信息，引导相关方有效参与项目而编制书面沟通计划。本过程应根据需要在整个项目期间定期开展。

规划沟通管理以项目章程、项目管理计划（如资源管理计划、相关方参与计划等）、项目计划（如需求文件、相关方登记册等）、事业环境因素和组织过程资产为依据，采用专家判断、沟通需求分析、沟通技术、沟通模型、沟通方法等方式，生成沟通管理计划。

人与人的沟通过程包括发送者、接收者、信息、沟通渠道4个基本因素（见图8-2）。沟通的基本模型如图8-3所示。

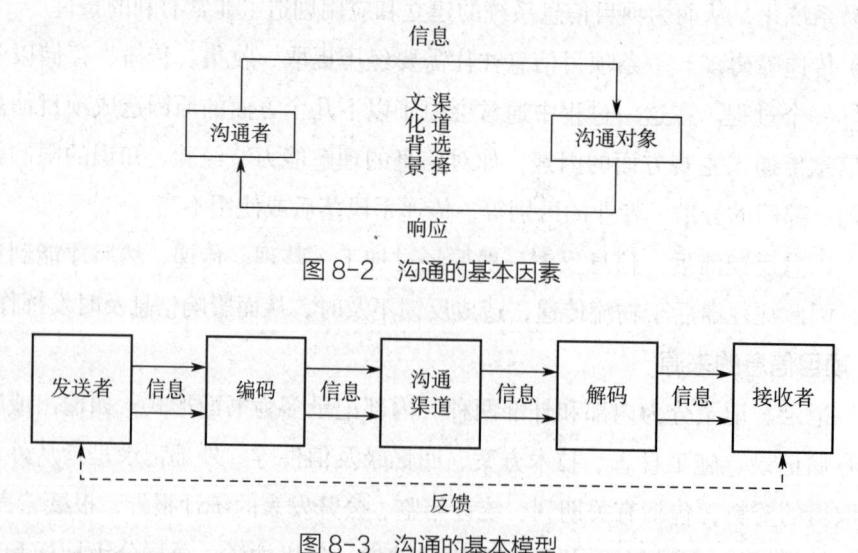

图8-2 沟通的基本因素

图8-3 沟通的基本模型

(1)沟通要有发送者和接收者,即沟通的需求双方。

(2)沟通要有信息。沟通过程开始于信息,但这种信息不像有形物品一样由发送者直接传递给接收者,而是必须被转换成代码,如语言、身体动作、面部表情和符号语言等。沟通是通过信息的传递完成的,而信息的传递则是通过一系列符号实现的。

(3)沟通要有渠道。口头沟通的渠道主要是面对面的交谈、面对大众的演讲、打电话等,而书面沟通的渠道则是通知、信函、报告书、邮件、传真等。

(4)沟通要有效。信息发送者把信息转换成代码传送出去,经过一定的沟通渠道传至接收者。如果信息没有被传递到对方,则意味着沟通没有发生,只有信息在传递之后被接收者充分地理解了,才是真正的沟通。只有当接收者感知到的信息与发送者发出的信息完全一致时,才是一个有效的沟通过程。

### 8.1.4 沟通渠道

任何信息的传递和交流都要通过一定的沟通渠道来进行,沟通渠道是信息传递和交流的路径,是沟通过程的重要组成部分。项目组织内的沟通渠道有正式与非正式之分。在一个项目组织内会明文规定信息传递的渠道,这样的沟通渠道是正式的。除此之外,一个项目组织内的信息还会通过非正式沟通渠道进行传递和交流。

在正式的沟通渠道中,发送者并不一定把信息直接传给接收者,而是要经过一些中间人的转发,这样,沟通渠道就会表现为一定的网络结构。5种典型的沟通渠道包括链式、轮式、环式、全通道式和Y式。图8-4中的圆圈可看作是一个成员或一个组织,箭头表示信息传递的方向。

在链式沟通渠道中,信息自上而下或自下而上地逐级传递。在轮式沟通渠道中,主管人员作为信息中心和全面了解情况的人分别同其下属部门发生联系,向各下属部门发出指令,并汇集和传递来自各个部门的信息,下属各部门和基层人员之间不发生联系,只分别掌握本部门的情况,接受主管人员的指令并反馈信息。在环式沟通渠道中,每个成员或组织可与其相邻的两个成员或组织进行信息沟通。在全通道式沟通渠道中,每个成员之间都有一定的联系,彼此十分了解。Y式沟通渠道兼具链式和轮式的特点。

5种沟通渠道相比较而言,链式沟通渠道传递信息的速度最快;轮式沟通渠道有助于加强控制和提高工作效率;环式沟通渠道有助于提高群体成员的士气;全通道式沟通渠道下的民主气氛浓厚,成员之间的合作精神很强;Y式沟通渠道兼有链式和轮式的特点。根据5种沟通渠道的优缺点,在解决简单问题时,链式和轮式的效率最高,而在解决复杂问题时,环式和全通道式最为有效。

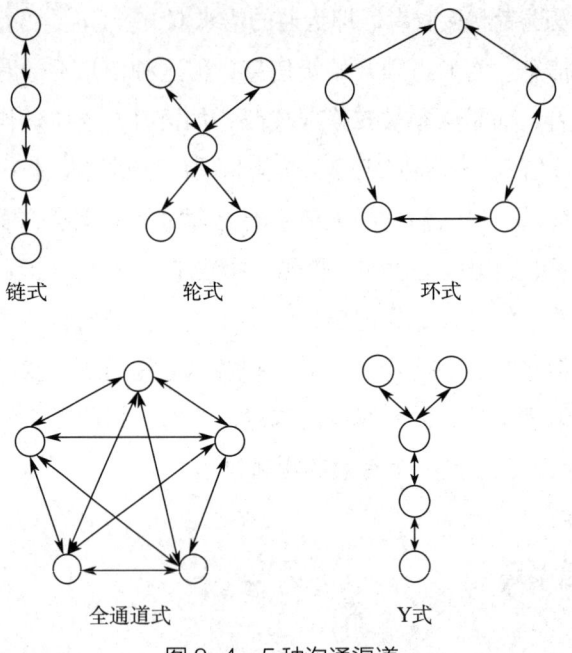

图 8-4　5 种沟通渠道

在实际工作中，沟通渠道可以多种多样，不只限于以上 5 种形式。具体到一个项目中，应根据具体情况，采用合适的沟通渠道，以保证项目信息能得到顺畅的交流与传递。

### 8.1.5　沟通方法

**1. 互动沟通**

互动沟通是在两方或多方之间进行的实时多向的信息交换。互动沟通使用的沟通工件有会议、电话、即时信息、社交媒体和视频会议等。

**2. 推式沟通**

推式沟通是向需要接收信息的特定接收方发送或发布信息。这种方法可以确保信息的发送，但不能确保信息送达目标受众或被目标受众所理解。在推式沟通中，可以采用的沟通工具包括信件、备忘录、报告、电子邮件、传真、语音邮件、博客、新闻稿等。

**3. 拉式沟通**

拉式沟通适用于大量复杂信息或大量信息受众的情况。它要求接收方在遵守有关安全规定的前提之下自行访问相关内容。这种方法包括门户网站、企业内网、电子在线课程、经验教训数据库或知识库。

沟通方法的比较见表 8-1。

● 表 8-1　沟通方法的比较

| 名称 | 定义 | 优点 | 缺点 |
| --- | --- | --- | --- |
| 互动沟通 | 在两方或多方之间进行的实时多向的信息交换 | 实时、有反馈、最好的方式 | 不能进行大量沟通 |
| 推式沟通 | 向需要接收信息的特定接收方发送或发布信息 | 确保发出 | 不保证接收，不保证能理解 |
| 拉式沟通 | 适用于大量复杂信息或大量信息受众的情况 | 自行访问，信息量大、信息复杂 | 不保证接收，不保证能理解 |

### 8.1.6　沟通管理计划的内容

编制沟通计划就是确定、记录并分析项目的利益相关者所需要的信息和沟通需求，即确定谁需要信息、需要什么信息、何时需要以及信息分发的方法，并将其形成文件作为沟通计划。沟通管理计划主要包括下列内容。

（1）详细说明信息的收集渠道，即采用何种方法从何处收集信息。

（2）详细说明信息的分发渠道，即以项目的组织结构图为基础说明信息将以何种形式传递给何人。

（3）信息分发形式，即说明信息的格式、内容、详略程度、特殊符号规定、图表说明等情况。

（4）生产进度计划表，即以具体时间或者里程碑为标准说明项目在何时、将在何人之间进行何种沟通。

项目沟通计划的类型与特点按照其行文表现形式分为行政公文、计划书、合同文本、会议纪要、备忘录、调查报告、总结报告等。

## 8.2 管理沟通

### 8.2.1 管理沟通的基本概念

管理沟通是确保项目信息及时且恰当地收集、生成、发布、存储、检索、管理、监督和最终处置的过程。本过程的主要作用是促成项目团队与相关方之间的有效信息流动。本过程需要在整个项目期间开展。管理沟通以项目管理计划（如资源管理计划、沟通管理计划、相关方参与计划等）、项目计划（如质量报告、风险报告、问题日志等）、工作绩效报告、组织过程资产、事业环境因素为依据，采用沟通技术、沟通技能、沟通方法、项目报告、冲突管理、项目管理信息系统等方法，生成项目沟通记录。

### 8.2.2 沟通技能

沟通技能是指管理者具有收集和发送信息的能力，能通过书写、口头与肢体语言的媒介，有效与明确地向他人表达自己的想法、感受与态度，亦能快速、正确地解读他人的信息，从而了解他人的想法、感受与态度。沟通技能涉及许多方面，如简化运用语言、积极倾听、重视反馈、控制情绪等。虽然拥有沟通技能，并不意味着能够成为一名有效的管理者，但缺乏沟通技能会使管理者遇到许多麻烦和障碍。

### 8.2.3 冲突及冲突管理

冲突是项目与生俱来的。无论是在工期、费用和质量这些核心的项目目标中，还是在项目利益相关者对项目的期望中，冲突都无所不在。所以，项目经理在某种程度上就是冲突管理者。

#### 1. 项目冲突的来源

在项目环境中，冲突是不可避免的。在大多数情况下，冲突总是因人而起。如果采取正确的方式，这些冲突通常在不影响项目计划之前就能够被化解。认识冲突的起因和来源有助于更好地解决冲突。常见的冲突来源归纳如下。

（1）管理冲突。许多冲突来源于项目应如何管理，也就是项目经理的报告关系定义、责任定义、界面关系、项目工作范围、运行要求、实施的计划、与其他组织协商的工作协议，以及管理支持程序等。

（2）技术冲突。在面向技术的项目中，在技术质量、技术性能要求、技术权衡以及实现性能的手段上都会发生冲突。例如，客户认为应该采用最先进的技术方案，而项目团队则认为采用成熟的技术更为稳妥，此时就可能产生技术冲突。

（3）人力资源冲突。在资源分配中，人员是关键，可能会在决定由谁（项目成员）来承担某项具体任务以及分配资源数量的多少等方面产生冲突。因为项目团队成员有很多是来自其他职能部门或者支持部门，这些人需要接受本部门的调度，而这些部门很有可能为多个项目提供资源支持。因此，在资源的调配和任务的分配上会出现冲突。

（4）项目进度冲突。冲突可能来源于对完成工作的次序及完成工作所需时间长短的意见不一。进度冲突往往与支持部门有关，项目经理对这些部门只有有限的权力进行控制，但是他们对工作优先权的考虑往往存在着差异。例如，一件对项目经理来说十万火急的事在相应的支持部门处理时却只是较低的优先级。进度计划冲突有时还与人力资源问题有关。

（5）费用冲突。项目实施进程中，经常会由于工作所需费用的多少而产生冲突。例如，项目经理分配给各职能部门的资金总被认为相对于支持要求是不足的，工作包A的负责人常会认为该工作包中预算过小，而其他工作包的预算过大。

（6）优先权冲突。当人员被同时分配到几个不同的项目组中工作时，可能会产生冲突。项目成员常会对实现项目目标应该完成工作或任务的先后次序有不同的看法。优先权冲突不仅发生在项目团队和其他支持团队（如职能部门）之间，在项目团队内部也会发生。这种冲突的发生往往是因为项目团队没有做过当前项目的类似经验，项目优先权在项目执行过程中与原来的设想发生了很大的变化，需要对关键资源进行重新安排，进度也会因此受到很大影响。

（7）个性冲突。个性冲突经常集中于个人的价值观、判断事物的标准等个性差别上，这并非技术上的问题。个性冲突往往起源于团队队员经常出现的以自我为中心。有些冲突是有益的，例如，两个技术专家为谁有解决某个问题更好的方法而争论，他们都试图为各自的假设找到更多的支持资料。又如，针对原材料和产成品存货，制造部门希望在手头有尽可能多的原材料存货以便不削减产量，市场销售部门希望有更多的产品存货来满足顾客需求。然而，财务和会计则希望原材料和产成品存货尽可能少，这样会使账目看起来更理想，也不会发生现金流量问题。

## 2. 项目冲突的管理

虽然导致冲突的因素多种多样，且同一因素在不同的项目环境及同一项目的不同阶段可能会呈现不同的性质，但是，解决不同的冲突，还是有一些常用的方法和基本策略。下面介绍解决冲突的5种基本策略。

（1）回避或撤退。回避或撤退的方法就是让卷入冲突的项目成员从这一状态中撤离出来，从而避免发生实质的或潜在的争端。有时，这种方法并不是一种积极的解决途径，它可能会使冲突积累起来，进而在将来逐步升级。

（2）竞争或强制。这种方法的精神实质就是非赢即输。它认为在冲突中获胜要比勉强保持人际关系更为重要。这是一种积极的冲突解决方式，冲突越厉害，就越容易采取这种方式，一方的获胜是以另一方的失败为代价。

（3）缓和或调停。求同存异是这种方法的精神实质。其通常的做法是忽视差异，在冲突中找出一致的方面。这种方法认为，团队队员之间的关系比解决问题更为重要，通过寻求不同的意见解决问题会伤害队员之间的感情，从而降低团队的凝聚力。尽管这一方式能缓和冲突，避免某些矛盾，但它并不利于问题的彻底解决。

（4）妥协。妥协是为了做交易，或者说是为了寻求一种解决方案，使得各方在离开的时候都能够得到一定程度的满足。妥协常常是面对面协商的最终结果。有些人认为妥协是一种平等交换的方式，能够导致双赢结果的产生；另一些人则认为妥协是一种双败的结果，因为任何一方都没有得到自己希望的全部结果。

协商的实质是寻求争论双方在一定程度上都满意。这一冲突解决的主要特征是寻求一个调和的折中方案。有时，当两个方案势均力敌、难分优劣之时，妥协也许是较为恰当的解决方式。但是，这种方法并非永远可行。例如，项目团队的某位队员认为完成管道铺设的成本费用大概需要5万元，而另一个成员却说至少需要10万元，经过妥协，双方都接受了7万元的预算，但这并非最好的预计。

（5）正视。这种解决问题的方法是冲突各方面对面地进行会晤，以尽力解决争端。应用此方法应当侧重于解决问题，而不是加剧冲突。

直接面对冲突是克服分歧、解决冲突的有效途径。通过这种方法，团队队员直接正视问题、正视冲突，要求得到一种明确的结局。这种方法既正视问题的结局，也重视团队成员之间的关系。每位队员都必须以积极的态度对待冲突，并愿意就面临的问题和冲突广泛地交换意见。只有暴露冲突和分歧，才能寻求最好的、最全面的解决方案。由于新信息的交流，每位成员都愿修订或放弃自己的观点和主张，以便形成一个最佳的方案。这是一个积极的冲突解决途径，它需要一个良好的项目环境。在这种方式下，团队队员之间的关系是开放的、真诚的、友善的。

以诚待人、形成民主的讨论氛围是这种方式的关键。分歧和冲突能激发团队队员的讨论，在解决冲突时，绝不能夹杂个人的感情色彩，要花更多的时间理解把握其他成员的观点和方案，还要善于处理而不是压制自己的情绪和想法。

### 8.2.4 项目报告

#### 1. 项目报告的内容

项目报告多数是根据项目记录整理而成的有关项目实际情况或特殊问题的说明文件，它是项目沟通计划实施过程中使用最多的沟通方式和文件，同时也是项目沟通中最为重要的信息传递和沟通的方法。项目报告包括很多种，主要有项目绩效报告、项目总结报告、项目预测报告等。项目报告可以是正式的报告，也可以是非正式的报告。前者一般是根据项目沟通计划而按照一定的周期生成和呈报的，后者则是根据项目实施中的某些特殊需要而生成和呈报的。

项目报告的目的是及时反映项目进展状况和内外部环境变化状况，发现存在的问题及其发生的变化，分析潜在的风险和预测发展趋势，以便管理人员做出正确的判断和决策，从而实现项目管理的有效控制。

项目的情况报告一般没有格式的特别要求，但项目报告的内容应满足项目管理决策的信息需要。项目报告一般应由以下 5 个方面的内容组成。

（1）项目进展简介。项目报告中应列出项目相关的重要事项。叙述每一个事项近期的成绩、完成进度及其他一些对项目有重大影响的事件。为使报告既简洁又清楚，报告要有细节，以提供可索取进一步信息的途径。

（2）项目近期走势。近期走势叙述从现在到下次报告期间项目将要发生的事件。对每个将要发生的事件进行预测及简单说明，必要时附上原因，并提供一份项目下一期的进度图表。

（3）预算情况。一般以清晰、直观的图表反映项目近期的预算情况，并对以往的重大偏差做出解释。

（4）困难与危机。困难是指力所不及的事，危机是指对项目造成重大险情的事。在这里应当对高层管理人员提出予以支持的要求。

（5）对人和事的表扬。不可否认的是，在一个健康的项目组内，人是最宝贵的资源。在项目管理中，表扬好人、好事是不可缺少的工作。项目工作是需要意志力的工作，项目成功是每一个项目工作者长年累月加班加点、不辞辛劳、乐于奉献的结果。

当然，与项目有关的不同组织、不同部门和不同层次的人员，会提供广度、深度不同的项目信息报告，提供报告的频次也不一样。对于基层管理人员来说，他们所关心的是个人和小组工作任务的完成，因此所需要的信息主要是关于个人和小组工作任务的完成情况及其影响因素，且报告的次数较多。而高层管理者所要求的信息其内容细节少、综合性强，大多是综述性的项目进展情况，报告的次数少。

原则上，项目报告应及时给出，以便实现项目控制。因此报告的时间一般要对应于项目里进度时间。这就意味着项目报告不一定定期提供，除非是提供给高层管理者的进度报告。

**2. 项目报告的形式**

为了达到项目管理信息需求的目的，可以考虑3种不同形式的报告。

（1）日常报告。日常报告是用来报告有规律、经常性的信息。但有规律地进行项目报告也不一定意味着要按日历安排报告工作时间。对于高层管理者来说，进展报告常常是周期性提供的，但对项目经理和基层管理人员来说，报告则是根据工作实际需要给出的。一般按进度时间安排报告时间，有时根据资源利用期限发出日常报告，也有时每周甚至每日提供报告。

（2）例外报告。此种报告方式常用在下面两种场合。

1）为项目管理决策提供信息报告，报告发给决策有关人员。

2）公布决策并为之做出解释的报告。当决策是建立在某一例外基础之上并必须以文件形式将此决策通知给有关管理人员时，可采用此类报告。

（3）特别分析报告。特别分析报告常用于宣传项目特别研究成果或对项目实施中发生的一些问题进行评述。这类报告可以发给项目中的任何人。

项目报告除了用文字表达外，图表也是传递信息的重要工具。报告按传递的方式不同可分书面报告、会议报告、口头报告等。

**3. 项目报告的编写要求**

各种项目报告的编写都要考虑下列要求和原则，以便能够提供有价值的报告。

（1）项目报告要简洁明了。不要试图以报告长度来打动项目报告接收者，报告的长短不等于项目进展或完成的好坏。而且项目报告越简明才越会有更大的机会被阅读，因此应尽量使各种项目报告简洁明了。

（2）报告内容和形式要保持一致。要保证项目报告的内容与形式能够保持一致，就需要根据报告内容选用格式和语言。在项目报告中要突出重点，要让各类使用项目报告的人都能懂得和理解其中的信息。

（3）借助图表进行简明和充分的表达。图表是项目管理中使用的一种工程语言，所以在项目报告中要充分利用图表。一般自然语言在项目沟通中的效果不佳，但是图表却可以很好地说明项目管理的问题和情况。

（4）报告方式与报告使用者的要求相符。项目报告有对内和对外之分，有给项目团队的，也有给项目业主和客户的，不同的使用者所要项目报告的方式与要求是不同的，报告必须符合其使用者的要求。

### 8.2.5 项目管理信息系统

**1. 项目管理信息系统的概念**

项目管理信息系统是项目沟通管理的重要组成部分。项目沟通管理通常包括组织元素间的信息沟通管理和人际沟通管理两部分。项目的信息管理是指保证及时与恰当地生成、收集、传播、存储、检索和使用项目信息的过程。

**2. 项目信息管理系统的设计和开发**

设计开发项目管理信息系统的工作包括系统分析、系统设计和系统实施三个方面。

（1）系统分析。通过系统分析，可以确定项目管理信息系统的目标，掌握整个系统的内容。系统分析应先对系统的现状进行调查，判断建立项目管理信息系统的可行性；调查系统的信息流和信息量，确定各部门需要保存的文件、输出和传递数据的格式；分析用户的要求，确定管理信息系统中可以由计算机处理的内容以及由人工计算的内容；确定计算机的技术要求，包括对计算机软硬件的要求。

（2）系统设计。系统设计需要运用系统分析的结果建立系统流程图，提出程序设计的详细技术资料，为程序设计做准备。系统设计分为两个阶段，即概要设计阶段和详细设计阶段。概要设计阶段的主要工作是输入、输出文件格式的设计、代码设计、信息分类、子系统模块和文件设计，确定系统流程图。详细设计阶段的主要工作是将前一阶段的成果具体化，包括输入、输出格式的详细设计，系统流程图的详细设计和程序说明书的详细设计等。

（3）系统实施。系统实施是为实现项目目标、完成项目规定的最终交付成果，依据项目基准计划，通过一系列具体、实际的活动，准确、及时地完成项目中的各项工作，并得到客户满意和认可的过程。

系统实施是系统开发工作的最后一个阶段。实施是指将系统设计阶段的成果用以计算机为主的工具进行实现，将原来纸面上的系统方案转换成可执行的应用软硬件系统。系统实施阶段的主要任务包括：按总体设计方案购置和安装计算机网络系统；建立数据库系统；程序设计与调试；整理基础数据，培训操作人员；试运行。在完成这些任务的过程中也会涉及项目团队的建设和发展、项目的采购管理以及阶段性评价等典型管理活动。

## 8.3 监督沟通

### 8.3.1 监督沟通基本概念

监督沟通是确保满足项目及其相关方信息需求的过程。本过程的主要作用是按沟通管理计划和相关方参与计划的要求优化信息传递流程。本过程需要在整个项目期间开展。

监督沟通以项目管理计划（如资源管理计划、沟通管理计划、相关方参与计划等）、项目计划（如问题日志、沟通记录、经验教训等）、工作绩效报告、组织过程资产、事业环境因素和组织过程资产为依据，采用专家判断、项目管理信息系统、会议等方法，对工作绩效信息和相关项目文件进行更新。

### 8.3.2 会议管理

会议管理是一个动态的合成词。从字面含义上讲，会的基本含义是聚会、见面、集会等；议的基本含义是讨论、商议；管理就是制定、执行、检查和改进。现代意义上的会议是有组织、有领导地召集人们商议事情的活动。它体现了会议的4个基本条件：有组织、有领导、商议事情和集会。一个会议的构成包括以下要素：会议名称、会议时间（含开始时间和终止时间）、会议地点、会议人员（出席人员、列席人员和工作人员）、会议组织、会议主题等。

为了提高会议的效率，有必要加强会议管理，做好会前准备、会中控制和会后跟踪三个环节的工作。

**1. 会前准备**

（1）质疑会议的必要性。会议是一项特别耗费时间、人力、财力、物力的活动，在某些情况下，会议并不是沟通信息的最佳方式，也不是任何问题都可以通过开会来解决，所以，每次开会前都应对会议的必要性进行质疑，做到能不开的会坚决不开，可开可不开的会尽量不开，必须召开的会尽量少开。

（2）明确会议的目标。会议的目标越明确、具体越好，如"探讨如何在 10 月底之前将产品不良率由目前的 5% 降低至 3%"的会议目标就比"探讨如何降低产品的不良率"更加明确、具体，这样会议讨论的效果会更好。

（3）确定会议议题。会议议题是指根据会议的目的确定要讨论的话题或决策的对象。确定会议议题应遵循以下原则：一是议题必须紧扣会议目标；二是议题数量要适中，不能太多也不能太少；三是各项议题之间保持有机联系，并按照议题解决的逻辑顺序进行排列；四是明确讨论各项议题所需的时间。

（4）确定与会人员。确定与会人员的人数和结构。一般应邀请下列几类人员参加会议：对会议主题有深入研究或对情况较为熟悉的人、对会议目标达成起关键性作用的人、能够客观理智和积极踊跃发表自己见解的人。

（5）确定会议的基本程序。确定会议的基本程序就是明确会议先做什么、后做什么、再做什么。一般在安排会议议题顺序时需要注意的是：主要的议题往前排、相对次要的议题往后排；时间紧迫的议题往前排、时间余地大的议题往后排；需要与会者高度集中讨论的议题往前排，与会者兴趣较大、已经掌握相关知识的议题往后排。

（6）安排会议时间和地点。在会议时间安排上需要考虑何时召开会议、会议持续多久的问题。确定会议召开时间需要考虑与会人员是否能够出席和会议效率的问题。会议持续时间不宜过长也不宜过短，过长容易导致疲劳，过短会使有些议题还没有讨论会议就结束了。

会场是否不受外界干扰、是否有足够的停车场、是否有必要的会议设备等也是会前准备的重要环节。此外，会前准备还需做好准备会议资料和发放会议通知的工作。

**2. 会中控制**

（1）有效控制会议的议题和进程

1）明确议题的目标。讨论任何议题时都要明确议题的目标是什么、议题的内容是什么和为什么要讨论该议题。

2）澄清对议题的误解或错误。如果与会者对议题有误解，或使用了错误的概念，主持人应及时予以澄清。

3）控制讨论进程。当与会者发言与会议主题不相符时，主持人应及时将其发言拉到会议主题上来；对那些喋喋不休者，主持人应及时中断其发言，将发言的机会交给其他人；对那些不善言辞、性格内向的人，主持人应鼓励和引导其积极发言；对那些对会议有敌意的人，主持人应引导其客观理性地表达看法。

4）有效处理意见分歧。当会议出现不一致意见而引发争论时，主持人应对各方观点进行归纳总结，以帮助其理清思路、把握要点。

5）控制会议时间，按时开始，准时结束。

6）总结议题成果，确认行动。每一个议题讨论结束后，主持人均应就已经达成一致的内容进行清晰、简短的概括，如果该决议需要某人采取行动，主持人还应要求他确认在该行动中应当承担的责任。

（2）有效控制会议成员的行为

1）严格要求准时开会。一定要养成准时开会的习惯，不要因为某些人的迟到而推迟开会。记录下迟到的人，给他们造成压力，促使他们改变迟到的习惯。

2）鼓励下级积极发言。由于害怕招致上级领导的反对，下级往往不敢自由发表自己的见解，这时上级领导应鼓励下级积极发言，即使不完全同意其观点也应肯定其发言中有价值的部分，或者对他们的观点进行全面记录，以强化和鼓励他们的行为。为了避免领导首先发言给后发言者造成的心理作用，可以考虑把领导安排在下级之后发言。

3）鼓励思想交锋。会议期间应鼓励大家自由发表意见，鼓励持不同思想观点的人展开交锋、争论，但争论的内容必须和会议主题有关，争论时切忌感情用事，更不能对他人进行人身攻击。

4）避免压制建议。如果自己提出的建议遭到嘲笑和压制，那么人们将害怕和没有热情提出建议。所以，会议领导者应对提出的建议给予特别的关注并表现出足够的热情，尽可能避免其他人压制该建议的做法。

### 3. 会后跟踪

会议结束后，应将会议内容整理成会议纪要，会议纪要中应包括相关部门需承担的责任、责任人、完成时间及验收标准等内容。会议的关键在于落实，应根据会议纪要的内容检查会议决定的落实情况，使会议做到议而有决、决而有行、行必有果。

# 第 9 章 项目相关方管理

项目相关方管理是指识别能够影响项目或会受项目影响的人员、团体或组织，分析相关方对项目的期望和影响，制定合适的管理策略从而有效调动相关方参与并执行项目决策。

## 9.1 识别相关方

### 9.1.1 相关方的定义及分类

**1. 定义**

相关方是指可能影响项目决策、活动或结果的个人、群体或组织，以及受到或自认为会受到项目决策、活动或结果影响的个人、群体或组织。项目相关方可能是主动参与项目，也可能是被动参与项目。不是所有的相关方对项目都有同样的期望。有的相关方希望不惜任何代价使项目成功，而其他相关方则宁愿项目失败也不愿意付出一定代价。有的相关方认为完工了的项目就是成功（不论成本是否超支），但其他相关方只认可财务上的成功。相关方注重他们在项目中能获得的价值，这就是他们对成功的定义，但真正的价值只有在项目完成几个月之后才能显现出来。有的相关方把项目看成引起公众注意、提高知名度的一个机会，因此他们会积极参与，而其他相关方则更倾向于被动参与。

不同的相关方对项目有不同的需求和期望，项目团队必须对相关方的需求和期望加以识别、进行管理并施加影响，调动其积极性，消除其消极影响，以确保项目成功。项目相关方一般是通过合同和协议联系在一起，共同参与项目管理活动。

**2. 分类**

按其来源，相关方可以分为内部相关方和外部相关方。

（1）内部相关方。内部相关方是指来自组织内部的团体或个人，具体包括以下几类。

1）项目发起人。项目发起人通常来自高级管理层，他们不仅要确保项目内部的信息准确地传达给客户，还要保证客户的资金不会被乱用。除了传递信息之外，发起人还在团队目标制定、优先级别确定、项目组织结构、关键人员配置以及冲突解决方面发挥重要作用。项目发起人就像项目经理的"大哥"或指导老师，但他不行使项目经理的职能。项目发起人应该协助项目经理解决那些项目经理自己不能解决的问题。

2）职能经理。职能经理是针对某个部门所设置的管理角色，日常工作偏重于管理，包括人员管理、制度管理，也涉及业务管理等。职能经理一般有一定的人事权、财务权。

3）项目管理办公室。项目管理办公室是在组织内部将实践、过程、运作形式化和标准化的部门，是提高组织管理成熟度的核心部门，它根据业界最佳实践和公认的项目管理知识体系，并结合企业自身的业务和行业特点，以此确保项目成功率的提高和组织战略的有效贯彻执行。项目管理办公室通常具有如下的责任与功能。

①为项目经理和项目团队提供行政支援，如项目各种报表的产生。

②最大限度地集中项目管理专家，提供项目管理的咨询与顾问服务。

③将企业的项目管理实践和专家知识整理成适合于本企业的一套方法论，以供企业内传播和使用。

④在企业内提供项目管理相关技能的培训。

⑤可以配置部分项目经理，有需要时，也可直接参与具体项目，对重点项目给予重点支持。

项目管理办公室可以是临时机构，也可以是永久机构。临时机构往往用来管理一些特定项目，如企业购并项目。永久性项目管理办公室适用于管理具有固定时间周期的一组项目，或者支持组织项目的不断进行。

4）项目经理。项目经理是项目的负责人，是项目组的核心，也是决定项目成功与失败的关键人物。项目经理必须明确自己在项目管理中的地位和作用、职责和权限。项目经理首先要识别谁是项目的利益相关者，并负责沟通项目的有关方面，协调各方面的利益,尽可能使各方面的需求和期望得到满足。

5)团队成员。项目团队是一个项目实施期间由不同背景、不同技能和不同知识的两人或两人以上的集体组成。项目团队必须有明确的目标并为之奋斗,团队成员有合理的分工与协作,团队赋予每个成员相应的权力和责任。只有具备以上三点的团队才能是一个有凝聚力的团队,才能在团队成员的共同努力下实现项目目标。

(2)外部相关方。外部相关方是指来自组织外部的团体或个人,具体包括以下几类。

1)用户(客户)。用户可能是一个人、几个人或一个组织。一般情况下,用户是指项目最终成果的接收者和经营者。用户应当对项目负有最大的责任,如审查可行性研究报告、筹集项目资金、组织项目规划和实施、对项目进行验收、与项目的利益相关者进行沟通和协调。

2)供应商。供应商即为项目提供原材料、设备、工具等的商人。供应商要按时、按质、按量提供项目所需物质。当然,供应商也希望获得预期的利润。

3)投资者。项目的投资者可以是政府、组织、个人、银行或股东,他们最关心项目是否成功,能否盈利或能否收回投资。投资者可通过直接投资、发放贷款、发行债券、发行股票等方式向项目经营者提供资金。投资者的主要责任是做出正确的投资决策,其管理的重点处在项目的启动阶段。

除上述项目的直接利益相关者外,还有一类人或组织与项目有或多或少的利益关系,如政府的有关部门、社区公众、新闻媒体、行业组织、合作伙伴、竞争对手等。

### 9.1.2 识别相关方的基本概念

识别相关方是定期识别项目相关方,分析和记录他们的利益、参与度、相互依赖性、影响力和对项目成功潜在影响的过程。本过程的主要作用是使项目团队能够建立对每个相关方或相关方群体的适度关注。本过程应根据需要在整个项目期间定期开展。

识别相关方以项目章程、商业论证、项目管理计划(如沟通管理计划、相关方参与计划)、合同、事业环境因素和组织过程资产为依据,运用专家判断、相关方分析、相关方映射图、能力—忠诚度坐标图等方法,生成相关方登记册。

### 9.1.3 相关方参与计划

相关方参与的作用是掌握其需求和期望。相关方参与计划是项目管理计划的组成部分。它确定用于促进相关方有效参与决策和执行的策略和行动。基于项目的需要和相关方的期望，相关方参与计划可以是正式或非正式的、非常详细或高度概括的。

在项目的早期阶段，制订相关方参与计划，可以使项目关键相关方的目标达成一致，同时促使关键相关方转化为项目取得成功的有力支持者。相关方参与计划可以帮助项目经理在遇到问题时能够取得先发优势，即把对项目具有重大影响力的利益相关方转化为支持者而不是阻碍者。这份文件应该包含以下信息。

**1. 相关方管理的过程**

这个计划应该辨别和描述相关方的管理工作是如何被执行的，包括描述全部管理工作过程。

**2. 角色和责任**

项目经理承担相关方管理的全部责任，但是其必须借助项目管理团队全体成员的力量，将相关方的管理责任具体分派到每一个人的身上。这个计划应该具体指出每一个项目管理成员所负责的相关方，同时也要指出每一个相关方具体由哪个项目管理成员负责维护。

**3. 工具**

这个计划应该描述出用来辨别、分析相关方的利益、态度、权力和影响的各种工具，以便于制定和执行相关方策略。

### 9.1.4 相关方分析

相关方分析中常用的工具有权力/动态和权力/利益两个分析矩阵。

**1. 权力/动态矩阵**

权力/动态矩阵用来确定在发展新战略时如何引导政治权力。该矩阵按相关方对企业的权力大小和企业自身发展前景（可预测性）两个维度进行组合分析，如图9-1所示。

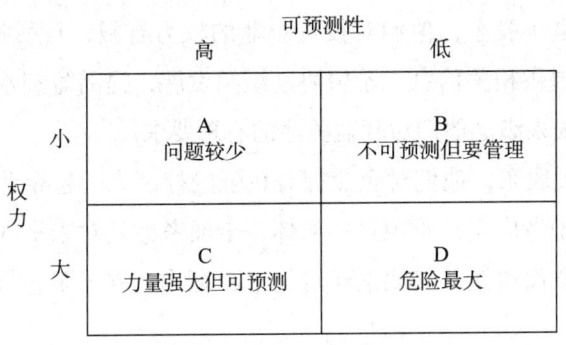

图 9-1 权力/动态矩阵

A 区相关方即小股东，他们对自己投资业务的发展很了解，对组织的战略基本上不怎么过问。

B 区相关方作为小股东，对自己投资业务权力不大，对前景也不清楚，因此要求过问企业战略，并加强管理。

C 区相关方是大股东，对投资的业务权力很大，有直接的管理关系，可能会通过管理人员的参与过程来影响战略，但因为对业务比较了解，所以战略上比较稳定。

D 区相关方作为大股东，不清楚企业业务的前景，但拥有较大权力，因此可能会支持或阻碍新战略的选择，让企业的战略不易明确。可见，在已建立一个不可改变的地位前一定要找到一种方法，以便测试这些相关方（D 区）对新战略的态度。

2. 权力/利益矩阵

权力/利益矩阵用来确立公司与相关方的关系和策略。该矩阵按相关方对企业的权力大小和企业利益水平两个维度进行组合分析，如图 9-2 所示。

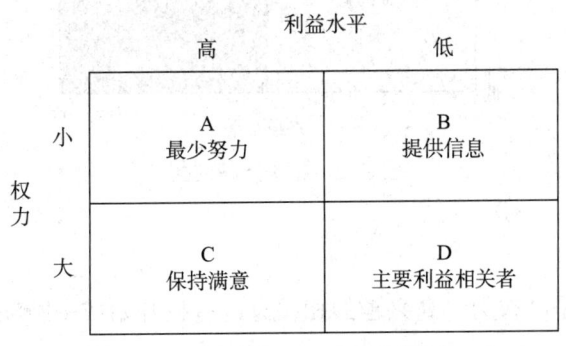

图 9-2 权力/利益矩阵

A 区相关方是小股东，他们对投资组织的权力较小，但所投资组织的效益较好，所以就是坐享分红，不必管理所投资的组织。

B区相关方也是小股东，他们对投资企业的权力有限，且所投资企业效益较差。此类小股东会积极提供相关信息，希望协助组织发展，提高盈利水平，所以可以通过保持信息交流的方式来满足他们对利益关注的心理要求。

C区相关方是大股东，他们对企业拥有较强的控制力，且企业效益好，能够获得稳定回报。组织管理者应充分重视这一群体，全面考虑其对未来战略的可能反应，如果低估了他们的利益而迫使其突然重新定位于D区内，并且阻止战略变革，会使情况变得更糟糕。

D区相关方也是大股东，他们对组织拥有较强的控制力，但由于组织效益一般，没有取得相应回报，所以该类型相关方会加大对组织的关注度，这就要求组织管理者在战略制定和实施过程中，应重点考虑主要参与者（D区）是否接受该战略。

### 9.1.5 相关方映射图

相关方映射图往往显示在一个坐标网络中，根据他们的权力和利益水平不同来排列，如图9-3所示。

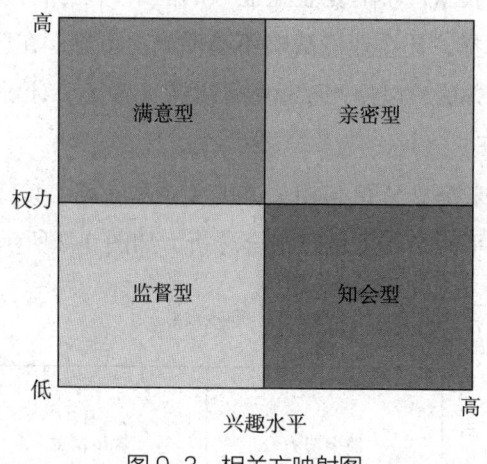

图9-3 相关方映射图

**1. 亲密型**

亲密型相关方是高权力、高兴趣的相关方，有权开始或中断项目。因此必须尽最大的努力满足他们。注意有些因素可能会让他们迅速改变象限。

**2. 满意型**

满意型相关方是高权力、低兴趣的相关方，同样有权开始或中断项目。因此必须做出一些努力来满足他们，但不要提供会导致厌倦和完全失去兴趣的过多细节信息。

他们可能会直到项目快要结束时才参与进来。

### 3. 知会型

知会型相关方的权力有限，但是兴趣高。他们能充当问题的早期预警系统，并有精明的技术可以帮助解决技术问题。他们是经常提供隐藏机会的相关方。

### 4. 监督型

监督型相关方拥有有限的权力，除非灾难发生，否则不会对项目感兴趣。向他们提供的信息不要太详细，不然会使其失去兴趣或感到厌烦。

## 9.1.6 能力—忠诚度坐标图

项目经理运用能力—忠诚度坐标图（见图9-4）分析其项目的相关方，一个核心的相关方管理策略将会初步呈现。这个策略应该具有针对每一个主要相关方的交流和执行计划。其核心策略应包含保持与项目倡导者的联系，描述他们之间如何相互影响，而且要规划出如何将当前对项目忠诚度低的相关方转化为项目的支持者。通过图9-4可以初步感知相关方对于项目的态度是支持、反对还是漠不关心。

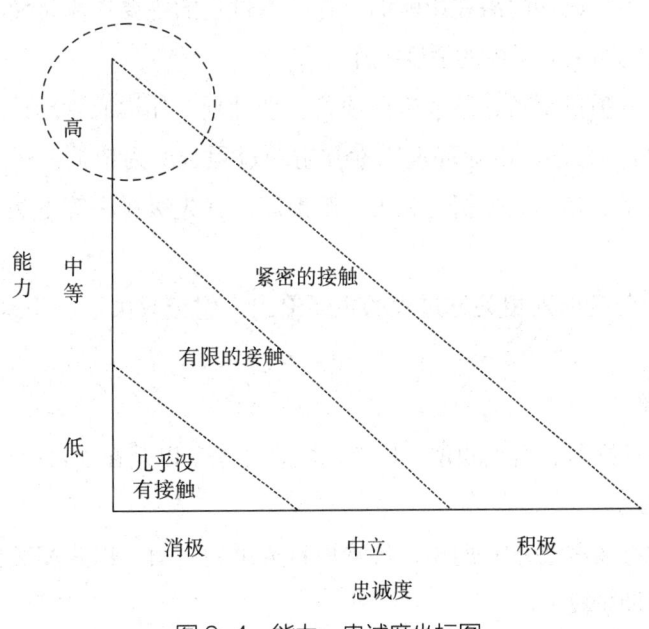

图9-4 能力—忠诚度坐标图

### 9.1.7 优先级排序

如果项目有大量相关方或相关方社区的成员频繁变化、相关方和项目团队之间或相关方社区内部的关系复杂，都有必要对相关方进行优先级排序。

项目经理在进行复杂项目管理时，应当更青睐那些有最高优先权的项目。优先等级要根据组织的战略安排来确定。一般根据项目的重要和紧急程度安排优先级。对于组织战略得以实施的最重要、最紧急的项目一般排在最高级，依次类推。在确定优先等级之后，再根据排序确定综合计划中资源的合理分配。优先级的确定可能是一项费时的工作，如果一个项目的优先化系统是有效的，那就必须正确执行。优先化系统还存在最后阶段的风险。同样，并不是每一个项目都需要排出优先水平。

### 9.1.8 相关方登记册的内容

相关方识别是定期识别项目相关方，分析和记录他们的利益、参与度、相互依赖性、影响力和对项目成功的潜在影响的过程。本过程的主要作用是使项目团队能够建立对每个相关方或相关方群体的适度关注。

识别相关方以项目章程、商业论证项目管理计划（如沟通管理计划、相关方参与计划）、项目文件、合同、事业环境因素和组织过程资产为依据，运用专家判断、问卷调查、头脑风暴、相关方分析、相关方映射图、优先级排序等方法，生成相关方登记册。

相关方登记册是识别相关方过程的主要输出。它记录关于已识别相关方的信息，包括以下内容。

1. 身份信息

身份信息包括姓名、组织职位、地点、联系方式，以及在项目中扮演的角色。

2. 评估信息

评估信息包括主要需求、期望、影响项目成果的潜力，以及相关方最能影响或冲击的项目生命周期阶段。

3. 相关方分类

相关方分类是依据用内部或外部，作用、影响、权力或利益，上级、下级、外围或横向，或者项目经理选择的其他分类模型进行分类的结果。

## 9.2 管理相关方

### 9.2.1 管理相关方的基本概念

管理相关方参与是与相关方进行沟通和协作以满足其需求与期望、处理问题,并促进相关方合理参与的过程。本过程的主要作用是让项目经理能够提高相关方的支持,并尽可能降低相关方的抵制。本过程需要在整个项目期间开展。

管理相关方以项目管理计划(如相关方参与计划)、项目文件、事业环境因素和组织过程资产为依据,运用专家判断、项目管理软技术、基本规则和会议等方法,更新相关项目管理文件。

### 9.2.2 项目管理软技术

**1. 软技术**

软技术是相对于硬技术而言的。软技术是人类把在经济、社会、人文活动中发现的共性规律和经验,加以有意识地利用和总结,转变成各种解决问题的规则、制度、机制、方法、程序、过程等操作性体系。但总体来说,软技术和硬技术还没有一个非常清晰、公认的定义边界。

软技术是围绕人的思维、思想、价值观以及人与组织的行为的技术,是为人类社会进行创造和创新的技术。

**2. 硬技术**

硬技术是相对于软技术而言的,由计算机硬件与软件演变而来。硬技术是指直接用于生产资料和生活资料实体开发和生产的技术,如产品设计技术、计量和测试技术、设备的制造技术等。

传统的项目管理多以硬技术为向导。20世纪90年代以后,出现了以软技术为向导的一些研究和管理实践,重点关注项目管理团队、项目组织机构、人力资源管理、项目冲突管理、项目沟通管理、项目风险管理等复杂性因素。

### 3. 软技术与硬技术的区别

作为一种特有的技术范式，软技术与硬技术在许多方面存在着区别。

（1）知识来源不同。软技术是以行为科学、思维科学、心理科学及有关社会科学作为知识背景，在应用现代系统论、信息论和控制论的基础上发展起来的。硬技术一般以自然科学知识作为知识背景，是利用自然科学的成果对自然物质世界进行改造和操作。

（2）操作对象不同。软技术是以人的心理活动和在心理支配下的外在行为为认识和改造的对象。硬技术则主要以物（自然物质世界）为改造和操作的对象。

（3）操作目的不同。软技术通过掌握、管理和操作人的思想、情感、思维方式、行为方式，以及活动模式来提高活动效率和满足人的多方面需求。硬技术通过对物的改造和操作，来为人类生存和发展提供物质和能量。

（4）创新模式不同。软技术一般以"构思—形成系统/模式/方法—运行/实施—规范化—创造性破坏—新系统设计"的创新模式发展。硬技术一般以"设计—试验—制造—市场—完善—淘汰"的创新模式发展。

软技术与硬技术的区别还体现在技术的参数和标准化、人的因素与技术的关系、技术的载体和实现手段等方面。但在高技术时代的今天，软技术与硬技术相互渗透，结合得越来越紧密，因此，只有将两者结合起来协调发展，技术系统才能不断创新。

### 4. 软技术与软技能

技术是身体认知，是一种知识，是人经后天学习获得的。而技能是人在熟练掌握了技术（某种认知或知识）后，在实践练习或比赛中能加以运用的能力。

软技能与以专业知识、技术能力为特点的硬技能属于一对互补概念，部分学者将其与非认知技能、非技术技能视作同一概念。硬技能是一种标准型技能，容易量化和复制，硬技能水平的高低会影响从业人员完成具体任务的成败，而软技能水平的高低很可能对一个人事业的潜力有着长远的、潜移默化的影响。

### 5. 项目管理软技术内涵

项目管理软技术是指在大量项目管理实践的基础上，运用社会科学的原理，并依据人的经验和判断能力，采取有效的组织形式，充分发挥个人丰富的经验、知识和能力，从对决策对象的本质特征研究入手，掌握事物的内在联系及其运行规律，对项目管理决策目标、决策方案的拟定、选择和实施做出判断的柔性管理过程。它弥补了项目管理硬技术中对于人的因素、社会因素等难以奏效的缺陷。项目管理者在日常工作中处处需要用到项目管理软技术。

（1）团队建设与项目团队管理。这项工作主要包括提高项目团队士气，说服成员接受加班或工作挑战，说服欲离职成员完成关键工作后再走，鼓励、激励团队成员。

（2）协调多部门配合工作。这项工作主要包括分派工作，协调各部门不同意见，协调、推动多部门成员之间的合作，寻求外部资源配合。

（3）请求领导支持和帮助。这项工作主要包括请求领导增加项目资源，当领导提出无法达到的项目目标时与之协商。

（4）管理供应商。这项工作主要包括协调变更事宜，解决意见分歧。

（5）客户关系协调。这项工作主要包括解决需求变更等矛盾，建设、维护客户关系，推动客户按时完成各项配合工作。

（6）其他工作。其他工作主要包括商务交流或谈判，主持会议，方案讲解。

以上工作占据了项目经理日常工作中的相当大比重，它们在很大程度上影响了项目的成败。

### 9.2.3 相关方参与度评估矩阵

相关方参与度评估矩阵用于将相关方当前参与水平与期望参与水平进行比较，如图9-5所示。通常，将相关方水平分成以下几类。

**1. 不了解型**

不了解型是指不知道项目及其潜在影响。

**2. 抵制型**

抵制型是指知道项目及其潜在影响，但抵制项目工作或成果可能引发的任何变更。此类相关方不会支持项目工作或项目成果。

**3. 中立型**

中立型是指了解项目，但既不支持也不反对。

**4. 支持型**

支持型是指了解项目及其潜在影响，并且会支持项目工作及其成果。

**5. 领导型**

领导型是指了解项目及其潜在影响，且积极参与以确保项目取得成功。

在图9-5中，C代表每个相关方的当前参与水平，而D是项目团队评估出来的、为确保项目成功所必不可少的参与水平（期望的）。应根据每个相关方的当前与期望参与水平的差距，开展必要的沟通，从而有效引导相关方参与项目。弥合当前与期望参与水平的差距是监督相关方参与中的一项基本工作。

| 相关方 | 不了解型 | 抵制型 | 中立型 | 支持型 | 领导型 |
|--------|----------|--------|--------|--------|--------|
| 相关方1 | C |  |  | D |  |
| 相关方2 |  |  | C | D |  |
| 相关方3 |  |  |  |  |  |

图 9-5　相关方参与度评估矩阵

### 9.2.4　思维导图

思维导图又称脑图、心智地图、脑力激荡图、灵感触发图、概念地图、树状图、树枝图或思维地图，是一种图像式思维工具以及一种利用图像式思考辅助工具。思维导图是使用一个中央关键词或想法引起形象化的构造和分类的想法，它用一个中央关键词或想法以辐射线形式连接所有的代表字词、想法、任务或其他关联项目的图解方式。

思维导图用于对相关方信息、相互关系以及他们与组织的关系进行可视化整理。

### 9.2.5　标杆对照

标杆对照是指借助于标杆管理的理论和方法，发现问题、分析问题和解决问题的一种方法。

标杆对照是将实际或计划的项目实践或项目质量标准与可比项目的实践进行比较，以便识别最佳实践，形成改进意见，并为绩效考核提供依据。作为标杆的项目可以来自执行组织内部或外部，或者来自同一应用领域或其他应用领域。标杆对照也允许用不同应用领域或行业的项目做类比。

标杆对照有内部标杆对照、外部标杆对照、内外部综合标杆对照三种类型。

**1. 内部标杆对照**

内部标杆对照是企业财务部门开展标杆对照活动的起点，也是任何企业开始对外部企业进行考察之前所应该完成的工作。内部标杆对照是标杆对照的一般流程，对于那些存在许多小型业务的单位，且每一个业务单位都有独立的财务部门从事财务工作的企业而言，运用内部标杆对照可以确立企业内部最佳财务职能和流程及其实践，然后推广到其他业务单位。

**2. 外部标杆对照**

外部标杆对照分为行业内和行业外两种。行业内标杆对照是在相关行业内对企业的财务战略及流程进行对比，是以竞争者为基准的对比，需直接面对竞争者的优势，其公共信息的获取相对容易，相关性比较高，但一些关于竞争企业的信息获取不是很容易。行业外标杆对照则是将标杆对照扩展到行业之外，将非相关行业也纳入到标杆对照的范围之内。行业外标杆对照通过对企业中相似项目在不同行业的企业中进行比较，对自身的参考价值较大。

### 3. 内外部综合标杆对照

内外部综合标杆对照综合了以上两种方法，能使企业得到更大的改善。

这三种标杆对照方法都不是完美的，不同类型的标杆对照都各有利弊，因此，企业在实际选择运用时，应该对每一种方法加以综合权衡，以便选择不同的标杆对照类型。

## 9.3 监督相关方

### 9.3.1 监督相关方的基本概念

监督相关方是指监督项目相关方关系，并通过修订参与策略和计划来引导相关方合理参与项目的过程。本过程的主要作用是随着项目进展和环境的变化，维持或提升相关方参与活动的效率和效果。

监督相关方以项目管理计划（如资源管理计划、沟通管理计划、相关方参与计划）、项目文件、事业环境因素和组织过程资产为依据，运用数据分析技术、决策技术、相关方分析、沟通技术、会议等方法，更新相关项目管理文件。

### 9.3.2 信息流

作为相关方参与的一部分，项目经理有必要了解每个相关方的利益。实现这一目的的一种途径就是询问相关方（经常是关键相关方）他们想在绩效报告中看到什么信息，这个信息是否有助于识别服务于这类相关方所需要的关键绩效指标。

各个相关方都有一套不同的关键绩效指标，项目经理要维持多重关键绩效指标追踪和信息报告是一件费时费力的工作，但这对于成功的相关方关系管理很有必要。使

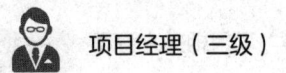

所有相关方同意一套统一的关键绩效指标报告和仪表板几乎是不可能的。

必须有一个关于每个相关方需要什么信息、什么时候需要、信息以什么样的方式呈现的协议。有的相关方可能希望有每天或每周的信息，而其他人则可能喜欢每月的信息。多数情况下，信息将会通过互联网提供。

1. 获取有效的信息

（1）需要进行有效的相关方沟通。

（2）需要定期地与相关方进行沟通。

（3）通过了解相关方，或许能够预料他们的行为。

（4）有效的相关方沟通能建立信任。

（5）虚拟团队依靠有效的相关方沟通。

（6）尽管可以根据群组或组织分类相关方，但与人的沟通依然是重要的。

（7）无效的相关方沟通会使一个支持者变成阻拦者。

2. 成功的相关方关系管理的因素

（1）有效的相关方关系管理需要时间。有必要与发起人、高级管理层和项目团队成员共担责任。

（2）基于相关方的数量，面对面地进行沟通是不可能的。必须借助互联网的力量增强沟通能力，这在管理虚拟团队时也非常重要。

（3）不管相关方数量有多少，与相关方工作有关系的文件必须存档。这对未来项目的成功与否非常关键。

3. 有效相关方管理的好处

有效的相关方关系管理在一个卓越的成功项目和一个糟糕的失败项目之间是不同的。成功的相关方关系管理会导致具有约束力的协议产生。其好处包括以下方面。

（1）更好、更及时地决策。

（2）更好地控制范围的变更，预防不必要的变更。

（3）相关方的后续订单。

（4）最终用户的满意与忠诚。

（5）最小化政治对项目的影响。

4. 相关方管理失败的原因

有时，不管如何努力尝试，相关方关系管理还是会失败。其典型的原因如下所示。

（1）过早地邀请相关方参与，导致频繁地变更范围和支付不必要的工期成本。

（2）过晚地邀请相关方参与，此时如果采纳他们的建议，则工期延误成本更高。

（3）邀请错误的相关方参与重大决定，因而导致不必要的变更和关键相关方的批评。

（4）关键相关方对项目失去了兴趣。

（5）关键相关方因项目没有进展而失去了耐心。

（6）让关键相关方误以为他们的付出是没有意义的。

（7）用不道德的领导风格管理项目或用不道德的方式与相关方接触。

### 9.3.3 投票

投票是一种为达成某种期望结果，而对多个未来行动方案进行评估的集体决策技术和过程。本技术用于生成、归类和排序产品需求。投票技术示例包括以下方面。

#### 1. 一致同意
一致同意是指每个人都同意某个行动方案。

#### 2. 大多数同意
大多数同意是指只要获得群体中超过 50% 人员的支持，就能做出决策。把参与决策的小组人数定为奇数，可防止因平局而无法达成决策。

#### 3. 相对多数同意
相对多数同意是指根据群体中相对多数人的意见做出决策，即便未能获得大多数人的支持也能得到通过。

# 第10章

# 职业健康安全管理与项目环境管理

随着人类社会进步和科技发展，职业健康安全管理与项目环境管理相关的问题越来越受到重视。职业健康安全管理与项目环境管理相关问题事关项目及项目管理从业人员的合法权利，国家法律已就相关方的合法权利做出规定。为了保证项目及项目管理从业人员的健康安全和保护人类的生存环境，有必要在项目管理过程中加强职业健康安全管理与项目环境管理的相关内容。

## 10.1 职业健康安全管理

职业健康安全管理就是用现代管理的科学知识，根据职业健康安全生产的目标，进行控制、处理，以提高职业健康安全管理工作的水平。

### 10.1.1 职业健康安全管理目标

职业健康安全管理目标是项目根据企业的整体目标，在分析外部环境和内部条件的基础上，确定职业健康安全生产所要达到的目标并采取一系列措施去努力实现的活动过程。

1. 控制目标

（1）杜绝因工导致的重伤、死亡事故的发生。

（2）不发生火灾、中毒和重大机械事故。

（3）一般事故年频率控制在千分之六以内。

（4）无环境污染和严重扰民事件。

**2. 管理目标**

（1）扬尘、噪声、职业危害作业点合格率应达到100%。

（2）一般隐患整改率达到95%以上，重大事故隐患整改率达到100%。

（3）施工现场达到当地省（市）级文明安全工地。

**3. 工作目标**

（1）施工现场实现全员健康安全教育。

（2）定期开展职业健康安全检查活动，整改做到"四定"，即定整改责任人、定整改措施、定整改完成时间、定整改验收人。

（3）把好职业健康安全生产的"七关"，即教育关、防护关、措施关、文明关、交底关、检查关、验收关。

（4）认真开展重大职业健康安全活动和项目的日常职业健康安全活动。

### 10.1.2 职业健康安全管理与项目环境管理要求

下面以工程建设项目为例，说明职业健康安全管理与项目环境管理要求。这也是制订职业健康安全管理与项目环境管理计划应该参考的重要信息。

**1. 项目决策阶段**

建设单位应按照有关建设工程法律、法规的规定和强制性标准的要求，办理各种有关安全与环境保护方面的审批手续。对需要进行环境影响评价或安全预评价的建设工程项目，应组织或委托有相应资质的单位进行建设工程项目环境影响评价和安全预评价。

**2. 项目设计阶段**

设计单位应按照有关建设工程法律、法规的规定和强制性标准的要求，进行环境保护设施和安全设施的设计，防止因设计考虑不周而导致生产安全事故的发生或对环境造成不良影响。在进行工程设计时，设计单位应当考虑施工安全和防护需要，对涉及施工安全的重点部分和环节在设计文件中应进行注明，并对防范生产安全事故提出指导意见。

对于采用新结构、新材料、新工艺的建设工程和特殊结构的建设工程，设计单位应提出保障施工作业人员安全和预防生产安全事故的措施建议。

在工程总概算中，应明确工程安全环保设施费用、安全施工和环境保护措施费等。设计单位和注册建筑师等执业人员应当对其设计负责。

### 3. 项目施工阶段

建设单位在申请领取施工许可证时，应当提供与建设工程有关的安全施工措施的资料。对于依法批准开工报告的建设工程，建设单位应当自开工报告批准之日起15日内，将保证安全施工的措施报送建设工程所在地的县级以上人民政府建设行政主管部门或者其他有关部门备案。

对于应当拆除的工程，建设单位要在拆除工程施工15日前，将拆除施工单位资质等级证明，拟拆除建筑物、构筑物及可能涉及毗邻建筑的说明，拆除施工组织方案，堆放、清除废弃物措施的资料报送建设工程所在地的县级以上地方人民政府主管部门或者其他有关部门备案。

施工企业在其经营生产的活动中必须对本企业的安全生产负全面责任。企业的法定代表人是安全生产的第一负责人，项目负责人是施工项目生产的主要负责人。施工企业应当具备安全生产的资质条件，取得安全生产许可证的施工企业应设立安全生产管理机构，配备合格的安全生产管理人员，提供必要的资源。建立健全职业健康安全体系以及有关的安全生产责任制和各项安全生产规章制度。编制切合实际的安全生产计划，制定职业健康安全保障措施。实施安全教育培训制度，不断提高员工的安全意识和安全生产素质。

建设工程实行总承包的，由总承包单位对施工现场的安全生产负总责并自行完成工程主体结构的施工。分包单位应当接受总承包单位的安全生产管理，分包合同中应当明确各自安全生产方面的权利、义务。分包单位不服从管理导致生产安全事故的，由分包单位承担主要责任，总承包和分包单位对分包工程的安全生产承担连带责任。

### 4. 项目验收试运行阶段

项目竣工后，建设单位应向审批建设工程项目环境影响报告书、环境影响报告或者环境影响登记表的环境保护行政主管部门申请，对环保设施进行竣工验收。环保行政主管部门应在收到申请环保设施竣工验收之日起30日内完成验收，验收合格后才能投入生产和使用。

对于需要试生产的建设工程项目，建设单位应当在项目投入试生产之日起3个月内向环保行政主管部门申请对其项目配套的环保设施进行竣工验收。

### 10.1.3 职业健康安全管理内容

**1. 职业健康安全组织管理**

为保证国家有关安全生产的政策、法规及施工现场安全管理制度的落实,企业应建立健全职业健康安全管理机构,并对职业健康安全管理机构的构成、职责及工作模式作出规定。企业还应重视职业健康安全档案管理工作,及时整理、完善安全档案、安全资料,对预防、预测、预报职业健康安全事故提供依据。

**2. 职业健康安全制度管理**

项目确立以后,施工单位要根据国家及行业有关职业健康安全生产的政策、法规、规范和标准,建立一整套符合项目特点的职业健康安全管理制度,包括安全生产责任制度、安全生产教育制度、安全生产检查制度、现场安全管理制度、高处作业安全管理制度、防火防爆安全管理制度、电气安全管理制度、劳动卫生安全管理制度等。用制度约束施工人员的行为,从而达到职业健康安全生产的目的。

**3. 施工人员操作规范化管理**

施工单位要严格按照国家及行业的有关规定,按各工种操作规程及工作条例的要求规范施工人员的行为,坚决贯彻执行各项职业健康安全管理制度,杜绝由于违反操作规程而引发的工伤事故。

**4. 职业健康施工安全技术管理**

在施工生产过程中,企业应根据国家及行业的有关规定,针对工程特点、施工现场环境、使用机械以及施工中可能使用的有毒有害材料,提出职业健康安全技术和防护措施,从而防止和消除伤亡事故,保障职工职业健康安全。职业健康安全技术措施在开工前应根据施工图编制。施工前必须以书面形式对施工人员进行职业健康安全技术交底,对不同工程特点和可能造成的职业健康安全事故,从技术上采取措施,消除危险,以保证施工职业健康安全。施工中对各项职业健康安全技术措施要认真组织实施,经常进行监督检查。对施工中出现的新问题,技术人员和职业健康安全管理人员要在调查分析的基础上,提出新的职业健康安全技术措施。

**5. 施工现场职业健康安全设施管理**

根据建筑工程施工现场管理的相关规定,对施工现场的运输道路、附属加工设施、给排水、动力及照明、通信等管线、临时性建筑、材料、构件、设备及工器具的堆放点以及施工机械的行进路线、安全防火设施等一切施工所必需的临时工程设施进行合理设计、有序摆放和科学管理。

## 10.2 职业健康安全管理计划

有效的管理计划是职业健康安全管理的前提，有效的管理计划在提高经济效益的同时，能够改变不安全、不卫生的劳动环境和工作条件。以建设工程为例，出于职业健康安全管理与项目环境管理的考虑，对施工现场文明施工、施工现场环境保护、施工现场置业健康安全卫生等方面都提出了明确的要求。项目管理团队需要基于这些要求制订职业健康安全管理计划。有条件的组织应订立职业健康安全管理体系与环境管理体系。

### 10.2.1 职业健康安全管理计划的原则

**1. 预防性**

职业健康安全管理计划必须坚持"安全第一、预防为主"的原则，体现职业健康安全管理的预防和预控作用，针对项目的全过程制定预警措施。

**2. 全过程性**

职业健康安全管理计划应包括由可行性研究开始到设计、施工直至竣工验收的全过程计划，职业健康安全管理计划要覆盖施工生产的全过程和全部内容，并使职业健康安全技术措施贯穿施工生产的全过程，以保障系统的安全。

**3. 科学性**

职业健康安全管理计划应能代表最先进的生产力和最先进的管理方法，承诺并遵守国家的法律、法规，遵照地方政府的职业健康安全管理规定，执行职业健康安全技术标准和职业健康安全技术规范，从而科学地指导职业健康安全生产。

**4. 可操作性**

职业健康安全管理计划的目标和方案应尊重实际情况，坚持实事求是的原则，其方案具有可操作性，职业健康安全技术措施具有针对性。

**5. 实效的最优化**

职业健康安全管理计划应遵循实效最优化的原则，既不盲目地扩大项目投入，又不以取消和减少职业健康安全技术措施经费来降低项目成本，而是在确保职业健康安全目标的前提下,在经济投入、人力投入和物资投入上坚持最优化的原则。

### 10.2.2 职业健康安全管理计划的基本内容

**1. 计划依据**

职业健康安全管理计划的依据包括政府和主管部门的相关规定,采用的主要技术规范规程、标准和其他依据。

**2. 工程概述**

(1)本项目设计所承担的任务及范围。

(2)工程性质、地理位置及特殊要求。

(3)改建、扩建前的职业健康安全与卫生状况。

(4)主原料、半成品、成品、设备及主要危害概述。

**3. 建筑及场地布置**

(1)场地自然条件预测的主要危险因素及防范措施。

(2)工程总体布置中如锅炉房、氧气、乙炔等易燃易爆、有毒场所的物品造成的影响及防范措施。

(3)临时用电变压器周边环境。

(4)对周围居民出行是否有影响。

**4. 生产过程中危险因素的分析**

(1)职业健康防护工作,如防护脚手架、洞口防护、临边作业防护、高空作业防护和起重及施工机具机械设备防护。

(2)关键特殊工序,如深基开挖、潮湿作业、洞内作业、易燃易爆品防尘、防触电。

(3)临时用工,如电焊工、机械工、爆破工、架子工、起重工机械司机等,除一般教育外,还要经过专业职业健康安全技能培训。

(4)临时用电的职业健康安全系统,如总体布置和各个施工阶段的临电布设。

(5)保卫消防工作的安全系统管理,如临时消防用水、临时消防管道、消防灭火器材的布设等。

**5. 主要职业健康安全防范措施**

(1)根据全面分析各种危害因素确定的工艺路线、选用的可靠装置设备,从生产、火灾危险性分类设置职业健康安全设施和必要的检测、检验设备。

(2)按照爆炸和火灾危险场所的类别、等级、范围选择电气设备的安全距离及防雷、防静电及防止误操作等设施。

（3）对可能发生的事故做出的预案、方案及抢救疏散和应急措施。

（4）对危险场所和部位（如外墙临边作业、高空作业等）所做的安全防范措施，危险期间（如雨期、高温天气、冬季等）所采用的防护设备、设施及其效果等。

**6. 预期效果评价**

项目的职业健康安全检查包括安全生产责任制、安全保证计划、安全组织机构、安全保证措施、安全技术交底、安全教育、安全持证上岗、安全设施、安全标识、操作行为、违规管理、安全记录。

**7. 职业健康安全措施经费**

（1）主要生产环节专项防范设施费用。

（2）设备及设施费用。

（3）职业健康安全教育设备及设施费用。

（4）事故应急措施费用。

## 10.3　项目环境管理

项目环境是指项目管理应当具有的视野和需要涉及的方面的总和，或者是对项目和项目管理可能产生影响的诸多方面的总和。项目活动和项目管理是在一个比项目本身大得多的相关管理环境中进行的。项目管理人员必须对项目环境有正确的认识和足够的了解。

### 10.3.1　项目环境管理的工作内容

项目管理部门负责建立项目环境管理组织机构、现场环境管理工作的总体计划和部署、制定相应制度和措施、组织培训，使各级人员明确环境保护的意义和责任。项目管理部门的工作应包括以下几个方面。

（1）对环境因素进行控制，制定应急准备和响应措施，并保证信息通畅，预防可能出现非预期的损害。在出现环境事故时，应及时消除污染，制定防止环境二次污染的相应措施。

（2）按照分区划块和责任到人的原则，搞好项目的环境管理并进行定期检查。保持现场良好的作业环境、卫生条件和工作秩序，加强协调，及时解决发现的问题，实施纠正和预防措施。

（3）保存有关环境管理的工作记录。

### 10.3.2 项目环境管理的程序

企业应根据批准的项目环境影响报告，通过对环境因素的识别和评估，确定管理目标及主要指标，并在各个阶段贯彻实施。项目环境管理应遵循下列程序。

#### 1. 确定项目环境管理目标

确定建设工程职业健康安全管理与项目环境管理目标，是组织制定有效管理方案的基础，也是项目经理部制定目标的重要组成部分。

#### 2. 进行项目管理环境计划

应在企业环境管理体系的框架内，针对项目的实际情况，参照《环境管理体系要求及使用指南》（GB/T 24001）进行编制。项目管理环境计划应保证实现项目施工环境目标的管理计划。

#### 3. 实施项目环境管理计划

建立项目环境管理的组织机构并明确职责，对项目进行持续跟踪管理。

#### 4. 验证并持续改进

为确保环境管理的有效性，不断满足项目客户的要求，必须切实做到持续改进。

### 10.3.3 项目环境分析内容

影响项目运行的两大环境因素包括事业环境因素（组织外部居多）和组织过程资产（组织内部）。

#### 1. 事业环境因素

事业环境因素是指项目团队不能控制的，将对项目产生影响、限制或指令作用的各种条件。组织内部环境包括组织文化、组织结构的治理和设施、资源的地理分布、基础设施、信息技术软件、资源可用性和员工能力等；组织外部环境包括市场条件、社会和文化的影响与问题、法律的限制、商业数据库、学术研究、政府或行业标准、财务因素、物理环境要素。

### 2. 组织过程资产

组织过程资产是许多项目管理过程的输入。由于组织过程资产存在于组织内部，在整个项目期间，项目团队成员可对组织过程资产进行必要的更新和增补。组织过程资产可分成两大类：一是过程、政策和程序，二是组织知识库。

### 10.3.4 项目环境管理体系的内容

为贯彻"安全第一、预防为主"的方针，减少一般事故的发生，确保项目施工过程中的人身和财产安全，建立健全职业健康安全生产责任制和群防群治制度，应结合工程的特点，建立项目环境管理体系。项目环境管理体系的内容主要包括以下几个方面。

#### 1. 环境方针、目标

环境方针的内容必须包括对遵守法律及其他要求持续改进和污染预防的承诺，并作为制定与评审环境目标和指标的框架。在此基础上，制定环境目标，组织内部各管理层次、各有关部门和岗位在一定时期内均有相应的目标和指标，并用文本表示。组织在建立和评审目标时，应考虑的因素主要有环境影响、遵守法律法规和其他要求的承诺、相关方要求等，并且环境目标和指标应与环境方针中的承诺相呼应。

#### 2. 环境管理方案

组织应制订一个或多个环境管理方案，其作用是保证环境目标和指标的实现。方案的内容一般可以有组织的目标、指标的分解落实情况，使各相关层次与职能在环境管理方案与其所承担的目标、指标相对应，并规定实现目标、指标的职责、方法和时间表等。

#### 3. 组织结构和职责

（1）环境管理体系的有效实施要靠组织所有部门承担相关的环境职责，必须对每一层次的任务、职责、权限作出明确规定，形成文件并给予传达。

（2）最高管理者应指定管理者代表，明确其任务、职责、权限，并为环境管理体系的实施提供各种必要的资源。

（3）管理者代表应对环境管理体系的建立、实施、保持负责，并向最高管理者报告环境管理体系的运行情况。

#### 4. 培训能力

组织应明确培训要求和需要特殊培训的工作岗位及人员，建立培训程序，明确培训应达到的效果，并对可能产生重大影响的工作，提出必要的教育、培训、工作经验、能力方面的要求,以保证他们能胜任所负担的工作。

**5. 环境管理体系文件**

环境管理体系文件应充分描述环境管理体系的核心要素及其相互作用,应给出查询相关文件的途径,明确查找的方法,使相关人员易于获取有效版本。组织应建立并保持有效的控制程序,保证所有文件的实施,注明日期(包括发布和修订日期)、字迹清楚、标志明确、妥善保管并在规定期间予以保留等;及时从发放和使用场所收回失效文件,防止误用;建立并保持有关制定和修改各类文件的程序。环境管理体系重在运行和对环境因素的有效控制,避免文件过于烦琐,以利于建立良好的控制系统。

**6. 运行控制**

(1)与组织的方针、目标和指标及重要环境有关的运行和活动,应确保它们在程序的控制下运行。当某些活动有关标准在文件中已有具体规定的,程序可予以引用。

(2)对缺乏指导可能偏离方针的目标要建立运行控制程序,但并不要求所有的活动和过程都建立相应的运行控制程序。

(3)应识别组织使用的产品或服务中的重要环节因素,并建立和保持相应的文件程序,将有关程序与要求通报供方和承包方,以促使他们提供的产品或服务符合组织的要求。

组织应建立并保持一套行之有效的防范措施以确定潜在事故或应急情况,并在其发生前予以预防,从而减少可能伴随环境影响的运行控制程序。一旦紧急情况发生时就能做出响应,尽可能地减少由此造成的环境影响。组织应考虑可能会有的潜在事故和紧急情况,采取预防和纠正措施应针对潜在的和发生的原因,必要时,特别是在事故或紧急情况发生后,需对应对程序予以评审和修订,以确保其切实可行并定期按程序的有关规定进行实验或演练。

**7. 监测和测量**

对环境管理体系进行例行监测和测量,既是对体系运行状况进行监督的手段,又是发现问题及时采取纠正措施、实施有效运行控制的首要环节。

(1)检测的内容。检测的内容通常包括组织的环境绩效(如组织采取污染预防措施收到的效果、节省资源和能源的效果、对重大环境因素控制的结果等)、有关的运行控制(对运行加以控制、监测其执行程序及其运行结果是否偏离目标和指标)、目标指标和环境管理方案的实现程度、为组织评价环境管理体系的有效性提供充分的客观依据。

(2)对检测活动,在程序中应明确规定如何进行例行监测,如何使用、维护、保管监测设备,如何记录并保管记录,如何参照标准进行评价,什么时候向谁报告监测结果和发现的问题等。

（3）组织应建立评价程序，定期检查有关法律法规的持续遵循情况，以判断环境方针的有关承诺是否符合。

组织应建立并保持文件程序以便规定有关的职责和权限，对不符合文件程序的应进行处理与调查，采取措施减少由此产生的影响，采取纠正与预防措施并予以完成。对于旨在消除已存在和潜在的符合采取纠正或预防措施的，应分析原因并与该问题的严重性和其伴随的环境影响相适应。对于因纠正与预防措施引起对文件程序的任何更改，组织均应遵守实施并予以记录。

### 8. 环境管理体系审核方案

组织应制定、保持定期开展环境管理体系内部审核的程序和方案。开展审核的目的是判定其是否满足符合性（即环境管理体系是否符合对环境管理工作的预定安排和规范要求）和有效性（即环境管理体系是否得到正确的实施和保持），并向管理者报告管理结果。审核的具体内容应规定审核的范围、频次、方法，对审核组的要求，对审核报告的要求等。